現場で使える

「会計上の見積り」の実務

監修：中野雄介

編著：日本公認会計士協会 京滋会

清文社

発刊にあたってのご挨拶

　この度は「現場で使える『会計上の見積り』の実務」を日本公認会計士協会京滋会として上梓できましたこと大変ありがたく、また、嬉しく思う次第です。公認会計士は会計・監査の専門家として社会に貢献すべく活動していますが、実務のみならず会計に関する啓蒙も専門家として担うべき役割の一つであると考えています。

　今回は「会計上の見積り」をテーマとして取り上げたわけですが、会計基準は社会環境の変化に応じて変わっていくものですし、監査も会計基準の変化にあわせて対応していかなければなりません。今や過去情報の正確性のみを検証していれば良かった時代から将来情報の蓋然性を検討して会計に反映させることが当たり前となり、その妥当性も監査しなければならない時代となっています。2021年3月期より企業会計基準委員会から公表された「会計上の見積りの開示に関する会計基準（企業会計基準第31号）」が適用されました。会計上の見積りにより算出された金額を財務諸表上に記載するだけでなく、翌年度の財務諸表に重要な影響を及ぼすリスクがあるものについては、その内容について開示することが求められるようになりました。また、同期から強制適用となった「監査上の主要な検討事項」の事例分析によると、会計上の見積りに関する項目が圧倒的多数を占めていることが明らかになりました。このような状況からも会計・監査においては「会計上の見積り」の重要性が益々高まっていることに疑いの余地はありません。このような時期に改めて会計上の見積りについて全般的に総括することは非常に有意義なことであります。

　さらに、昨今はインターネットが広く普及して簡単にある程度の解が導き出せるようにもなりました。そのせいか一方で活字離れが生じている現状を踏まえて専門分野の内容を初心者でも分かりやすく解説することを心掛けています。本書ではその一環として経理部員とその上司のやり取りを会話形式で進めながら「会計上の見積り」の考え方を解説しています。

本書を通して、会計の考え方を理解し、経理の現場の面白さや苦労の一端を知っていただければ幸いです。また、これにより会計・経理・監査により興味を持っていただけることを願っております。

　最後に、出版に当たりご協力いただきました株式会社清文社の小泉定裕社長、執筆に当たっていただいた京滋会出版委員各位に感謝申し上げ、巻頭の言葉とさせていただきます。

　令和4年3月

日本公認会計士協会京滋会

会　長　　中野　雄介

CONTENTS 目次

※　本書の内容は、令和4年3月1日現在の法令によっています。

　　また、本書は、日本公認会計士協会京滋会出版委員会メンバーの執筆によるもので、本文中意見にわたる部分については、日本公認会計士協会の見解ではないことをお断りしておきます。

- 企業内公認会計士。社内での立場は、経理課長。
- 監査法人での10年の勤務を経て、転職してきた。転職後3年が経過し、社内の会計処理はほとんど把握している。
- 企業内公認会計士ということもあり、部長の信任が厚く、後輩の指導係を任されている。本人も、やりがいを感じている。

- 簿記2級程度の知識を持って、経理部に配属されてた。
- 経理部3年目で、一通りの実務がわかった状態で、見積り項目の担当となる。
- 会計に対するセンスがよく、初めてのことへの飲み込みが早い。

- 経理部5年目で、Aさんの先輩。
- 会計に対するセンスがあまりよくなく、飲み込みは遅い。
- 人柄がよく、経理部のみんなから可愛がられている。

会計基準名称	発行主体	略称
企業会計基準第9号「棚卸資産の評価に関する会計基準」 （最終改正 2019年7月4日）	企業会計基準委員会	棚卸資産会計基準

1 基礎を学ぼう

（1）棚卸資産の評価って何をするんですか？

A Xさん、当期は私が在庫の担当に割り当てられていまして、「棚卸資産の評価」をしないといけないのですが、うちの会社の場合、棚卸資産の評価方法は総平均法ですよね？

【棚卸資産会計基準】
（棚卸資産の評価方法）

6-2. 棚卸資産については、原則として購入代価又は製造原価に引取り費用等の付随費用を加算して取得原価とし、次の評価方法の中から選択した方法を適用して売上原価等の払出原価と期末棚卸資産の価額を算定するものとする。
（1）個別法、（2）先入先出法、（3）平均原価法、（4）売価還元法
（出典：公益財団法人財務会計基準機構・企業会計基準委員会の公表物から引用）

X そうだね。

A ということは、棚卸資産ごとに（期首残高＋受入総額）÷（払出総数＋在庫総数）で単価を計算して、在庫個数に乗じたらいいと思うのですが、それなら在庫管理システムが自動で計算してくれるから特に何もすることはないんじゃないですか？

X うん、そうだね。でもそれで終わりじゃないよ。

 A え？どういうことですか？

X 確かにその手続きも「棚卸資産の評価」なんだけど、「棚卸資産の評価」にはもう一つあるんだよ。というか、むしろそっちの方が大変なんだ。ほら、これを見てごらん。

【棚卸資産会計基準】
（通常の販売目的で保有する棚卸資産の評価基準）
7. 　通常の販売目的で保有する棚卸資産は、取得原価をもって貸借対照表価額とし、期末における正味売却価額が取得原価よりも下落している場合には、当該正味売却価額をもって貸借対照表価額とする。この場合において、取得原価と当該正味売却価額との差額は当期の費用として処理する。
　　（出典：公益財団法人財務会計基準機構・企業会計基準委員会の公表物から引用）

A えーと、混乱してきました。貸借対照表に載せる金額は取得原価なんですよね。だけど、正味売却価額が取得原価よりも下落している場合は、正味売却価額が貸借対照表の金額になる。ということは、取得原価と正味売却価額の両方を出さないといけない、ということですか？

X 6-2項でも7項でも、どっちも"評価"っていう言葉が使われていてややこしいんだけど、棚卸資産の評価は2段階でするんだ。第1段階で「取得原価」を算定して、第2段階では「正味売却価額」を見積もって、それと取得原価とを比較するんだよ。この2段階目が「収益性の低下」を判断する部分だね。

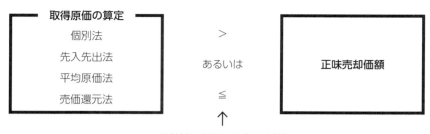

収益性の低下の有無の判断

A 　私がやろうとしていたのはこの第 1 段階の「取得原価の算定」の部分だけだったんですね。

X 　第 1 段階は、会社が採用している評価方法に従って取得原価を算定するだけだから、計算間違いさえしなければ難しいことはないんだけど、第 2 段階はそうはいかないよ。

A この正味売却価額を出す計算方法が難しいということですか？

X 　計算が難しいんじゃなくて、見積りの要素があって必ずしも正解が一つじゃないっていうところが難しいんだ。

A 　正味売却価額っていう名前からすると、売れる金額っていうことですよね？そうすると定価とか値札の金額を使えばいいんじゃないんですか？

X 　正味売却価額は「売れる」価格であって、「売りたい」価格じゃないんだよ。売りたい価格は自分で好きなようにつけることができるけど、売れる価格はそうはいかないだろう？会計基準が求めているのも、「取得原価が高すぎる時は、売れる価格まで評価額を下げなさい」っていうところだからね。

会計基準の趣旨をちゃんと押さえておかないとダメなんですね。じゃあ早速、正味売却価額を求めてみます。

　…と思ったんですが、Xさん、これ難しくないですか？いや、難しいというか、どこから手をつければいいのか…。うちの会社には他社から仕入れた商品が数百アイテム、量産している製品とその仕掛品も数百アイテム、原材料が数千アイテム、得意先毎に仕様が違う受注生産の製品と仕掛品までありますよ？これら全部の正味売却価額を一つ一つ見積もっていくんですか？そんなわけないですよね？

　棚卸資産会計基準には一般的な設例が載っていないから具体的な手順が想像できないかもしれないね。僕と一緒に順を追って片付けていこうか。

（2）アイテム数の多い商品

　それじゃあ、他社仕入商品と量産している製品、それからその仕掛品から。まず基本的な考え方を説明しておくよ。Aさんがさっき愚痴ってくれたように、うちの会社は何百という商品・製品を取り扱っているから、それら一品一品に対して正味売却価額を見積もっていたら日が暮れるどころの話じゃないよね。その点については会計基準でもちゃんと考慮されていて、過度な事務負担にならないようになっているんだよ。基準の第48項を見てごらん。

【棚卸資産会計基準】
（正味売却価額の見積り）
48. …しかしながら、実務上、収益性が低下していないことが明らかであり、事務負担をかけて収益性の低下の判断を行うまでもないと認められる場合には、正味売却価額を見積もる必要はないと考えられる。
　　　（出典：公益財団法人財務会計基準機構・企業会計基準委員会の公表物から引用）

棚卸資産全体	
収益性が低下していないことが明らかな棚卸資産	正味売却価額の見積りが必要な棚卸資産

A つまり、数百アイテムを取り扱っていたとしても、経常的に粗利が出ているアイテムについては正味売却価額を見積もらなくてもいいということですね？

X そうなんだけど、粗利の有無だけでは判断として少し心許ないから、うちでは粗利率が10％以上出ているアイテムを「収益性が低下していないことが明らか」というルールにしているよ。うちの会社の場合はアイテムごとに原価も売価も管理しているから、まずそのデータを利用して粗利がある程度出ているアイテムについては見積対象から除外することができるね。

A それならだいぶ見積もらないといけない範囲が狭まりますね。具体的にはどうするんですか？

X 会社によってやり方は色々だと思うけど、うちの場合は在庫管理システムから抽出した品目ごとの受払データと、販売管理システムから抽出した品目ごとの販売データをエクセル上で統合して一つの表にしているよ。

品目コード	品目名	払出金額	期末数量	期末残高	販売数量	販売金額	直近売価
		在庫管理システム ←			→ 販売管理システム		
000001	aaa	XXX	XXX	XXX	XXX	XXX	XXX
000002	bbb	XXX	XXX	XXX	XXX	XXX	XXX
000003	ccc	XXX	XXX	XXX	XXX	XXX	XXX
000004	ddd	XXX	XXX	XXX	XXX	XXX	XXX
·	·	·	·	·	·	·	·
·	·	·	·	·	·	·	·
·	·	·	·	·	·	·	·
012345	XXX	XXX	XXX	XXX	XXX	XXX	XXX
012346	YYY	XXX	XXX	XXX	XXX	XXX	XXX
012347	ZZZ	XXX	XXX	XXX	XXX	XXX	XXX

A ── 一番右の直近売価の列は何に使うんですか？

X ── 　粗利基準以外に、直近の売価が原価割れしているアイテムについては見積りの対象に上げているんだよ。期中でいくら粗利が取れていても、将来赤字が出る見込みなら評価損を計上しないといけないからね。

A ── 　なるほど、承知しました。それでは、あとはこの表の右端に粗利と原価割れをチェックする列を作れば OK ですね。

　…できました。粗利が取れていないアイテムと最終売価が原価割れしているのは20アイテムです。この20アイテムについて正味売却価額を見積もればいいんですね。

　…といっても、さっき X さんは「売れる価格」っておっしゃいましたよね。よく考えたらうちで扱っている商品は、都度得意先との交渉で価格が決まるので、将来いくらで売れるかなんて正確にはわからないですよ？

X そうなんだよ。将来の販売価格がわかることなんて実務的にはそう多くないんだ。その点は会計基準でもちゃんと考慮されているよ。

【棚卸資産会計基準】
（通常の販売目的で保有する棚卸資産の評価基準）

8. 売却市場において市場価格が観察できないときには、合理的に算定された価額を売価とする。これには、期末前後での販売実績に基づく価額を用いる場合や、契約により取り決められた一定の売価を用いる場合を含む。

（正味売却価額の考え方）

42. …将来販売時点の売価を用いるとしても、その入手や合理的な見積りは困難な場合が多いことから、合理的に算定された価額として、期末前後での販売実績に基づく価額も用いられる…

（正味売却価額の見積り）

48. 棚卸資産の売却市場において、市場価格が存在する場合には、当該市場価格に基づく価額を売価とするが、棚卸資産については、市場価格が存在することは多くない。そのため、企業は、売却市場における合理的に算定された価額による必要がある。当該価額は同等の棚卸資産を売却市場で実際に販売可能な価額として見積もることが適当であり、これには、実務上、期末前後での販売実績に基づく価額や、特定の販売先との間の契約で取り決められた一定の売価も含まれる。…

（出典：公益財団法人財務会計基準機構・企業会計基準委員会の公表物から引用）

A 今回の場合は「期末前後での販売実績に基づく価額」が使えそうですね。じゃあ、販売管理システムで期末日前後1か月ぐらいの販売履歴を見てみたらいいでしょうか。

X 念のため当期1年分と期末日後1か月の販売履歴を出しておいてくれる？

A わかりました。

X どんな感じだい？

ほとんどのアイテムはこの半年間以上安定した販売価格で推移しています。これらについては期末日前後1か月の平均価格を正味売却価額として扱うことでいいと思います。ですが、一部判断に迷うアイテムがあります。こういうケースです。

月	4月	5月	6月	7月	8月	9月	10月	11月	12月	1月	2月	3月	翌4月
粗利	＋	＋	－	－	－	－	－	－	－	－	－	－	＋

 どう判断したらいいと思う?

 基準に則って見積もるのであれば3月と4月の平均価格が良いのではないかと思いますが、本当にそれで良いのかという気もします。期中はずっと赤字ですから。それなのに3月と4月の平均を用いると、4月の利益の方が大きいので、正味売却価額は取得原価を上回って評価減が不要になってしまいます。

 そうだね。一つの基準の文言だけをみて会計処理を決めようとするのは危険だよ。こういう時は例外規定がないかどうかチェックするんだ。今回の場合もやっぱりあるよ。

【棚卸資産会計基準】
(期末時点の正味売却価額の下落が収益性の低下と結びつかない場合)
46. なお、反対に期末時点の正味売却価額が帳簿価額よりも下落していないものの、将来販売時点の正味売却価額が帳簿価額よりも下落している場合が考えられる。…収益性の低下を反映するように帳簿価額を切り下げる必要がある。…
(出典:公益財団法人財務会計基準機構・企業会計基準委員会の公表物から引用)

A 　機械的に算出した正味売却価額ではダメで、将来の売価がどうなるかを個別に考えないといけないということですね。ということは私個人では判断しようがないので、営業部門に今後の売価がどうなるかを聞いてきましょうか。

X 　それがいいね。もし営業部門が4月の黒字が例外的なものだと考えているなら、平均値を出すにあたってその価格を異常値として除外すべきだし、逆に5月以降その黒字が継続する合理的な理由があるなら評価減は必要ないと判断するべきだね。

A 　わかりました、後で聞き取り結果をまとめてから判断することにします。

X 　それと最終的に評価損を計算するにあたっては追加の製造原価と販売直接経費も見積もらないといけないよ。

A 　え？原価と売価を比べるんじゃないんですか？

X 　厳密には正味売却価額というのは売価から見積追加製造原価（以下、追加原価）と見積販売直接経費（以下、追加経費）を控除したものなんだよ。

【棚卸資産会計基準】
（用語の定義）

5.　「正味売却価額」とは、売価（購買市場と売却市場とが区別される場合における売却市場の時価）から見積追加製造原価及び見積販売直接経費を控除したものをいう。…
　　　（出典：公益財団法人財務会計基準機構・企業会計基準委員会の公表物から引用）

見積追加製造原価

見積販売直接経費

正味売却価額

売価

X 　仕掛品を評価する場合を考えてみたらいいよ。極端な話、進捗率1%の仕掛品と売価を比べても意味がないよね。

A 　確かに、ほとんど原価が発生していないので、評価損なんか出るはずがないですね。でもどうやって追加原価を見積もるんですか?

X 　この部分は会社によって答えがだいぶ違ってくるんだ。例えば、実際原価計算をやっているのか標準原価計算をやっているのか、原材料はどのタイミングで仕掛品に振り替えるのかといったことは会社によってマチマチだからね。ただ、見積りにそこまで手間も時間もかけていられないし、根拠のない見積りをするわけにもいかないから、実務的には同じ期末時点での製品原価と、仕掛品原価との差額を見積追加製造原価とするのが簡便的じゃないかな。実際うちの会社もそうしてる。

A 　イレギュラーな事態を抜きにして、評価対象になっている仕掛品を完成させれば、同じ時点の製品と同等の原価になるということですね。販売直接経費についてはどうですか?

X 　販売直接経費、つまりその製品・商品を個別に送るための費用や販売手数料とかだね。さっき上げてくれた20アイテムについて、販売管理システムで該当するものがないかどうかチェックしておいたらいいよ。もし該当するものがあったら売価からマイナスだね。

（3）アイテム別に損益を把握していないケース

A ところで、当社のようにアイテムごとに損益を管理している場合はいいのですが、そうじゃない会社の場合はどうしたらいいんですか？

X 例えば棚卸資産を管轄する製造部門や営業部門ごとに損益を分析する方法、棚卸資産をグループ分けしたアイテムグループごとに損益を分析する方法とかが考えられるかな。

A そういう分析ができない会社もあるんじゃないですか？

X 棚卸資産の評価を実施する必要のある会社っていうのは、多くの場合、上場会社や会社法上の大会社、つまり「棚卸資産の評価に関する会計基準」を適用する会社のことなんだよ。この会計基準に則って棚卸資産を評価するためには、収益性が低下していないことが明らかな棚卸資産を何らかの形で把握する方法をいずれにせよ確立しておかないといけないんだ。

A なるほど、わかりました。

（4）不動在庫の取扱い

X では次は不動在庫。

A 不動在庫っていうことは、この1年間全く売れていないアイテムということですね。ということは、また在庫管理システムを見に行って、払出数量が0のアイテムを抽出すればいいですか？

X それじゃあちょっと足りないね。払出数量が0のアイテムが評価減の検討対象なのは間違いないんだけど、じゃあ期末数量が10万個で、年間払出数量が1個のアイテムはどうなる？

A 全部売り切るのに10万年かかりますね。

X 棚卸資産会計基準における収益性の低下の考え方は、「販売により投下資金が回収できるかどうか」なんだ。つまり、売り切るのに10万年かかる棚卸資産を取り上げて、投下した資金が「回収できる」っていえる？

A …10万年かければ。

X そういうのを「回収できない」っていうんだよ。まぁ、それは極端なケースだから回収できないことが明らかだけど、実務的にはもっと微妙なケースももちろんあるよね。例えば期末数量1,000個に対して、期中払出数量が50個の場合だとどうだろう？

A 確かに微妙ですね。売り切るのに20年ですか。これもさっきと同じように営業部門に照会するべきでしょうか？

X それも必要な手続きの一つだとは思うけど、こういう場合は一定の基準を設けて、機械的に評価減するんだ。もちろん会計基準にも規定されてるよ。

【棚卸資産会計基準】
（通常の販売目的で保有する棚卸資産の評価基準）
9. 営業循環過程から外れた滞留又は処分見込等の棚卸資産について、合理的に算定された価額によることが困難な場合には、正味売却価額まで切り下げる方法に代えて、その状況に応じ、次のような方法により収益性の低下の事実を適切に反映するよう処理する。
（1） 帳簿価額を処分見込価額（ゼロ又は備忘価額を含む。）まで切り下げる方法
（2） 一定の回転期間を超える場合、規則的に帳簿価額を切り下げる方法
（正味売却価額の見積り）
49. 正味売却価額について、期末前後での販売実績に基づく価額を把握することさえも困難な場合があるという意見がある。しかしながら、そのような場合には、製造業における原材料等を除き、陳腐化が生じている場合が多い。これまでも、実務上、販売されずに

滞留在庫となっている棚卸資産や処分を予定している棚卸資産については、その状況に応じて、帳簿価額を処分見込価額（ゼロ又は備忘価額を含む。）まで切り下げたり、一定の回転期間を超える棚卸資産について規則的な簿価切下げを行うことにより、棚卸資産の収益性の低下を財務諸表に反映させてきた。本会計基準では、そのような簿価切下げの方法も、正味売却価額まで切り下げる方法に代えて取り扱うことができるものとしている。
（出典：公益財団法人財務会計基準機構・企業会計基準委員会の公表物から引用）

A 　廃棄処分を予定しているアイテムについては1円もしくは0円まで評価減するということで良さそうですね。そうじゃない場合は「一定の回転期間」ですか。つまり、20年が長いか短いかということですよね。

X 　会社によって20年が長いのか短いのか判断が異なってくるから、会社の事業実態に応じて、独自の基準を設けておくんだよ。うちの場合は製品のライフサイクルを考慮して、回転期間が5年を超えている場合に、1年あたり1/3ずつ評価減することにしているよ。つまり3年連続売れ行きが悪かったら貸借対照表価額は0になる仕組みだね。

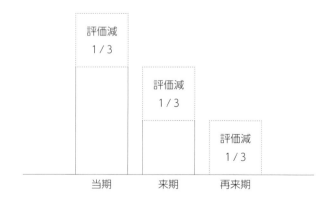

A 　当期 1／3 評価減を実施して、来期そこそこ売れて回転期間が 5 年を下回って、再来期また売れなくて回転期間が 5 年を超えたらどうするんですか？

X 　そういう場合にどうするかというのは会社ごとの判断になるけど、うちの場合は事務的な簡便性も考慮して、一度基準を下回ったらリセットして、また次に回転期間が 5 年を超えた時に 1／3 の評価減だね。

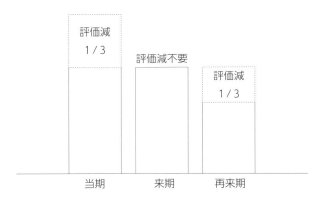

（5）品質低下品・陳腐化品の確認

X 　不動在庫の次は品質低下品と陳腐化品の検討だね。とりあえず実地棚卸の結果をチェックしてみようか。

A 　期末日に実施した棚卸ですね。何を確認したらいいんですか？

X 　実地棚卸はもちろん在庫の数を数えるために行うんだけど、数える過程で色んな情報が得られるんだ。代表的なのが、棚卸資産の陳腐化に関する情報、品質低下に関する情報だね。うちではそういう情報も棚卸結果に記載することになっているんだ。なぜかというと、陳腐化や品質低下に関する情報は、現場の人達にしかわからないことも多いんだ。そりゃそうだよね、僕らみたいな本社に居るような人間に、

支店在庫の実情なんかなかなかわからないからね。

A 確かに。陳腐化と品質低下はどう違うんですか？

X 　陳腐化っていうのは、物理的な劣化はみられないけど、季節商品で売り時を逃してしまったとか、より高性能な新製品が市場に現れたようなケースのことをいうよ。例えばどんなのが思い浮かぶ？

A 　型落ちみたいな感じですよね。そうですね、クリスマスケーキなんかはそうじゃないですか？26日になったらたたき売りみたいになってますもんね。

X 　そうそう、そんな感じで考えたらOK。反対に、品質低下は物理的な価値の劣化だよ。

A 　物理的な価値の劣化っていうことは、傷が付いてたり、へこんでたりっていうことですね。家具なんかちょっと傷が付いてるだけでものすごく安くなりますよね。

X 　他にも、保管の状態が悪くて雨ざらしになって錆び付いてしまったものとかもだね。

A 　それで、陳腐化している棚卸資産、品質低下している棚卸資産はどのようにして評価したらいいのですか？どちらも棚卸資産の価値が下がっていることは何となくわかるのですが。

X 　これらは原則通り、個別に正味売却価額を見積もる必要があるね。営業部門に、どれぐらいの価格で捌くことができるのか問い合わせておいで。ただ気を付けないといけないのは、営業部門の人達は陳腐化を認めたくない、つまり評価損を計上したくないという意識から、正味売却価額として実際には売れそうにもない価格を提示してくるこ

ともあるんだ。僕ら経理の人間はその辺りの実情に詳しくないことも多いから、できるだけ営業部門には根拠も示してもらうように注意しておかないといけないよ。もちろん大前提として、経理の人間だから数字だけを見ていればいいわけじゃなくて、会社がどのような商品を取り扱っているのか、どういう得意先、どういう仕入先がいるのか、どういう組織でどのように意思決定がなされているのか、どういう業務の流れになっているのか、みたいなことについてよく知っておくべきだと僕は思うね。

Ⓐ　Xさん、ありがとうございます。それでは棚卸結果をチェックしてから、営業部門に問い合わせてみますね。

（6）原材料の評価

Ⓧ　では続いて原材料の評価にいこうか。

Ⓐ　商製品と原材料では評価の方法が違うんですか？

Ⓧ　考え方は一緒なんだけど、一番の違いは原材料がそもそも売り物じゃないっていうところだね。

Ⓐ　確かに、処分する予定で0円まで評価損を計上するならともかく、売り物じゃないのに、正味「売却」価額を見積もるってよく考えたら変な話です。

Ⓧ　だからここでもちゃんと会計基準は指針を示してくれてて、この場合には再調達原価を使うことができるよ。

17

【棚卸資産会計基準】

（通常の販売目的で保有する棚卸資産の評価基準）

10. 製造業における原材料等のように再調達原価の方が把握しやすく、正味売却価額が当該再調達原価に歩調を合わせて動くと想定される場合には、継続して適用することを条件として、再調達原価（最終仕入原価を含む。以下同じ）によることができる。

（正味売却価額の見積り）

50. 製造業における原材料は、製品を構成することとなり、完成後の製品売価に基づく正味売却価額が帳簿価額を上回っていれば、帳簿価額を切り下げる必要はない。しかし、通常は、再調達原価の方が把握しやすいと考えられるため、正味売却価額が再調達原価に歩調を合わせて動くと想定されるときには、再調達原価によることができるものとした。再調達原価の方が把握しやすいという点は、原材料等に限らず他の購入品の場合でも同様と考えられるため、本会計基準では、正味売却価額が再調達原価に歩調を合わせて動くと想定されるときには、継続して適用することを条件に、正味売却価額の代理数値として再調達原価によることができるものとした。再調達原価には、購入に付随する費用が含められるが、重要性等を考慮して、含めないものとすることができる。

（出典：公益財団法人財務会計基準機構・企業会計基準委員会の公表物から引用）

 　　正味売却価額を見積もる必要がなくて、再調達原価を使うことができるのなら評価も簡単ですね。商製品の時と同じように在庫管理システムから期末数量と期末金額がわかるので、その横に購買システムから見積り時点での購入単価をくっつければ OK、ですね？

品目コード	品目名	期末数量	期末残高	期末単価	最新の調達単価
X000001	abc	xxx	xxx	xxx	xxx
X000002	def	xxx	xxx	xxx	xxx
X000003	ghi	xxx	xxx	xxx	xxx
X000004	jkl	xxx	xxx	xxx	xxx
・	・	・	・	・	・
・	・	・	・	・	・
・	・	・	・	・	・
X012345	vwx	xxx	xxx	xxx	xxx
X012346	wxy	xxx	xxx	xxx	xxx
X012347	xyz	xxx	xxx	xxx	xxx

X うん、それでいいよ。ただし、基準にも書いてあるとおり、「正味売却価額が再調達原価に歩調を合わせて動くと想定されるとき」に限るから注意が必要だよ。もちろん継続適用も求められるからね。

A 普通は材料の価格が上下したら、売値も上下しますよね。そう考えると、大抵の製造業なら売価と調達原価は連動しているので、再調達原価を使っても大丈夫そうですが。

X 会社ごとの判断になるけど、例えば競合他社が存在していなくて、売価が常に一定な製品を作っているような会社だったら再調達原価を使うのはまずいかもしれないね。原価が下がっても売価はそのままっていうケースもあるだろうから。

（7）受注生産の製品と仕掛品

X さて、続いて受注生産品の評価に移ろうか。

A 得意先毎に仕様が違うオーダーメイド品で、原価計算も個別原価計算を行っているので、正味売却価額を見積もることになりそうですね。

X そのとおり。会計基準が最も標準的な評価のターゲットにしている部分で、考え方はとてもオーソドックスだね。製品・仕掛品の原価と正味売却価額を比べて、正味売却価額の方が低ければその差額を評価損として計上するだけだよ。ただし、仕掛品の評価の時にも説明したけど、正味売却価額は本来売価そのものではなくって、売価から追加原価と追加経費を控除したものだったよね。完成している製品については追加原価を考慮する必要は基本的にないけれど、追加経費については考慮する必要があるよ。仕掛品は当然どちらも考慮する必要がある。

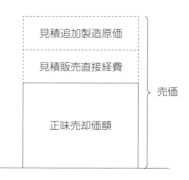

A 　受注生産品は受注時に売価が決まっているので、考えないといけないのは追加原価と追加経費ですね。追加原価は製造部門、追加経費は営業部門に問い合わせてみないとわからないでしょうか。

X 　うちの場合は生産管理システムで追加原価が、販売管理システムで追加経費を見ることができるよ。それを見ても疑問が残るなら各部門に問い合わせてみたらいい。例えば納期が異常に遅れている案件とかね。

A 　わかりました。それで一品ごとに正味売却価額と原価を比べて差額を算出すればいいですね。

（8）会計処理

A 　Xさん、やらないといけない評価はすべて終わったんですが、すべて売上原価に計上してしまっていいんですか？

X 　原則は売上原価処理だね。

（単位：百万円）

借方	金額	貸方	金額
商品低下評価損 （売上原価）	40	棚卸資産	40

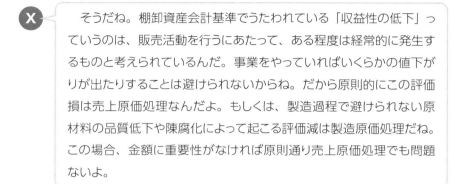

A 原則は、っていうことは例外もあるんですね？

X 　そうだね。棚卸資産会計基準でうたわれている「収益性の低下」っていうのは、販売活動を行うにあたって、ある程度は経常的に発生するものと考えられているんだ。事業をやっていればいくらかの値下がりが出たりすることは避けられないからね。だから原則的にこの評価損は売上原価処理なんだよ。もしくは、製造過程で避けられない原材料の品質低下や陳腐化によって起こる評価減は製造原価処理だね。この場合、金額に重要性がなければ原則通り売上原価処理でも問題ないよ。

A 　ということは、経常的に発生しない、臨時的な評価損、例えば火事や災害で極端に品質低下が起こったような場合なんかは特別損失ですね。

X 　そうなんだけど、その取扱いは、実は企業会計原則の特別損失の取扱いそのものなんだけどね。

A 　確かに、おっしゃるとおりですね。

【企業会計原則】
（特別損益）
六　特別損益は、（中略）災害による損失等の特別損失とに区分して表示する。

A 　それと、評価損は洗い替え法ですか、それとも切り放し法ですか？

X　基準上はどちらでもいいんだけど、実務上は洗い替え法が便利だと思うよ。なぜかっていうと、洗い替え法だと、在庫システムを触る必要なしに、経理側だけで評価損を計上できるんだ。でも切り放し法だと評価減「しっぱなし」になるから、在庫システム上の原価を変える必要が出てくるんだよ。そうなるとすごく手間がかかるからね。

A　承知しました。

2 応用を学ぼう

（1）正味売却価額の考え方

X　ところで、今まで正味売却価額は「売価から見積追加製造原価と見積販売直接経費を控除したもの」って説明してきたけど、個人的にはこの説明ってすごくわかりにくいと思ってるんだ。

A　どういうことですか？

X　棚卸資産の評価っていうのは、要するに「原価 vs. 売価」の構図だよね？

A　そうですね。

X　なのに会計基準上は正味売却価額を算出するために「売価」から「原価」を控除してるんだ。つまり原価の世界と売価の世界をごちゃ混ぜにしてしまってるんだね。図にするとこんな感じ。すごくわかりにくいと思わないかい？

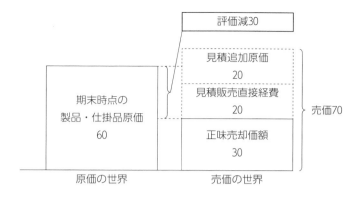

A なんだかぐちゃぐちゃしてますね。確かにわかりにくいです。でも、どうすればいいんですか？

X 原価の世界は原価だけ、売価の世界は売価だけにすればいいんじゃないかな。こんな風に。

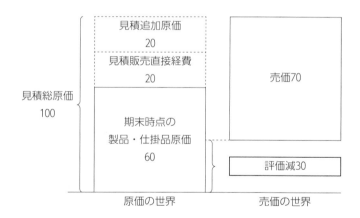

A こっちの図の方がすっきりしていますね。

X これだと正味売却価額っていう言葉は出てこなくなってしまうけど、求めたい評価減は同じだから実務上は問題ないよ。Excel の表を作る時もこっちを念頭に置いておくといい。

（2）受注損失引当金

A　　Xさん、受注生産品の仕掛品の評価減を計算していたら、貸借対照表価額がマイナスになるアイテムが出てきてしまいました。

X　　どれどれ？期末原価が30で売価が100、追加原価と追加経費が合わせて140か。確かに計算すると評価損が70になって、貸借対照表価額が -40になってしまうな。

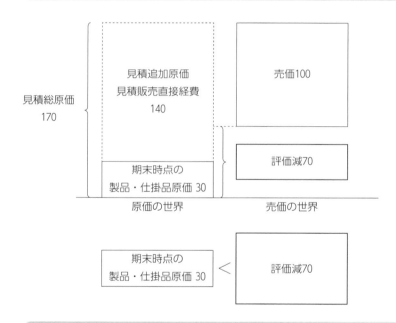

A　　そうでしょう？どうしたらいいですか？

X　　理屈で考えて答えを出してごらん。そうすれば見えてくるはずだよ。

A　　理屈で、ですか。そうですね…30までは現時点の原価から引けますが、残りが引けないんですよね。でも売価は契約で決まってしまっていて追加で40の損失が出てしまうのはほぼ確実っていうことだから

…もしかして引当金ですか？

X 引当金の4要件を思い出せるかい？

A えーと、過去の事象に起因する、将来の費用で、発生可能性が高く、金額が見積もれる。こんな感じだったでしょうか。

X そのとおり。今回のケースに当てはめてごらんよ。

A 過去の事象は既に締結されている契約のことですね。この製品を売った時に発生する費用だから、将来の費用もOK。発生可能性もほぼ確実で、金額も見積もれている。確かに4つとも当てはまります！

X つまりはどういうこと？

A 棚卸資産から引ききれない部分は引当金を計上する、ですか？

X そう、正解。引当金の勘定科目は受注損失引当金だよ。

（単位：百万円）

借方	金額	貸方	金額
商品低下評価損 （売上原価）	30	仕掛品	30
受注損失引当金繰入額 （売上原価）	40	受注損失引当金	40

A なるほど。よくわかりました。これなら受注して間もない、原価が1円も計上されていない仕掛品についても評価損を計上することができますね。

X ちなみにこの扱いも会計基準にはちゃんと載っているよ。わからないことが出てきたら基準を開いてみるくせが付くといいね。

【棚卸資産会計基準】
（正味売却価額がマイナスの場合）
44. 　見積追加製造原価及び見積販売直接経費が売価を超えるときには、正味売却価額はマイナスとなるが、その場合には、棚卸資産の帳簿価額をゼロまで切り下げたとしても、当該マイナス部分については、反映できない。…このように、切り下げるべき棚卸資産の帳簿価額が存在しない場合でも、マイナスの正味売却価額を反映させるため引当金による損失計上が行われることがある。…
（出典：公益財団法人財務会計基準機構・企業会計基準委員会の公表物から引用）

（3）棚卸資産評価の税務上の考え方

A 　Xさん、先ほど税金担当の係長に、別表4で加算するから当期の棚卸資産評価損を教えてくれと言われたので資料を提出したのですが、なぜ評価損を否認するのですか？

X ん？それは棚卸資産評価損が税務上損金不算入だからだね。

A 　それはわかります。私が言いたいのは、税務上は低価法という枠組みがあって、申請さえしておけば評価損は損金として認められるんじゃないんですか？なのに、わざわざ別表4で当期分の評価損を加算して、翌期にそれを減算するという手間を毎期繰り返すのはなぜなのでしょうか、ということです。

X 　よく勉強しているね。確かにそこは微妙な部分なんだ。というのも、Aさんが言ったとおり、税法上は税務署への申請を条件に損金計上も可能といえば可能なんだけど、損金計上しようと思うと、それを立証するための疎明資料作りが大変だったりするんだよ。

A 　棚卸資産の評価損は、税務上から見ると損金要件を満たしていることを証明するのが大変だということですか？

X 　今回Aさんに棚卸資産を担当してもらったからわかると思うんだけど、棚卸資産の評価って、見積りの要素がとても強いんだ。それは前にも言ったけど、棚卸資産っていうのは業種・業態によって取扱いが様々で、だから「当社の場合は」なんていう言葉があっちこっちに出てきたりするわけだ。

A 　会計上評価損計上した理屈が、税務上もそのまま通るとは限らないということですね。

X 　そういうことだね。だったら税務上低価法の申請はせずに、原価法のままで別表加算しておいて、翌期に減算した方が税務リスクを負わずに済む、という考え方が、うちを含めて世間では多いんだよ。どっちみち、その棚卸資産が売れた時や廃棄した時には損金算入されるんだしね。

A 　なるほど、よくわかりました。

【別表4】 所得の金額の計算に関する明細

(単位：百万円)

区　　分		総　　額	処　　分		
			留　保	社 外 流 出	
		①	②	③	
当 期 利 益 又 は 当 期 欠 損 の 額	1			配　当	
				その他	
加算	棚卸資産評価損否認	9	800	800		
	小　　　計	11	800	800		0
減算	棚卸資産評価損認容	20	400	400		
	小　　　計	21	400	400	外※	0

【別表5（1）】Ⅰ　利益積立金額の計算に関する明細書

(単位：百万円)

区　　分		期 首 現 在 利益積立金額	当期の増減		差引翌期首現在 利 益 積 立 金 額
			減	増	①－②＋③
		①	②	③	④
利 益 準 備 金	1				
積 立 金	2				
棚 卸 資 産	3	400	400	800	800

2 | 減損会計

会計基準名称	発行主体	略称
「固定資産の減損に係る会計基準」 （2002年8月9日）	企業会計審議会	減損会計基準
企業会計基準適用指針第6号「固定資産の減損に係る会計基準の適用指針」 （最終改正 2009年3月27日）	企業会計基準委員会	減損会計適用指針

1 基礎を学ぼう

（1）減損会計って何ですか？

B 　買収した子会社に、固定資産の減損会計を導入するように部長に言われています。全然イメージが湧きません。

X 　毎期決算で、減価償却の計算をしているよね。固定資産は、購入した価格から毎年計算した減価償却費の合計額を差し引いた金額で、貸借対照表に計上されていることは、Bさんも知っているよね。

　でも、固定資産が当初の見込みどおりに収益を生み出せていない場合や、使わなくなった固定資産を帳簿価額のままで貸借対照表に計上しておくことは適切ではない、という意見が出てきたんだ。そこで、固定資産の回収可能性を反映させるように帳簿価額を減額する、減損会計という考え方が出てきたんだよ。

（2）減損会計の全体像

X 　減損会計の全体像を簡単に示してみるね。

　減損会計は、ステップを踏んで考えていく必要があるんだ。今どこの話をしているのかを常に確認しながら、進めていくといいよ。

減損会計の全体像

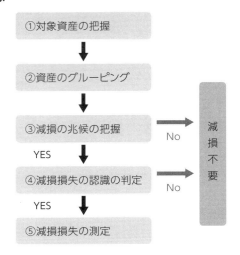

（3）対象資産の把握

X　　さっそく進めていこう。まず、減損会計の対象資産だけど、何が対象になるかわかるかな？

B　　固定資産の減損というくらいですので、固定資産が対象になるのだと思います。

X　　そのとおり。固定資産が対象になるんだけど、他の基準で減損処理の規定が別途定められているものは対象外になるんだよ。例えば、金融資産や繰延税金資産、前払年金費用は、他に基準があるから対象外になるよ。
　　固定資産の減損の対象となる資産は、次のようなものだよ。

【対象資産例】
・有形固定資産（建物、機械装置、構築物、器具備品、土地）
・無形固定資産（ソフトウエア、のれん）

【減損会計基準】
一　対象資産
　本基準は、固定資産を対象に適用する。ただし、他の基準に減損処理に関する定めがある資産、例えば、「金融商品に係る会計基準」における金融資産や「税効果会計に係る会計基準」における繰延税金資産については、対象資産から除くこととする。

（出典：企業会計審議会の公表物から引用）

（4）資産のグルーピング

X　　対象となる資産がわかってくれたと思うので、まずは、資産のグルーピングを行おう。

B　　グルーピングって何ですか？何か、グループ分けをするんですか？

X　　難しく考えなくてもいいよ。減損処理を行う必要があるかどうかの判定をする資産の単位を決める手続と考えたらいいよ。資産のグルーピングについては、減損会計基準に次のように書いてあるよ。

【減損会計基準】
二　減損損失の認識と測定
6．資産のグルーピング
（1）　資産のグルーピングの方法
　減損損失を認識するかどうかの判定と減損損失の測定において行われる資産のグルーピングは、他の資産又は資産グループのキャッシュ・フローから概ね独立したキャッシュ・フローを生み出す最小の単位で行う。

（出典：企業会計審議会の公表物から引用）

B　　個々の固定資産を一つ一つ検討するんじゃないのですね。

X　　そうなんだ。固定資産自体が単独でキャッシュ・フローを生み出すのは稀なケースで、普通は、複数の資産が一体となってキャッシュ・

フローを生み出すよね。「他の資産又は資産グループのキャッシュ・フローからおおむね独立したキャッシュ・フローを生み出す最小の単位」で、グルーピングをして、グルーピングした資産グループごとに、以後の減損の検討を進めていくんだよ。

例えば、小売用店舗や飲食店舗なんかをイメージするとわかりやすいね。儲かっている店舗と儲かっていない店舗があって、店舗ごとにグルーピングをして、減損の検討を進めて行くんだ。

【資産のグルーピング例】

小売業、飲食業　　：店舗
製造業　　　　　　：工場
卸売業　　　　　　：営業所
賃貸業　　　　　　：ビル

（5）減損の兆候の把握

B　資産のグルーピングについては、なんとなく理解できました。グルーピングを行った固定資産がどういった状況になっていると、減損処理を行う必要がありますか？

X　会計基準では、「資産グループに減損が生じている可能性を示す事象（以下、減損の兆候）」がある場合に、減損損失を認識するかどうかの判定を行うことになるんだ。

すべての資産グループを対象にして、減損損失の処理を検討するのは、実務上過大な負担となってしまうからね。

B　減損が生じている可能性を示す事象と言われても、ピンときません。

X　そうだよね。イメージとしては、その資産グループからお金を生み出せていない状況にあるとか、今後生み出せなくなる可能性が高い場合、資産グループの価値が取得価格と比較して大幅に下落している場合なんかが、『減損の兆候』になるんだ。

減損会計基準では、減損の兆候の例示が、次のとおり示されてい

るよ。

【減損会計基準】

二　減損損失の認識と測定

1．減損の兆候

①　資産又は資産グループが使用されている営業活動から生ずる損益又はキャッシュ・フローが、継続してマイナスとなっているか、あるいは、継続してマイナスとなる見込みであること

②　資産又は資産グループが使用されている範囲又は方法について、当該資産又は資産グループの回収可能価額を著しく低下させる変化が生じたか、あるいは、生ずる見込みであること

③　資産又は資産グループが使用されている事業に関連して、経営環境が著しく悪化したか、あるいは、悪化する見込みであること

④　資産又は資産グループの市場価格が著しく下落したこと

(出典：企業会計審議会の公表物から引用)

（6）減損損失の認識の判定

B　減損の兆候の把握まで理解できました。減損の兆候のある資産グループが区別できたら、次は、『減損損失の認識』の判定ですね。

X　減損損失を認識するかどうかの判定は、次の2つを比較することになるんだ。

・資産グループの帳簿価額

・資産グループが将来獲得する割引前キャッシュ・フローの総額

この2つを比較して、割引前将来キャッシュ・フローの総額が帳簿価額を下回る場合には、減損損失を認識することになるよ。

言葉でいうと、難しいけど、表にするとイメージしやすくなるよ。

減損損失の認識検討シート

「帳簿価額 ＞ 割引前将来キャッシュ・フローの総額」となる場合には、減損損失の認識が必要となる。

(単位：百万円)

資産グループ	帳簿価額 ※1	割引前将来 キャッシュ・フローの総額 ※2	減損損失の認識
①	1,000	1,500	不要
②	800	700	必要
③	1,500	1,800	不要
④	1,200	600	必要

※1 固定資産台帳から資産グループごとに集計する。
※2 資産グループごとに、将来獲得できるキャッシュ・フローを見積もる。

B 資産グループの帳簿価額は、固定資産台帳を見れば集計することができますね。割引前将来キャッシュ・フローの総額をどうやって見積もるんですか？

X 割引前将来キャッシュ・フローの見積りは、減損会計で一番大事なところだから、慎重に理解を進めていく必要があるんだ。

将来キャッシュ・フローを見積もるといっても、どんな計画で、毎年いくらキャッシュ・フローがあるか、どれくらいの期間を見積りに加えることができるか、その前提条件によって、結果が異なってくるので、会計監査人との間で、見解の相違が出てきやすい論点なんだ。

（7）将来キャッシュ・フロー

X まずは、将来キャッシュ・フローについて、見ていこう。減損損失を計上するってことは、会社に損失が発生することになるんだ。会社にとって、どんな影響があるかわかるかな？

B 会社にしてみたら、外部の目が気になるので、できるだけ損失計上

は避けたいところですよね。過去に購入した固定資産を減損処理する
となりますと、投資の失敗をしたと表明するようなものですし。しかも、
減損処理によって利益が減ってしまって、ボーナスが減ったら、僕も
困りますし。

　将来の話なんて誰にもわかりませんよね。将来キャッシュ・フロー
を十分に生み出す計画を立てたら、減損処理の必要はなくなります
ね。

X　　Bさんが言うことは、多くの会社でも頭をよぎることなんだ。だから、
減損会計をめぐって不適切事例が数多く報告されているんだよ。

　でもそうはならないために、会計基準には、将来キャッシュ・フロー
の見積りについて、次のように規定されているんだよ。

【減損会計基準】
二　減損損失の認識と測定
4．将来キャッシュ・フロー
（1）…将来キャッシュ・フローは、企業に固有の事情を反映した合理的で説明可能な
　　　仮定及び予測に基づいて見積もる。
（2）将来キャッシュ・フローの見積りに際しては、資産又は資産グループの現在の使
　　　用状況及び合理的な使用計画等を考慮する。
（出典：企業会計審議会の公表物から引用）

B　　なるほど、「合理的」というところがポイントですね。

X　　そうなんだよ。「合理的で説明可能な」ということは、会社だけで
なく第三者が見ても、納得できる予測数値でないとダメなんだ。

（8）将来キャッシュ・フローを見積もる期間

B　　将来キャッシュ・フローの総額を算出するには、キャッシュ・フロー
を見積もる期間を決めないとだめですよね。

　建物とか機械装置でしたら、耐用年数がありますので耐用年数が

到来するまでの残存期間ということになると思います。でも、土地は、減価償却しませんし、ずっと使えますよね。そうしますと、キャッシュ・フローを見積もる期間は永久ということになるんですか？

　Bさんが抱く疑問はもっともだね。確かに、土地は使用することで価値が減少するわけではないし、無限に使用できるということになるね。

　将来キャッシュ・フローを見積もる期間については、会計基準では、次のように示されているよ。

【減損会計基準】
二　減損損失の認識と測定
２．減損損失の認識
（２）　減損損失を認識するかどうかを判定するために割引前将来キャッシュ・フローを見積もる期間は、資産の経済的残存使用年数又は資産グループ中の主要な資産の経済的残存使用年数と20年のいずれか短い方とする。

(出典：企業会計審議会の公表物から引用)

　少なくとも土地は、使用期間が無限になりうることから、その見積期間を制限する必要があることや、長期間にわたっての将来キャッシュ・フローの見積りは不確実性が高くなることを理由に基準のような考え方になったんだ。

（9）減損損失の測定

　減損損失を認識すべきであると判定された資産グループは、帳簿価額を回収可能価額まで減額して、当該減少額を減損損失として計上することになるんだ。仕訳で表すと、このようになるよ。

（単位：百万円）

借方	金額	貸方	金額
減損損失	50	建物	20
		土地	30

B　　　帳簿価額を回収可能価額まで減額するというのはわかりましたが、回収可能価額はどうやって算定しますか？

X　　　回収可能価額については、減損会計基準に次のように書いてあるよ。

【減損会計基準】

（注1）

　本基準における用語の定義は、次のとおりである。

　1．回収可能価額とは、資産又は資産グループの正味売却価額と使用価値のいずれか高い方の金額をいう。

　2．正味売却価額とは、資産又は資産グループの時価から処分費用見込額を控除して算定される金額をいう。

　3．時価とは、公正な評価額をいう。通常、それは観察可能な市場価格をいい、市場価格が観察できない場合には合理的に算定された価額をいう。

　4．使用価値とは、資産又は資産グループの継続的使用と使用後の処分によって生ずると見込まれる将来キャッシュ・フローの現在価値をいう。

（出典：企業会計審議会の公表物から引用）

X　　　資産又は資産グループへの投資の回収は、売却か、使用するかかいずれかの方法で行われることになるね。

　　　そこで、売却による回収額である正味売却価額と、使用による回収額である使用価値のいずれか高い方の金額が固定資産の回収可能価額になるわけなんだ。

　　　おおまかな流れがわかったと思うので、早速、今回買収した子会社について見ていこうか。

減損会計

（10）設例を学ぼう

① 前提条件について

　甲社の事業、資産内容は次のとおりである。
i　事業について
（陶磁器事業）
　甲社の祖業であるが、近年陶磁器需要が減少し、価格低下に見舞われ、近年赤字が続いている。
（工業用セラミック事業）
　陶磁器事業の先行きに危機感を覚えた同社で、20年ほど前から社内ベンチャーとして始まった。当初は赤字であったものの、数年前より黒字化に成功しており、現在では利益の大部分を稼ぎ出している。
　なお、陶磁器事業と工業用セラミック事業に相互補完関係はない。

ii　資産内容について
　京都市内に、本社兼研究所と、半年前に閉鎖した旧工場を保有している。旧工場は、現在賃貸資産として運用している。
　滋賀県に、陶磁器事業の工場と工業用セラミック事業の工場を有している。
　福岡県に、以前営業所として利用していた土地建物を有している。賃貸不動産として、賃貸していたがテナントの退店もあり、現在テナント募集中である。

【保有資産の状況】

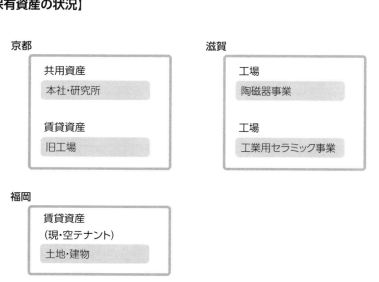

② 資産のグルーピングについて

X まず、資産のグルーピングから始めてみよう。グルーピングは、他の資産又は資産グループのキャッシュ・フローからおおむね独立したキャッシュ・フローを生み出す最小の単位で行うんだったね。

B 陶磁器事業の工場と工業用セラミック事業の工場は、それぞれ損益管理を行っています。それぞれの工場の事業からキャッシュ・フローを生み出していますので、陶磁器事業と工業用セラミック事業をそれぞれ1つのグループとして、グルーピングできますね。

X そのとおり。他の資産についてはどうかな？

B 旧工場は、現在賃貸に出していて、家賃収入を得ています。旧工場も、他の資産から独立してキャッシュ・フローを生み出しているといえますので、旧工場グループとしてグルーピングするのでしょうか。

X そのとおりだ。資産のグルーピングは、独立したキャッシュ・フローを生み出す最小の単位で行うのだから、旧工場は賃貸資産として、1つのグループにするんだよ。

B なるほど。あとは、本社、研究所、福岡の旧営業所です。キャッシュ・フローを生み出していない資産なので、1つのグループと考えて問題ないでしょうか？

X 福岡の旧営業所は、テナント募集中の状況だね。これから先、資産を賃貸する可能性もあるし、単独で売却する可能性だってあるので、1つのグループにする必要があるね。
本社と研究所は、全社のキャッシュ・フロー生成に役立つ資産として、1つのグループと考えればいいよ。

B なるほど、そうしますと、グルーピングとしては、①陶磁器事業、②工業用セラミック事業、③賃貸資産（旧工場）、④旧福岡営業所、⑤本社・研究所に区分できるわけですね。

X そうだね、グルーピングができたところで、資産グループごとに帳簿価額を集計し、一覧表にまとめておこう。

【グルーピングの検討結果】

(単位：百万円)

資産グループ	建物	土地	設備	合計
陶磁器事業	400	300	50	750
工業用セラミック事業	600	400	1,000	2,000
賃貸資産（旧工場）	150	250	－	400
旧福岡営業所	10	20	－	30
本社・研究所	400	200	－	600
合計	1,560	1,170	1,050	3,780

③ 減損の兆候について

X グルーピングした資産グループごとに、減損の兆候があるか見ていこう。減損の兆候の有無は、資産グループごとに判断するよ。減損の兆候例についてもおさらいしておこう。

（減損の兆候例）

ⅰ．営業活動から生ずる損益又はキャッシュ・フローが継続してマイナスの場合

ⅱ．使用範囲又は方法について回収可能価額を著しく低下させる変化がある場合

ⅲ．経済環境の著しい悪化の場合

ⅳ．市場価格の著しい下落の場合

ⅰ 陶磁器事業

B 資産グループごとに、この兆候例に当てはまる事実がないかどうかで判断するのですね。

X 陶磁器事業は、悩みのタネの事業だね。前期も、前々期も営業損失だし、当期も計画上は黒字だったけど、結果的には営業損失が発生する見込みだね。「営業活動から生ずる損益又はキャッシュ・フローが継続してマイナスの場合」に該当することから、減損の兆候ありと判断する必要があるね。

ⅱ 工業用セラミック事業

B 工業用セラミック事業は、前期も前々期も営業黒字ですし、当期も順調に営業黒字を確保できていますね。減損の兆候に該当する事象はないですね。

X そうだね。工業用セラミック事業がある滋賀県の土地は、もともと大昔に安く購入できているので、含み益を抱えている状態だし、その他に減損の兆候をうかがわせる事象もないね。

iii 賃貸資産（旧工場）

B 　旧工場はどうなんでしょうか？賃貸収入を得ていますし、損失は発生していないと思うのですが。

X 　確かに、賃貸資産として、キャッシュ・フローを生み出しているので、減損の兆候はないように思えるね。ただ、この賃貸資産は、もともと、陶磁器事業で使っていた工場を半年前に閉鎖したという経緯があるね。自社で使用していた工場を賃貸用に転用したという事情からすると、『使用範囲又は方法について回収可能価額を著しく低下させる変化がある場合』に該当することになるよ。一旦、減損の兆候ありと判断する必要があるね。

B 　そうなんですね。現在の状況だけで判断してはいけないのですね。

iv 旧福岡営業所

X 　次は、旧営業所について確認していこう。

B 　旧福岡営業所は、現在使われていません。最近までテナントが入居していたのですが退去してしまい、現在はテナント募集中です。また入居者が見つかれば、キャッシュ・フローを生み出しますので、減損の兆候はないということになるでしょうか？

X 　場所もいいので、入居者が退去しても、従来から入居者がすぐに見つかっていたようなので、『使用範囲又は方法について回収可能価額を著しく低下させる変化がある場合』とまではいえないね。また、過去の賃貸状況や将来も賃貸する目的で募集をかけており、入居者がすぐ見つかると確実に見込まれることからすると、遊休資産とまでは言い切れないね。
　でも、土地や建物が、市場価格の著しい下落に該当していないか

という観点からの検討は必要になってくるよ。

B 　市場価格っていいましても、上場会社の株式のように毎日取引が行われているわけでもないですし、どうやって把握したらいいですか。

X 　固定資産の市場価格っていうのは、確かに把握するのが難しいね。会計基準ではその点に考慮されていて、一定の評価額や適切に市場価格を反映していると考えられる指標が容易に入手できる場合は、これを市場価格として使用することが認められているんだ。
　土地の指標としては、公示価格、都道府県基準地価格、路線価による相続税評価額、固定資産税評価額があげられるよ。建物の指標としては、固定資産税評価額を使うケースが多いよ。

B 　国税庁から1年に1度公表される路線価による相続税評価額や不動産の所在地の市区町村から毎年送られてくる固定資産税評価額は、比較的容易に入手可能ですね。子会社から固定資産税の納税通知書を送ってもらいます。路線価も国税庁のホームページから確認するようにします。

資産グループ	建物		土地		合計		時価倍率 (市場価格／ 帳簿価額)
	帳簿価額	市場価格 (固定資産 税評価額)	帳簿価額	市場価格 (路線価)	帳簿価額	市場価格	
陶磁器事業	・・・	・・・	・・・	・・・	・・・	・・・	・・・
工業用セラ ミック事業	・・・	・・・	・・・	・・・	・・・	・・・	・・・
賃貸資産 (旧工場)	・・・	・・・	・・・	・・・	・・・	・・・	・・・
旧福岡営業所	10	8	20	60	30	68	226%
本社・研究所	・・・	・・・	・・・	・・・	・・・	・・・	・・・

B   旧福岡営業所の土地には、含み益があります。資産グループ合計で、市場価格が帳簿価額を上回っています。

　ちなみに、著しい下落に該当するかどうかの判断をする場合の「著しい」とはどのような場合を指しますか？

X   「著しい」下落か否かは、少なくとも市場価格が帳簿価額から50%程度以上下落した場合が該当するよ。

v　本社・研究所

B   最後は、本社・研究所の検討ですね。

X   本社・研究所は、いわゆる共用資産として取り扱う必要があるんだ。共用資産の減損の兆候の有無の判定としては、2つの観点で検討が必要になるよ。

　1点目は、共用資産を含んだより大きな単位で、減損の兆候例のような事象があるかどうかを検討する必要があるんだ。これについては、全社ベースで黒字になっているんで大丈夫だね。

　2点目は、共用資産そのもの、すなわち本社と研究所単体で、「ii. 使用範囲又は方法について回収可能価額を著しく低下させる変化がある場合」や「iv. 市場価格の著しい下落の場合」という事象があるかどうかを検討する必要があるんだ。

　本社・研究所は継続して使用する予定だし、本社・研究所の土地は大幅な含み益があるので、減損の兆候を示すような事象はないといえるね。

vi 減損の兆候の有無の検討結果

資産グループ	兆候の有無	理由
陶磁器事業	有	継続して損益がマイナスのため
工業用セラミック事業	無	—
賃貸資産（旧工場）	有	使用方法について回収可能価額を著しく低下させる変化があるため
旧福岡営業所	無	—
本社・研究所	無	—

④ 減損損失の認識の判定について

i 減損損失の認識の判定の考え方

B 　陶磁器事業と旧工場（賃貸資産）が減損の兆候ありと判定されました。減損損失を計上する必要があると思うのですが、具体的にはどうやって算出しますか？

X 　減損の兆候があると判定された資産グループがすべて減損損失の計上が必要となるわけではなかったよね。

B 　将来キャッシュ・フローの総額が帳簿価額を下回る場合には…でしたよね。

X 　そうなんだ。減損損失の算定は、将来どれだけのキャッシュ・フローを生み出すかの見積りに大きく依存することになるんだよ。でも、資産や資産グループが将来どれだけのキャッシュ・フローを生み出すかの見積りは、将来を予想することになるため、主観的にならざるを得ないよね。そう考えると、減損の存在が相当程度に確実な場合に限って減損損失を認識するという判断をしなくてはいけないんだ。

B　主観的な要素があるからこそ、慎重な判断が求められているんでしたね。

X　そうなんだ。具体的には、資産又は資産グループから得られる割引前将来キャッシュ・フローの総額と帳簿価額を比較して、資産又は資産グループから得られる割引前将来キャッシュ・フローの総額が帳簿価額を下回る場合には、減損損失を認識することになるんだ。

ii　割引前将来キャッシュ・フローの総額

B　割引前将来キャッシュ・フローの総額と帳簿価額を比較することはわかりました。帳簿価額は、簡単に集計できるのですが、割引前将来キャッシュ・フローの総額はどのように集計するのでしょうか。

X　割引前の将来キャッシュ・フローは、少なくとも土地は使用期間が無限になりうることから、その見積期間を制限する必要があるんだよ。また、将来の予想をするわけだから、長期間にわたる将来キャッシュ・フローの見積りは不確実性が高くなるといえる。

　そこで、割引前将来キャッシュ・フローを見積もる期間は、資産の経済的残存使用年数又は資産グループ中の主要な資産の経済的残存使用年数と20年のいずれか短い方とされているんだ。

　なお、主要な資産とは、資産グループの将来キャッシュ・フロー生成能力にとって最も重要な構成資産を指すよ。

iii　陶磁器事業の検討

X　主要な資産の経済的残存使用年数が見積もる期間になるから、主要な資産を何にするかの検討が必要だね。

B　同社の機械設備はどれも古く、耐用年数が到来しているものがほとんどです。主要な資産は、陶磁器事業で最も重要な構成資産である土地と判断することになります。当期も計画上は黒字でしたが、結果的には赤字となる見込みです。甲社の事業計画によると、今後も売上回復の見込みがなく、営業キャッシュ・フローで赤字の状況が継続する見込みです。

X　営業キャッシュ・フローが赤字の状況が継続し、割引前将来キャッシュ・フローの総額がマイナスとなるため、減損損失を認識する必要があるね。

iv　賃貸資産（旧工場）の検討

B　土地の帳簿価額と建物の帳簿価額を比較すると、建物の帳簿価額が土地の帳簿価額を大きく上回っています。建物は容易に取替可能でないため、最も重要な構成資産は建物と判断されます。主要な資産は、建物ということになります。

X　割引前将来キャッシュ・フローを見積もる期間は、主要な資産の経済的残存使用年数を使うことになるんだけど、建物の残存耐用年数はわかるかな？

B　建物の耐用年数は38年ですが、既に建築から23年経過していますので、残存耐用年数は15年です。あとは、毎年のキャッシュ・フローの見積りが必要になります。

X　現に賃貸中の物件ではあるけど、今後建物の老朽化も見込まれることから、収入は保守的に見積もった方がいいね。過去の趨勢からも判断して、現家賃から5年ごとに5％ずつ減少するものとして計算しよう。支出は、毎年発生する固定資産税と3年ごとに修繕が必要と

なるものと見込んで、その費用を見積もって計上しておこう。

B 　将来キャッシュ・フローの総額を計算してみました。割引前将来キャッシュ・フローの総額が、帳簿価額を上回る結果となりますので、減損損失の認識は不要ということになりますね。

v　減損損失の認識要否の検討結果

資産グループ	兆候の有無	認識の要否	理由
陶磁器事業	有	要	割引前将来キャッシュ・フローの総額がマイナスとなるため、減損損失を認識する。
工業用セラミック事業	無	－	－
賃貸資産（旧工場）	有	不要	割引前将来キャッシュ・フローの総額＞帳簿価額となるため、減損損失は認識しない。
旧福岡営業所	無	－	－
本社・研究所	無	－	－

⑤　減損損失の測定

i　減損損失の測定の考え方

B 　陶磁器事業について、減損損失の認識が必要と判定されました。減損損失の計上が必要になりますが、どのように測定しますか？

X 　現在の帳簿価額を回収可能価額まで減額し、減少額を減損損失として計上するんだよ。固定資産を取得する目的は、買った時より高く売却するか、使用することで買った値段以上の利益を獲得するか、いずれかの手段によって投下資本を回収することになるよね。
　回収可能価額は、①売却による回収額である正味売却価額と、②使用による回収額である使用価値、のいずれか高い金額が固定資産の回収可能価額になるんだ。

ii 陶磁器事業の検討

X 　陶磁器事業は、将来も赤字が見込まれるため、将来キャッシュ・フローがマイナスになっているので、時価から処分費用見込額を控除して算定される正味売却価額が回収可能価額となるね。

B 　正味売却価額では、時価から処分費用見込額を控除することになりますが、時価はどのようにして収集しますか？

X 　建物と土地の時価は、自社で合理的な見積りをすることが困難といえるね。外部の不動産鑑定士から鑑定評価額を入手し、合理的に算定された価額を見積もる必要があるね。設備は、既に耐用年数が到来しているものが多く、売却の可能性が低いため、ゼロと見積もることとしよう。

B 　不動産鑑定士からの鑑定評価額が入手できました。土地は200百万円、建物は150百万円と評価されています。

X 　正味売却価額は、処分費用見込額を控除する必要があるので、仲介手数料として、鑑定評価額の3％を見込んでおこうか。そうすると、正味売却価額は、土地が194百万円、建物が145百万円、機械装置がゼロとなるね。

B 　正味売却価額と現在の帳簿価額の差額が減損損失となるわけですね。現在の帳簿価額は、土地が400百万円、建物が300百万円、機械装置が30百万円です。

（単位：百万円）

借方	金額	貸方	金額	備考
減損損失	390	土地	206	400−194
		建物	154	300−145
		機械装置	30	30− 0

2 応用を学ぼう

（1）回収可能価額について

① 回収可能価額

X　回収可能価額について、もう少し詳しく見ていこうか。

B　回収可能価額は、資産グループの正味売却価額と使用価値のいずれか高い方の金額をいうんでしたね。

X　そのとおり。では、正味売却価額、使用価値の順番に見ていこう。

② 正味売却価額

X　正味売却価額は、資産グループの時価から処分費用見込額を控除して、算定するんだったね。

B　固定資産の時価って、算定するのが難しそうですね。

X　時価っていうのは、観察可能な市場価格のことをいうんだ。市場において形成されている取引価格、気配値又はその他の相場を指すと考えられているんだ。

　市場価格が存在する場合には、市場価格に基づく価額を時価として用いるんだ。

　でも、Bさんが言うとおり、固定資産は、市場価格が観察できな

い場合が多いんだ。その場合には、合理的に算定された価額を時価とするんだ。

　合理的に算定された価額は、合理的な見積りに基づき、次のような方法で算定されるんだよ。

不動産（原則）:
　「不動産鑑定評価基準」（国土交通省）に基づいて算定する。
　自社で合理的な見積りが困難な場合には、不動産鑑定士から鑑定評価額を入手して、合理的に安定された価額とすることができる。

不動産（重要性が乏しい場合）:
　一定の評価額や適切に市場価格を反映していると考えられる指標が容易に入手できる場合（容易に入手できる評価額や指標を合理的に調整したものも含まれる）、合理的に算定された価額とすることができる。

容易に入手できると考えられる土地の価格指標（減損会計適用指針90より）

種類	公示価格	都道府県基準地価格	路線価による相続税評価額	固定資産税評価額
評価時点	毎年1月1日	毎年7月1日	毎年1月1日	3年ごとに基準年を置き、その年の1月1日
公表時期	毎年3月下旬頃	毎年9月下旬頃	毎年8月中旬頃	基準年の3月頃
評価目的	・一般土地取引価格に指標を与える ・公共用地の取得価格算定の規準	・国土利用計画法による規制の適正化及び円滑化 ・公示価格の補完	・相続税や贈与税の課税基準	・固定資産税等の課税基準
備考	都市計画区域のみ	ほぼ公示価格と同一価格水準（都市計画区域外含む）	公示価格の80%程度	公示価格の70%程度

　　（出典：公益財団法人財務会計基準機構・企業会計基準委員会の公表物から引用）

その他の固定資産:
　コスト・アプローチ、マーケット・アプローチ、インカム・アプローチによる見積りを、資産の特性等により併用又は選択して算定する。
　自社における合理的な見積りが困難な場合には、製造業者や販売業者、物件売買仲介会社など適切と考えられる第三者から、上記方法により算定された価格を入手して、合理的に算定された価額とすることができる。

51

X 最後になったけど、処分費用見込額は、類似の資産に関する過去の実績額や処分を行う業者からの情報などを参考にして、現在価値として見積もることになるよ。

③ 使用価値について

X 次は、使用価値だね。Bさん、使用価値の定義って覚えている？

B 使用価値は、「資産又は資産グループの継続的使用と使用後の処分によって生ずると見込まれる将来キャッシュ・フローの現在価値」でしたね。

X よく覚えていたね。そのとおり。Bさんの言ってくれた、使用価値の定義の中には、様々な見積りの要素を含んでいるんだよ。
　　ⅰ．将来キャッシュ・フローの金額をどう見積もるか？
　　ⅱ．将来キャッシュ・フローを見積もる期間はどう決定するか？
　　ⅲ．将来キャッシュ・フローを現在価値に割り引くための割引率はどう決定するか？
　　一つずつ、順番に見ていこう。

ⅰ 将来キャッシュ・フロー

X 将来キャッシュ・フローを見積もるには、会社の固有の事情を反映した合理的で説明可能な仮定や予測に基づく必要があるんだよ。

B 誰が見ても、納得できる数値を用いる必要があるんですね。恣意性が入った数値では、実態を表わさず、誤った減損損失の金額を計上してしまうことになりかねませんね。

X そうなんだ。将来キャッシュ・フローの見積りは、使用価値の算定だけでなく、その前段階の減損損失を認識するかどうかの判定でも

使われるんだけど、次の点に留意する必要があるんだ。

～将来キャッシュ・フローの算定方法～

【中長期計画がある場合】

・取締役会等の承認を得た中長期計画の前提となった数値を用いる。
・中長期計画の前提となった数値を、経営環境などの企業の外部要因に関する情報、会社が用いている内部の情報（例えば、予算やその修正資料、業績評価の基礎データ、売上見込など）と整合的に修正する。
・資産や資産グループの現在の使用状況や合理的な使用計画を考慮する。

【中長期計画がない場合】

・経営環境などの企業の外部要因に関する情報、会社が用いている内部の情報を検討する。
・資産グループの現在の使用状況や合理的な使用計画を考慮する。
・過去の一定期間における実際のキャッシュ・フローの平均値に、これまでの趨勢を踏まえた一定又は逓減する成長率（ゼロやマイナスになる場合もある）の仮定をおいて見積もる方法も考えられる。

【中長期計画の見積期間を超える期間の将来キャッシュ・フローを算定する場合】

・原則として、取締役会等の承認を得た中長期計画の前提となった数値（経営環境などの企業の外部要因に関する情報や企業が用いている内部の情報と整合的に修正した後のもの）に、合理的な反証がない限り、それまでの計画に基づく趨勢を踏まえた一定又は逓減する成長率（ゼロやマイナスになる場合もある）の仮定をおいて見積もる。

ⅱ　将来キャッシュ・フローを見積もる期間

B　将来キャッシュ・フローの算定方法については、理解できました。次は、将来キャッシュ・フローを見積もる期間ですね。確か、減損損失を認識するかどうかを判定する際の将来キャッシュ・フローの見積期間は、資産の経済的残存使用年数又は資産グループ中の主要な資産の経済的残存使用年数と20年のいずれか短い方とするんでしたね。

X そのとおり。使用価値の算定のために将来キャッシュ・フローを見積もる期間は、減損損失を認識するかどうかの判定の時とは違っていて、資産の経済的残存使用年数又は資産グループの主要な資産の経済的残存使用年数を用いるんだ。

iii 割引率

X 最後は、割引率について見ていこう。今まで見てきたキャッシュ・フローは、将来に発生するキャッシュ・フローを見積もっているため、現在の価値に割り引いてくるプロセスが必要になってくるんだ。

B そこで必要になってくるのが、割引率ということなんですね。

X 将来のことを予想して見積もっているため、見積値から乖離するリスクがあるよね。この見積値から乖離するリスクを将来キャッシュ・フローの見積値に反映させるか、割引率に反映させる必要があるんだ。

　将来キャッシュ・フローの見積りに反映させた場合、貨幣の時間価値だけを反映した無リスクの割引率を用いることになるんだ。

　一方、見積値から乖離するリスクを、将来キャッシュ・フローの見積りに反映していない場合、割引率は、純粋な貨幣の時間価値と将来キャッシュ・フローがその見積値から乖離するリスクの両方を反映したものを用いる必要が出てくるんだ。

　将来キャッシュ・フローが見積値から乖離するリスクを反映した割引率としては、次のようなものがあげられるよ。

~将来キャッシュ・フローがその見積値から乖離するリスクを反映した割引率~

以下のもの又はこれらを総合的に勘案したものとなる。

① 資産又は資産グループに固有のリスクを反映した収益率

内部管理目的の経営資料や使用計画等、企業が用いている内部の情報に基づき、資産又は資産グループに係る収益率を算定する。

② 会社に要求される資本コスト

借入資本コストと自己資本コストを加重平均した資本コストを用いることが適当である。

③ 資産又は資産グループに類似した資本又は資産グループに固有のリスクを反映した市場平均と考えられる合理的な収益率

④ 資産又は資産グループのみを裏付け(いわゆるノンリコース)として大部分の資金調達を行ったときに適用されると合理的に見積もられる利率

(2) 減損損失の戻入れについて (IFRSとの対比)

　減損処理は、回収可能価額の見積りに基づいて行われるため、その見積りに変更があり、変更された見積りによれば減損損失が減額される場合には、減損損失の戻入れを行う必要があるという考え方がある。

　しかし、①減損の存在が相当程度確実な場合に限って減損損失を認識及び測定することとしていること、②戻入れは事務的負担を増大させるおそれがあることなどから、減損損失の戻入れは行わないとされている。

　一方、国際財務報告基準(IFRS)の IAS 第36号「資産の減損」では、過年度に減損処理を行い、帳簿価額を切り下げた資産(のれんを除く)について、価値の回復を期待できる兆候があるかどうかを決算日に評価する。価値の回復を期待できる兆候がある場合には、資産の回収可能価額の再計算を行い、回収可能価額(ただし、減損損失がなかった場合の償却控除後の帳簿価額を超えない)まで減損損失を戻し入れる。

(3) 開示関係

① 貸借対照表における表示

　減損処理を行った資産の貸借対照表における表示は、以下のように行う。

i　直接控除形式

　原則として、減損処理前の取得原価から減損損失を直接控除し、控除後の金額をその後の取得原価とする形式で表示する。

ii　独立間接控除形式

　減価償却を行う有形固定資産については、当該資産に対する減損損失累計額を、取得原価から間接控除する形式で表示することもできる。

iii　合算間接控除形式

　減損損失累計額を間接控除する形式の場合、減損損失累計額を減価償却累計額に合算して表示することもできる。

②　損益計算書における表示

　減損損失は、原則として、特別損失に計上する。

③　注記

　重要な減損損失を認識した場合には、損益計算書（特別損失）に係る注記事項として、以下の項目を注記する。

- i　減損損失を認識した資産又は資産グループについては、その用途、種類、場所などの概要
- ii　減損損失の認識に至った経緯
- iii　減損損失の金額については、特別損失に計上した金額と主な固定資産の種類ごとの減損損失の内訳
- iv　資産グループについて減損損失を認識した場合には、当該資産グループの概要と資産をグルーピングした方法
- v　回収可能価額が正味売却価額の場合には、その旨及び時価の算定方法、回収可能価額が使用価値の場合にはその旨及び割引率

3 実務事例を学ぼう

（1）遊休資産の判定

　平成×年にソフトウェア開発のための工場及び研修施設建設用地として取得した土地が、業績の低迷や技術進歩による事業所面積の縮小等により取得以降何ら利用されていなかった。

　同資産について、実質的には将来の用途が定まっていないにもかかわらず、これを遊休資産として適切な減損会計の適用による特別損失を計上しなかった。

　これに対して、土地を過大に計上したとの指摘がなされた。

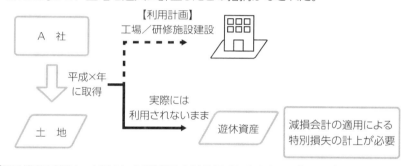

（「開示検査事例集」　令和2年8月証券取引等監視委員会事務局　【事例25】を要約）

（2）店舗別損益の配賦計算の不正操作

　決算手続の中で減損の兆候の有無を判定するため「店舗別損益」を作成し、会計監査人に提示をしていた。監査において、会計監査人が「店舗別損益」を確認した際、少額の黒字となっている店舗が多数存在している点に疑義を抱くに至った。

　会計監査人が「店舗別損益」の根拠資料である「減損の兆候シート」について改めて検算したところ、本社費、本部費等の配賦計算の基礎となる間接費金額が財務会計数値と一致しないこと、配賦基準（店舗売上高や店舗人員数）に従って算出されるべき数値の一部が実態とは異なる数値で修正入力されていること等の異常が発見された。

　上記会計監査人の指摘に対し、会社は赤字店舗を減らす目的で間接費の配賦計算の不正操作を行っていたことを認めた。

（「第三者委員会の調査報告書全文開示に関するお知らせ」令和 1 年 8 月29日　株式会社梅の花を要約）

4 税務処理を学ぼう

（1）減損損失を計上した年度

B　固定資産の減損損失を特別損失に計上しました。減損損失は、法人税法上の損金になるのですか？

X　法人税法上、固定資産の評価損の損金算入ができるのは、非常に限られた場合だけなんだ。法人税法第33条第 1 項に次のとおり規定されているよ。

【法人税法第33条第 1 項】
　内国法人がその有する資産の評価換えをしてその帳簿価額を減額した場合には、その減額した部分の金額は、その内国法人の各事業年度の所得の金額の計算上、損金の額に算入しない。

X　固定資産の減損損失を計上した場合は、通常、申告調整が必要になるよ。早速見ていこうか。

（2）減損損失を計上した年度
① 前提条件
　×1 年 3 月期に計上した固定資産の減損損失の概要は下記のとおりである。

固定資産	減損損失計上額	残存耐用年数	償却方法
建物	100百万円	10年	定額法
土地	200百万円	―	―

② 税務調整の考え方

 　減損損失を計上した時点では、損金として認められないんだ。建物などの償却資産で減損損失を計上したものは、税務上は、償却費と同様に考えることになるんだよ。税法上の償却限度額と比較して、償却限度額を超えている部分は、別表4で加算することになるよ。

【別表調整の考え方】

（会計上）　減価償却費　25百万円 ＋ 減損損失　100百万円 ＝ 125百万円
（税務上）　償却限度額　25百万円
会計上　125百万円 － 税務上　25百万円 ＝ 100百万円　減価償却超過額（加算・留保）

 　土地の減損損失はどう考えるんですか？土地は償却しませんよね。

 　税務上、土地は所有している期間中、取得価額で計上しておく必要があるんだ。会計上、減損損失を計上したことで、取得価額から減損損失計上分だけ減額されてしまっているね。その分を、別表4で加算する必要があるよ。

③ 別表記載方法

【別表4】 所得の金額の計算に関する明細　(単位：百万円)

区　　分		総　額	処　　分		
			留　保	社 外 流 出	
		①	②	③	
当 期 利 益 又 は 当 期 欠 損 の 額	1			配　当	
				その他	
加算	減価償却超過額（建物）	9	100	100	
	減損損失（土地）	10	200	200	
	小　　　計	11	300	300		0
減算					
	小　　　計	21	0	0	外※	0

59

【別表5（1）】Ⅰ　利益積立金額の計算に関する明細書　　　　　（単位：百万円）

区　　分		期 首 現 在 利益積立金額 ①	当期の増減		差引翌期首現在 利益積立金額 ①－②＋③ ④
			減 ②	増 ③	
利 益 準 備 金	1				
積 立 金	2				
建　　物	3			*100*	*100*
土　　地	4			*200*	*200*

（3）減損損失を計上した事業年度以降の処理

① 税務調整の考え方

> **B**　　減損損失を計上した事業年度以降の事業年度で気を付けることはありますか？

> **X**　　翌年度以降の処理は、建物などの償却資産と土地などの非償却資産で分けて考える必要があるよ。まず、償却資産から見ていこう。会計上、減損損失を計上した後の減価償却費をどうやって計算するかわかるかな？

> **B**　　う〜ん。難しくてわかりません。取得価額から減損損失分を引いて、耐用年数で割って算出するんですか。

> **X**　　そうやって求めるように思うかもしれないんだけど、違うんだよ。会計上、減価償却費は、減損処理後の帳簿価額を基に計算していくことになるんだよ。税務上は、減損処理がなかったものとして、通常の固定資産の償却限度額を計算するのと同様に計算することになるんだ。

【計算例】

  ⅰ．建物　取得価額　1,000百万円

  ⅱ．会計方針　耐用年数　40年　定額法

  ⅲ．×1年3月期　減損損失計上時に、30年経過

  ⅳ．減損損失計上額　100百万円

（注）税務上の償却限度額は、減損がなかった場合の会計上の減価償却費と同額とする。

（会計上の減価償却費）

減損損失
計上後の
帳簿価額
150百万円

$$\left(\frac{取得価額}{1,000百万円} - \frac{減損損失}{100百万円} - \frac{減価償却累計額}{750百万円} \right) \div \frac{10年}{(残存耐用年数)} = 15百万円$$

（税法上の償却限度額）

取得価額1,000百万円 ÷ 40年（耐用年数）＝ 25百万円

（償却超過当期認容額）

25百万円 － 15百万円 ＝ 10百万円（減算・認容）

  上の計算例のように、税法上の償却限度額の金額の方が大きくなり、残存耐用年数を通して、減算されていくことになるんだ。

  土地などの非償却資産は、償却という概念がないので、時の経過とともに減算されていくことはないんだ。売却などで、損失が実現した時点で、減算されることになるよ。

② 別表記載方法

【別表4】所得の金額の計算に関する明細

(単位：百万円)

区　　分		総　　額	処　　分		
			留　保	社　外　流　出	
			①	②	③
当期利益又は当期欠損の額	1			配　当	
				その他	
加算					
	小　　　計	11			
減算	償却超過当期認容額	20	10	10	
	小　　　計	21	10	10	外※	0

【別表5（1）】Ⅰ　利益積立金額の計算に関する明細書

(単位：百万円)

区　　分		期首現在利益積立金額	当期の増減		差引翌期首現在利益積立金額 ①－②＋③
			減	増	
		①	②	③	④
利　益　準　備　金	1				
積　立　金	2				
建　　物	3	100	10		90
土　　地	4	200			200

3 販売用・自社利用ソフトウェアの減価償却

会計基準名称	発行主体	略称
「研究開発費等に係る会計基準」 (1998年3月13日)	企業会計審議会	研究開発費会計基準
企業会計基準第23号「「研究開発費等に 係る会計基準」の一部改正」 (2008年12月26日)	企業会計基準委員会	研究開発費会計基準 一部改正
会計制度委員会報告12号「研究開発費 及びソフトウェアの会計処理に関する実 務指針」 (最終改正 2014年11月28日)	日本公認会計士協会	研究開発費実務指針

1 基礎を学ぼう

(1) ソフトウェアの減価償却って何ですか？

A 　四半期の決算でソフトウェアの減価償却を担当してほしいと言われましたが、ソフトウェアの減価償却とはどんなものでしょうか？建物や機械装置などの減価償却とやり方が違うのですか？

X 　取得原価を費用配分するという意味では同じだね。ただ、ソフトウェアの減価償却は建物や機械装置などと違って、研究開発費会計基準や研究開発費実務指針に減価償却方法が明確に定められているんだよ。ソフトウェアの種類ごとに減価償却方法が違ったり、受注制作のソフトウェアの制作費は請負工事の会計処理に準じることになるからまずはソフトウェアについて整理するね。

A 　ありがとうございます。

X 　ソフトウェアは市場販売目的のソフトウェア、自社利用のソフトウェ

ア、受注制作のソフトウェアの3種類に分類されるけど、減価償却の対象となるのは、無形固定資産としてソフトウェアが計上される市場販売目的のソフトウェアと自社利用のソフトウェアだよ。それぞれのソフトウェアについてホワイトボードにまとめたから確認してみて。

（ソフトウェアの種類）

種類	内容	減価償却
市場販売目的のソフトウェア	・不特定多数（メーカー直販、小売店やネット通販などで販売される）に対して、オリジナルの製品マスターを複製して販売されるソフトウェア。 ・例えば、ゲームソフト、アンチウィルスソフトなどのパソコンソフト、コンテンツ（音楽CD、映像DVDなど）。	実施する
自社利用のソフトウェア	・自社で所有、利用するソフトウェア。 ・例えば、自社で利用する会計ソフト、給料計算ソフト、入金管理ソフト、顧客管理ソフト、販売管理ソフトなど。	実施する
受注制作のソフトウェア	・特定の顧客から、特定の仕様で制作依頼されるソフトウェア。 ・例えば、他社に転用不可なソフトウェア。	請負工事の会計処理に準じる

【研究開発費会計基準】
1. 受注制作のソフトウェアに係る会計処理
2. 市場販売目的のソフトウェアに係る会計処理
3. 自社利用のソフトウェアに係る会計処理
4. ソフトウェアの計上区分
   市場販売目的のソフトウェア及び自社利用のソフトウェアを資産として計上する場合には、無形固定資産の区分に計上しなければならない。
5. ソフトウェアの減価償却方法
   無形固定資産として計上したソフトウェアの取得原価は…償却しなければならない。

（出典：企業会計審議会の公表物から引用）

（2）市場販売目的ソフトウェア

ソフトウェアの種類について理解しました。当社は市場販売目的のソフトウェアと自社利用のソフトウェアを保有していますね。

そうだね。早速、市場販売目的のソフトウェアの減価償却費を計算
しようか。減価償却費の計算方法はソフトウェアの性格に応じて最も
合理的な方法を採用する必要があるよ。実務指針では、合理的な計
算方法として、見込販売数量に基づく方法と見込販売収益に基づく方
法が認められているよ。今回は見込販売数量に基づく方法で計算し
てみて。計算式はホワイトボードに書くね。

(計算式)

(ⅰ) 見込販売数量に基づく計算式

$$\text{当事業年度（※）の減価償却費} = \text{当期首における未償却残高} \times \frac{\text{当事業年度（※）の実績販売数量}}{\text{当事業年度（※）期首時点の総見込販売数量}}$$

（※）四半期決算の場合は、「当事業年度」を「当四半期累計期間」に読み替える。

(ⅱ) 残存有効期間に基づく均等配分償却額

$$\text{当事業年度（※）の減価償却費} = \text{当期首における未償却残高} \times \frac{\text{当事業年度（※）の期間}}{\text{残存有効期間}}$$

（※）四半期決算の場合は、「当事業年度」を「当四半期累計期間」に読み替える。

(ⅲ) 減価償却費として採用する金額

上記、(ⅰ) と (ⅱ) のいずれか大きい金額とする。

見込販売数量に基づく計算式に加えて、残存有効期間に基づく均
等配分償却額の計算式が書いてありますが、これはどういうことですか？

市場販売目的ソフトウェアの減価償却費は、見込販売数
量に基づいて計算した償却額と残存有効期間に基づく均等配分償却額のいずれ
か大きい金額を減価償却費とする必要があるよ。これは、見込販売
数量の見積りの困難性から、償却期間を長期化することを防ぐために
毎期の償却額の下限を設定しているんだよ。残存有効期間は、原則
３年以内とされているよ。

（市場販売目的のソフトウェアの減価償却の方法）

18. 　市場販売目的のソフトウェアに関しては、ソフトウェアの性格に応じて最も合理的と考えられる減価償却の方法を採用すべきである。合理的な償却方法としては、見込販売数量に基づく方法のほか、見込販売収益に基づく償却方法も認められる。 ただし、毎期の減価償却額は、残存有効期間に基づく均等配分償却額を下回ってはならない。したがって、毎期の減価償却額は、見込販売数量（又は見込販売収益）に基づく償却額と残存有効期間に基づく均等配分償却額とを比較し、いずれか大きい額を計上することになる。この場合、当初における販売可能な有効期間の見積りは、原則として 3 年以内の年数とし、3 年を超える年数とするときには、合理的な根拠に基づくことが必要である。

（出典：日本公認会計士協会の公表物から引用）

（3）見込販売数量に基づく減価償却費計算

A　　　早速、減価償却費を計算したいのですが、どのような資料が減価償却費の計算に必要ですか？

X　　　減価償却費の計算に必要な資料をホワイトボードに書くね。資料はAさんが入手してくれる？

A　　　わかりました。

（市場販売目的のソフトウェアの減価償却費計算に必要な資料）

ソフトウェア帳簿価額	・前期末時点（前四半期末）のソフトウェアの帳簿価額であり、当該資産計上額を減価償却で期間配分する。 ・当社では管理本部（経理部）で管理している。
販売計画	・前期末時点のソフトウェアの販売計画（予定販売数量、予定販売単価）であり、当該販売計画に基づいて、減価償却費を計算する。 ・販売計画が見直された場合は、見直し後の販売計画を用いて減価償却費を計算する必要がある。 ・当社では営業本部（ソフトウェア事業部）で管理している。
販売実績	・ソフトウェアの販売実績であり、当該販売実績に基づいて、減価償却費を計算する。 ・当社では営業本部（ソフトウェア事業部）で管理している。

X ── 減価償却費の計算に必要な資料を準備してくれたようだね。

A ── はい。では、減価償却費を計算してみます。

① 前提条件（×1年1Q）Q＝四半期（以降同様）

・前期末（×0年末）にソフトウェアが完成し、当期（×1年）から販売を開始。

・無形資産として計上されたソフトウェア制作費の総額：35,000百万円。

・当該ソフトウェアの残存有効期間：3年。

・減価償却方法：見込販売数量に基づく方法。

・×1年1Q末時点で×1年2Q以降の販売計画及び残存有効期間の見直しは
行わない。

（×0年末時点の販売計画及び×1年1Q販売実績）

年度	販売計画		実績
	見込販売数量	見込販売単価	販売数量
	個	円	個
×1年1Q	300,000	100,000	290,000
×1年2Q	200,000	100,000	
×1年3Q	200,000	100,000	
×1年4Q	200,000	100,000	
×2年度	400,000	98,000	
×3年度	300,000	98,000	
合計	1,600,000		

② 減価償却費の計算

(×1年1Q 減価償却費計算表)

年度	見込販売数量	販売実績	期首未償却残高	見込販売数量に基づく償却額	均等配分償却額	四半期償却額	1Q末未償却残高
	個	個	百万円	百万円	百万円	百万円	百万円
Notes			a	b	c	d*=b or c	e=a-d
×1年1Q	300,000	290,000	35,000	6,344	2,917	6,344	28,656
×1年2Q	200,000						
×1年3Q	200,000						
×1年4Q	200,000						
×2年度	400,000						
×3年度	300,000						
合計	1,600,000						

※見込販売数量に基づく償却額、均等配分償却額のいずれか大きい額

(計算式)

(ⅰ) 見込販売数量に基づく減価償却費

$$\text{減価償却費 (6,344)} = \text{当期首における未償却残高 (35,000)} \times \frac{\text{当四半期累計期間の実績販売数量 (290,000)}}{\text{当四半期累計期間期首時点の総見込販売数量 (1,600,000)}}$$

(ⅱ) 残存有効期間に基づく均等配分償却額

$$\text{減価償却費 (2,917)} = \text{当期首における未償却残高 (35,000)} \times \frac{\text{当四半期累計期間 (3 か月)}}{\text{残存有効期間 (36か月)}}$$

(ⅲ) 減価償却費として採用する金額

上記、(ⅰ)と(ⅱ)のいずれか大きい金額とする。

A ×1年1Qの減価償却費は6,344百万円と計算できました。

X オッケー。会計ソフトに仕訳を計上しておいてね。仕訳は他の無形固定資産と同様に直接法だから注意してね。

(単位:百万円)

借方	金額	貸方	金額	備考
減価償却費	6,344	ソフトウェア	6,344	直接法のみ

③ 翌四半期の減価償却費計算

A ×1年2Qもソフトウェアの減価償却費は私の担当のようです。

X またBさんに丸投げされたかー。×1年1Qと同じように計算してくれたらいいよ。将来の販売計画を変更した場合は、見積りの変更として減価償却費の計算に留意する必要があるけど、今回は販売計画の変更は行わないから、その必要ないよ。将来の販売計画を見直した場合の取扱いは、あとで教えるね。

④ 前提条件 (×1年2Q)

・×1年2Q時点で×1年3Q以降の販売計画及び残存有効期間の見直しは行わない。

・上記以外は×1年1Qと同じ条件である。

販売用・自社利用ソフトウェアの減価償却

(ソフトウェアの×1年2Q時点の販売実績、及び翌四半期以降の販売計画)

年度	見込販売数量	見込販売単価	販売実績	販売実績（累計）
	個	円	個	個
×1年1Q	300,000	100,000	290,000	290,000
×1年2Q	200,000	100,000	210,000	500,000
×1年3Q	200,000	100,000		
×1年4Q	200,000	100,000		
×2年度	400,000	98,000		
×3年度	300,000	98,000		
合計	1,600,000			

⑤ 減価償却費の計算

(×1年2Q 減価償却費計算表)

年度	見込販売量	販売実績	期首未償却残高	見込販売数量に基づく償却額	均等配分償却額	当四半期償却額	四半期末未償却残高
	個	個	百万円	百万円	百万円	百万円	百万円
Notes			a	b	c	d[※1]=b or c	e = a - d
×1年1Q	300,000	290,000	35,000	6,344	2,917	6,344	28,656
×1年2Q	200,000	210,000	28,656			4,594[※2]	24,063
×1年2Q累計期間	500,000	35,000	10,938	5,833	10,938	24,063	
×1年3Q	200,000						
×1年4Q	200,000						
×2年度	400,000						
×3年度	300,000						
合計	1,600,000						

※1　見込販売数量に基づく償却額、均等配分償却額のいずれか大きい額。

※2　×1年2Q償却額4,594百万円は×1年2Q累計期間償却額10,938百万円と×1年1Q償却額6,344百万円の差額で計算する。

（計算式）

（ⅰ）見込販売数量に基づく減価償却費

$$\underset{(10,938)}{減価償却費} = \underset{(35,000)}{\begin{array}{c}当期首における未\\償却残高\end{array}} \times \frac{\begin{array}{c}当四半期累計期間の実績販売数量\\(500,000)\end{array}}{\begin{array}{c}当四半期累計期間期首時点の総見込販売数量\\(1,600,000)\end{array}}$$

（ⅱ）残存有効期間に基づく均等配分償却額

$$\underset{(5,833)}{減価償却費} = \underset{(35,000)}{\begin{array}{c}当期首における未\\償却残高\end{array}} \times \frac{\begin{array}{c}当四半期累計期間（6か月）\end{array}}{\begin{array}{c}残存有効期間\\(36か月)\end{array}}$$

（ⅲ）減価償却費として採用する金額

上記（ⅰ）と（ⅱ）のいずれか大きい金額とする。

A ×1年2Q累計期間の減価償却費は10,938百万円と計算できました。

X オッケー。×1年1Qで6,344百万円を減価償却費として計上しているから、10,938百万円との差額4,594百万円を×1年2Qの減価償却費として会計ソフトに計上しておいてね。

（単位：百万円）

借方	金額	貸方	金額	備考
減価償却費	4,594	ソフトウェア	4,594	直接法のみ

（4）見込販売収益に基づく減価償却費計算

A 市場販売目的ソフトウェアの減価償却方法は、見込販売数量と見込販売収益に基づく方法がありますが、見込販売収益に基づく方法を採用するのはどんな場合ですか？

X ソフトウェアの販売期間の経過に伴い著しく販売価格が下落する性格を有するソフトウェアについては、見込販売収益に基づく償却方法を採用することが合理的であると考えられるよ。例えば、発売日の1か月後にすぐ値下げしちゃうようなゲームソフトとかあるでしょ？

A なるほど、イメージできました。

X 見込販売収益に基づく減価償却費の計算方法はホワイトボードに書くね。

【研究開発費実務指針】
（市場販売目的のソフトウェアの減価償却の方法）
42. …販売期間の経過に伴い著しく販売価格が下落する性格を有するソフトウェアについては、見込販売収益に基づく償却方法を採用することが合理的であると考えられる。
（出典：日本公認会計士協会の公表物から引用）

（計算式）

（ⅰ）見込販売数量に基づく減価償却費

$$\text{当事業年度（※）の減価償却費} = \text{当期首における未償却残高} \times \frac{\text{当事業年度（※）の実績販売収益}}{\text{当事業年度（※）期首時点の総見込販売収益}}$$

（※）四半期決算の場合は、当事業年度を当四半期累計期間に読み替える。

（ⅱ）残存有効期間に基づく均等配分償却額

$$\text{当事業年度（※）の減価償却費} = \text{当期首における未償却残高} \times \frac{\text{当事業年度（※）の期間}}{\text{残存有効期間}}$$

（※）四半期決算の場合は、「当事業年度」を「当四半期累計期間」に読み替える。

（ⅲ）減価償却費として採用する金額

上記（ⅰ）と（ⅱ）のいずれか大きい金額とする。

（5） 自社利用のソフトウェア

A 自社利用のソフトウェアの場合は、どのように減価償却費を計算すればいいですか？

X 自社利用のソフトウェアは、見込販売数量や見込販売収益は利用せずに、定額法で実施するのが、実務指針では合理的とされているよ。耐用年数はソフトウェアの利用可能期間を用いるよ。

A 利用可能期間はどうやって決めるのですか？

X 原則5年以内の年数だよ。しかし、利用可能期間は適宜見直す必要がある点に留意が必要だね。じゃ、減価償却費の計算方法はホワイトボードに書くね。

（計算式）

$$\text{当事業年度（※）の減価償却費} = \text{当期首における未償却残高} \times \frac{\text{当事業年度（※）の期間}}{\text{残存利用可能期間}}$$

（※）四半期決算の場合は、「当事業年度」を「当四半期累計期間」に読み替える。

【研究開発費実務指針】
（自社利用のソフトウェアの減価償却の方法）
21. 自社利用のソフトウェアについては…一般的には、定額法による償却が合理的である。…耐用年数としては、当該ソフトウェアの利用可能期間によるべきであるが、原則として5年以内の年数…。…利用可能期間については、適宜見直しを行う。

（出典：日本公認会計士協会の公表物から引用）

（6） 自社利用のソフトウェアの減価償却費計算

 自社利用のソフトウェアの減価償却費を計算しようか。

A わかりました。

① 前提条件（×1年1Q）

・自社利用ソフトウェアの取得価額（当期首が事業供用日）：35,000百万円。

・取得時における当該ソフトウェアの利用可能期間：5年。

・償却方法：定額法。

・利用可能期間の見直しは不要であることを前提とする。

② 減価償却費の計算

（×1年1Q 減価償却費計算表　翌四半期以降の減価償却費も含む）

（単位：百万円）

年度	期首未償却残高	減価償却費	期末（四半期末）未償却残高
	a	b	c＝a - b
×1年1Q	35,000	1,750	33,250
×1年2Q累計期間	35,000	3,500	31,500
×1年3Q累計期間	35,000	5,250	29,750
×1年4Q累計期間	35,000	7,000	28,000
×2年	28,000	7,000	21,000
×3年	21,000	7,000	14,000
×4年	14,000	7,000	7,000
×5年	7,000	7,000	0

（利用可能期間に基づく償却額）

$$\text{減価償却費} \atop (1,750) = {\text{当期首における未} \atop \text{償却残高} \atop (35,000)} \times \frac{\text{当四半期累計期間（3か月）}}{\text{残存有効期間}\atop (60か月)}$$

（単位：百万円）

借方	金額	貸方	金額	備考
減価償却費	1,750	ソフトウェア	1,750	直接法のみ

2 応用を学ぼう

（1）見込販売数量の変更について

A 　見込販売数量を見直した場合の減価償却費は、どのように計算されるのでしょうか。

X 　減価償却費は、見直し後の見込販売数量に基づき実施することになるよ。計算してみようか。

（見込販売数量変更後の減価償却費計算表）

① 前提条件（×1年2Q）

・×1年1Q販売実績を考慮し、×1年2Q以降の販売計画を2Q期首に修正した。
　×1年2Qの販売実績は100,000個であった。
・残存有効期間の見直しは行わない。

② 減価償却費の計算

（×1年2Q 減価償却費計算表（販売計画修正後））

年度	見込販売数量	見込販売数量（修正後）	販売実績	期首未償却残高	見込販売数量に基づく償却額	均等配当償却額	当四半期償却額	四半期末未償却残高
	個	個	個	百万円	百万円	百万円	百万円	百万円
Notes				a	b	c	d＊＝b or c	e＝a - d
×1年1Q	300,000		290,000	35,000	6,344	2,917	6,344	28,656
×1年2Q	200,000	105,000	100,000	28,656	5,258	2,605	5,258	23,398
×1年3Q	200,000	80,000						
×1年4Q	200,000	80,000						
×2年度	400,000	160,000						
×3年度	300,000	120,000						
合計	1,600,000	545,000						

※見込販売数量に基づく償却額、均等配分償却額のいずれか大きい額

（ⅰ）見込販売数量に基づく減価償却費
販売計画修正前（×1年1Q）

$$\underset{(6,344)}{\text{減価償却費}} = \underset{(35,000)}{\substack{\text{当期首における未償}\\\text{却残高}}} \times \frac{\substack{\text{当四半期累計期間（販売計画変更前）の実績販売数量}\\(290,000)}}{\substack{\text{当四半期累計期間期首時点（販売計画変更前）の総見込販売数量}\\(1,600,000)}}$$

販売計画修正後（×1年2Q）

$$\underset{(5,258)}{\text{減価償却費}} = \underset{(28,656)}{\substack{\text{当第2四半期期首の}\\\text{未償却残高}}} \times \frac{\substack{\text{当第2四半期以降の実績販売数量}\\(100,000)}}{\substack{\text{当第2四半期の期首における変更後の見込み総見込販売数量}\\(545,000)}}$$

（ⅱ）残存有効期間に基づく均等配分償却額

$$
\underset{(2,605)}{減価償却費} = \underset{(28,656)}{\substack{当第2四半期期\\首の未償却残高}} \times \frac{当第2四半期以降の期間（3か月）}{\substack{当第2四半期以降の残存有効期間\\（33か月）}}
$$

X ×1年2Q累計期間の減価償却費は、販売計画が変更される前（×1年1Q減価償却費6,344百万円）と販売計画変更後（×1年2Q減価償却費5,258百万円）の合計11,602百万円と計算されるよ。

A 販売計画の見直し前後で分けて減価償却費を計算するんですね。

X そのとおり。

A ところで、販売計画を見直したということは、当初の販売計画が誤っていたということでしょうか。そうなると過去に遡って減価償却費の修正が必要になりませんか？

X 過去に見積もった見込販売数量がその時点での合理的な見積りに基づくものでなく、これを事後的に合理的な見積りに基づいたものに変更する場合には、会計上の見積りの変更ではなく過去の誤謬の訂正に該当することになるよ。今回は、当初から合理的な見積りに基づいて見込販売数量を計算していたから、過去に遡って減価償却費の修正は必要ないよ。

【研究開発費実務指針】

43. …過年度遡及会計基準第17項において、「会計上の見積りの変更は、当該変更が変更期間のみに影響する場合には、当該変更期間に会計処理を行い、当該変更が将来の期間にも影響する場合には、将来にわたり会計処理を行う。」こととされている。…販売開始後の見込販売数量（又は見込販売収益）の見直しの結果、見込販売数量（又は見込販売収益）を変更した場合には、変更後の見込販売数量（又は見込販売収益）に基づき、当事業年度及び将来の期間の損益で認識することとなる。

（出典：日本公認会計士協会の公表物から引用）

販売用・自社利用ソフトウェアの減価償却

77

（2）未償却残高が翌期以降の見込販売収益を上回る場合

 　販売数量や販売価格を見直した場合、未償却残高が翌期以降の見込販売収益を上回ることもあると思うんです。この場合は、どのように処理をすればいいですか？

 　未償却残高が翌期以降の見込販売収益の額を上回った場合は、上回った部分を一時の費用または損失として処理することになるよ。

【研究開発費実務指針】
（各年度末の未償却残高が翌期以降の見込販売収益を上回ることとなった場合の当該超過額の費用又は損失の処理方法）

44. 市場販売目的のソフトウェアの経済価値は、将来の収益獲得に基づくものと考えられるが、販売期間の経過に伴い、著しく販売価格が下落する性格を有するソフトウェアの場合、各年度末の未償却残高が翌期以降の見込販売収益の額を上回ることが予想される。 この場合、市場販売目的のソフトウェアの経済価値は、将来の収益獲得に基づくものと考えられるため、各年度の未償却残高が、翌期以降の見込販売収益の額を超過している場合には、当該超過額について、一時の費用又は損失として処理することが妥当である。

（出典：日本公認会計士協会の公表物から引用）

（未償却残高が翌期以降の見込販売収益を上回る場合）

①　前提条件

・×1年1Q販売実績を考慮し、翌四半期以降の販売計画（販売数量及び販売単価）を修正。

・残存有効期間の見直しは行わない。

② 減価償却費の計算

（×1年2Q 減価償却費計算表（販売計画修正後）

年度	見込販売数量 （修正後）	見込販売単価 （修正後）	見込販売 収益	期首未償 却残高	当四半期 償却額	四半期末 未未償却 残高	翌四半期以降 の見込販売 収益（総額）	見込販売収益 を上回る未償 却残高
	個	円	百万円	百万円	百万円	百万円	百万円	百万円
Notes	a	b	c＝a*b	e	f	g＝e‐f	h	i＝g‐h
×1年1Q				35,000	6,344	28,656		
×1年2Q				28,656	5,258	23,398	21,600	1,798
×1年3Q	80,000	60,000	4,800					
×1年4Q	80,000	50,000	4,000					
×2年	160,000	50,000	8,000					
×3年	120,000	40,000	4,800					
合計			21,600					

X 販売計画を見直した結果、×1年2Q期末未償却残高が翌四半期以降の見込販売収益の総額を1,798百万円上回っているよね。この上回った1,798百万円を一時の費用または損失として処理することになるよ。1,798百万円は、ソフトウェア販売の粗利額と比較して多額だから、一時の費用ではなく損失として処理しよう。

A わかりました。

（単位：百万円）

借方	金額	貸方	金額	備考
ソフトウェア評価損	1,798	ソフトウェア	1,798	直接法のみ

（3）自社利用のソフトウェアの耐用年数の変更について

 　自社利用のソフトウェアの利用可能期間が変更された場合は、どのように処理をすればよろしいでしょうか？

 　利用可能期間の変更は見積りの変更として取り扱われるよ。具体的には他の有形無形固定資産の耐用年数の変更と同様に減価償却費を計算することになるよ。

【研究開発費実務指針】

45.　…第43項に記載のとおり過年度遡及会計基準第17項において会計上の見積りの変更の取扱いが定められている。　このため、当該ソフトウェアの利用可能期間の見直しの結果、耐用年数の変更を要することとなった場合には、当事業年度及び当該ソフトウェアの残存耐用年数にわたる将来の期間の損益で認識する。

（出典：日本公認会計士協会の公表物から引用）

---

①　前提条件（×2年）

・自社利用ソフトウェアの取得価額（当期首に取得）：35,000百万円。
・取得時における当該ソフトウェアの見込利用可能期間：5年。
・×1年末に利用可能期間を見直した結果、×2年以降の残存利用可能期間が3年であることが明らかとなった（結果として当初からの利用可能期間は4年）。
・過去に定めた利用可能期間はその時点で合理的な見積りに基づくものとする。

② 減価償却費の計算（×2年）

（減価償却費計算表（利用可能期間変更前、後））

（単位：百万円）

年度	利用可能期間_変更前		利用可能期間_変更後	
	期首未償却残高	減価償却費	期首未償却残高	減価償却費
×1年1Q	35,000	1,750	35,000	1,750
×1年2Q累計期間	35,000	3,500	35,000	3,500
×1年3Q累計期間	35,000	5,250	35,000	5,250
×1年4Q累計期間	35,000	7,000	35,000	7,000
×2年	28,000	7,000	28,000	9,333
×3年	21,000	7,000	18,667	9,333
×4年	14,000	7,000	9,334	9,334
×5年	7,000	7,000		

（変更後の利用可能期間に基づく×2年の償却額）

$$\text{減価償却費} (9,333) = \text{当期首における未償却残高} (28,000) \times \frac{\text{当事業年度の期間（12か月）}}{\text{変更後の残存耐用年数（36か月）}}$$

（4）減損会計の適用について

A 市場販売目的ソフトウェアや自社利用ソフトウェアは減損会計の対象になっているのですか？

X 市場販売目的ソフトウェアは、減損会計の適用外だよ。一方で、自社利用のソフトウェアは減損会計の適用対象だよ。

A なぜ市場販売目的ソフトウェアは、減損会計の適用外なのでしょうか？

市場販売目的ソフトウェアの減価償却費の計算ロジックを思い出してみて。期末の未償却残高が翌期以降の見込販売収益の総額を上回る場合は、上回った部分を一時の費用または損失として処理するよね。減損会計と考え方が似ていないかい？つまり、市場販売目的のソフトウェアの未償却残高は将来の収益性の低下を反映させた価額なんだよ。

　　一方で、自社利用のソフトウェアは、他の有形無形固定資産と同様に定額法によって償却費を計算するだけなので、期末の未償却残高には将来の収益性の低下は反映されてないから減損会計の対象となるんだよ。

【減損会計適用指針】
6.　他の基準に減損処理に関する定めがある以下の資産については、対象資産から除く…
　　（3）「研究開発費等に係る会計基準」において無形固定資産として計上されている市場販売目的のソフトウェア…
69.　…「研究開発費等に係る会計基準」において無形固定資産として計上されている市場販売目的のソフトウェアは、未償却残高が翌期以降の見込販売収益の額を上回った場合、当該超過額は一時の費用又は損失として処理する（会計制度委員会報告第12号「研究開発費及びソフトウェアの会計処理に関する実務指針」第20項参照）ため、対象資産からは除かれることとなる（第6項（3）参照）。
　　　　　（出典：公益財団法人財務会計基準機構・企業会計基準委員会の公表物から引用）

3 実務事例を学ぼう

（1）販売計画の設定について

　　市場販売目的のソフトウェアについて、減価償却費の計算は販売計画が重要だと思いますが、販売計画はどのように設定するのでしょうか。

　　ソフトウェアの属する市場動向や、マーケティング情報、過去バージョンの販売実績などを総合的に判断することになるかな。今回は市場動向、過去の販売実績を基に販売計画を作成しているよ。販売計

画は作成した前提や根拠を提示したうえで、社内の承認を経ることにより最終化されているよ。ホワイトボードに販売計画の前提を記載するね。

（販売計画の前提）

（単位：百万円）

項目	実績	実績	実績	計画	計画	計画
	×17年	×18年	×19年	×20年	×21年	×22年
Kソフト	49,100	↘8,400	↘6,000	－	－	－
Yソフト（販売計画）				↗54,010	↘9,240	↘6,600
市場動向	295,000	↗305,000	↗315,000	325,000	336,000	347,000

Ⓧ　ホワイトボードに記載した販売計画はYソフトの販売計画を設定したときの前提ね。YソフトはKソフトの機能を向上させた後継品で、市場動向はKソフトとYソフトが属する市場のソフトウェア販売額の推移だよ。

Ⓐ　Yソフトの販売初年度はKソフトよりも販売額が増える計画ですが、なぜですか？

Ⓧ　市場が×17年から×20年にかけて約10％成長する見込みだよ。YソフトはKソフトと同等のシェアを獲得できる見込みだから、Kソフトの販売実績に市場の成長10％を加算した販売計画にしているよ。

Ⓐ　なるほど。では、×21年、×22年にYソフトの販売額が減少していますが、Kソフトの×17年から×19年までの減少率を加味しているということですか？

X そうだね。YソフトはKソフトの後継品だから、Kソフトの販売傾向がYソフトも継続するという前提で販売計画を設定しているよ。

(2) 耐用年数の設定について

A 市場販売目的ソフトウェアは、3年以内の販売計画に基づいた期間が耐用年数になると思いますが、自社利用ソフトウェアはどのように耐用年数を決定するのですか?

X 実務指針では原則5年以内とされているよ。ソフトウェアごとの固有の事情を考慮して耐用年数を決定することになるよ。

4 税務処理を学ぼう

A 市場販売目的のソフトウェアと自社利用のソフトウェアの減価償却費の計算について理解できました。ところで、税務上の取扱いはどうなるのでしょうか?

X 法人税法や法人税基本通達に減価償却の方法と耐用年数が定められているよ。法人税法や法人税基本通達に沿ってソフトウェアの減価償却限度額を計算して、当該減価償却限度額を超過する部分を申告調整することになるよ。他の有形無形固定資産の減価償却費の申告調整と同じだね。

① 前提条件

・無形資産として計上されたソフトウェア制作費の総額：35,000百万円
・減価償却方法、耐用年数の前提

　　　［会計上］

　　　　　✓　減価償却方法：見込販売数量。

✓　残存有効期間：3年。

［法人税法上］（法人税基本通達7－3－15の2〜15の3）。

✓　減価償却方法：定額法。

✓　耐用年数：3年。

（減価償却費計算表）

年度	販売数量	期首未償却残高	当期償却額	法人税法上の償却限度額	減価償却超過額（△は認容）
	個	百万円	百万円	百万円	百万円
Notes			a	b	c＝a - b
×1年	890,000	35,000	19,591	11,667	7,924
×2年	400,000	15,409	8,805	11,667	△2,862
×3年	300,000	6,604	6,604	11,666	△5,062
合計	1,590,000		35,000	35,000	0

②　別表記載方法（×1年）

【別表4】所得の金額の計算に関する明細

（単位：百万円）

区　分			総　額	処　分		
				留　保	社 外 流 出	
			①	②	③	
当期利益又は当期欠損の額		1			配　当	
					その他	
加算	減価償却超過額	6	7,924	7,924		
	小　　計	11	7,924	7,924		0
減算						
	小　　計	21	0	0	外※	0

【別表5(1)】I 利益積立金額の計算に関する明細書

(単位:百万円)

区　　分		期首現在利益積立金額 ①	当期の増減 減 ②	当期の増減 増 ③	差引翌期首現在利益積立金額 ①－②＋③ ④
利　益　準　備　金	1				
積　立　金	2				
ソ フ ト ウ ェ ア	3			7,924	7,924

③　別表記載方法(×2年)

【別表4】所得の金額の計算に関する明細

(単位:百万円)

区　　分		総　額 ①	処　分 留　保 ②	処　分 社 外 流 出 ③	
当 期 利 益 又 は 当 期 欠 損 の 額	1			配　当	
				その他	
加算					
小　　　計	11	0	0		0
減算	減価償却超過額の当期認容額	12	2,862	2,862	
小　　　計	21	2,862	2,862	外※	0

【別表5(1)】I 利益積立金額の計算に関する明細書

(単位:百万円)

区　　分		期首現在利益積立金額 ①	当期の増減 減 ②	当期の増減 増 ③	差引翌期首現在利益積立金額 ①－②＋③ ④
利　益　準　備　金	1				
積　立　金	2				
ソ フ ト ウ ェ ア	3	7,924	2,862		5,062

4 のれんの評価

会計基準名称	発行主体	略称
企業会計基準第21号「企業結合に関する会計基準」 (最終改正 2019年 1 月16日)	企業会計基準委員会	企業結合会計基準
企業会計基準適用指針第10号「企業結合会計基準及び事業分離等会計基準に関する適用指針」 (最終改正 2019年 1 月16日)	企業会計基準委員会	企業結合適用指針
会計制度委員会報告第 7 号「連結財務諸表における資本連結手続に関する実務指針」 (最終改正 2018年 2 月16日)	日本公認会計士協会	資本連結実務指針
企業会計基準第22号「連結財務諸表に関する会計基準」 (最終改正 2013年 9 月13日)	企業会計基準委員会	連結会計基準
企業会計基準第10号「金融商品に関する会計基準」 (最終改正 2019年 7 月 4 日)	企業会計基準委員会	金融商品会計基準
金融商品会計に関する実務指針 (最終改正 2019年 7 月 4 日)	日本公認会計士協会	金融商品実務指針

1 基礎を学ぼう

(1) のれんとは何ですか？

A 　新聞を読んでいたら、ある会社の M&A の記事の中に「多額ののれんが発生」、「のれんの償却負担が増大」という文章がありました。「のれん」とは何でしょうか？

X のれんは、取得による企業結合（合併、事業譲受、株式取得など）が行われたときに、受け入れた資産と引き受けた負債の差額よりも、取得原価としての支払対価総額が大きい場合に生じる差額だよ。

A 企業結合を行うと、資産、負債の純額と支払対価との差額が生じるのですね。

X 逆に、受け入れた資産と引き受けた負債の差額よりも、取得原価としての支払対価総額が小さい場合は負ののれんが生じるんだ。【図表1】を見てほしい。

B 「負ののれん」は初めて聞きました。

X 企業結合には、取得による企業結合と共通支配下の取引による企業結合があるけど、ここでは取得による企業結合のケースを説明するね。

【図表1】

（ア）のれんが発生するケース　　　　（イ）負ののれんが発生するケース

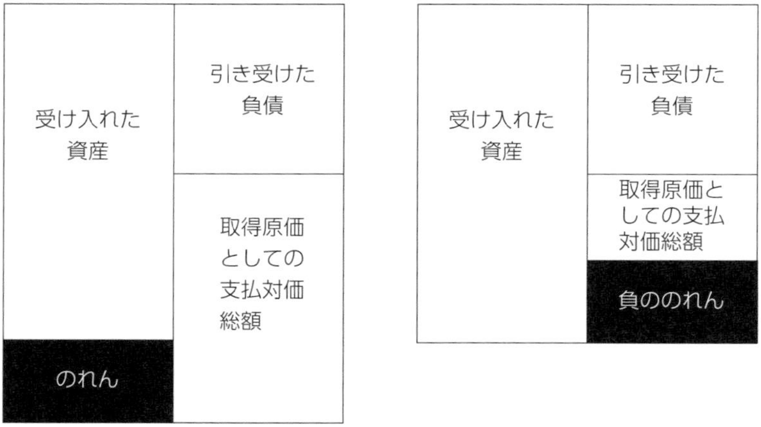

（2）個別財務諸表上で発生するのれん

① 吸収合併を行ったときののれんの計上方法

X　機密情報だが、我が社は滋賀製造株式会社を吸収合併することを検討している。そこで、吸収合併にかかる会計処理を君たちに行ってもらいたいと考えている。

B　合併を行うなんてドラマみたいですね。

X　浮かれていたらダメだぞ。

A　合併とは、会社と会社がひとつになるという認識でいいでしょうか？

X　基本的にはその認識でいいんだけど、会社法に基づくと、合併には「吸収合併」と「新設合併」があるんだ。会社法第 2 条を見てみよう。第 2 条第27号では、吸収合併とは「会社が他の会社とする合併であって、合併により消滅する会社の権利義務の全部を合併後存続する会社に承継させるものをいう。」とされている。一方、第 2 条第28号では、新設合併とは「二以上の会社がする合併であって、合併により消滅する会社の権利義務の全部を合併により設立する会社に承継させるものをいう。」とされている。

A　合併には 2 種類あるのですね。

X　そうなんだ。さっき言ったように、今回の合併は吸収合併だよ。

A　そういえば、吸収合併が行われたとき『のれん』が発生するとよく聞きます。どのようにして発生するのでしょうか？

X　『のれん』といってものれんと負ののれんがあるんだ。のれんは、

合併する相手企業の時価評価後の純資産を超える金額で取得したときに発生するんだ。逆に、時価評価後の純資産を下回る金額で取得したときは負ののれんが発生する。仕訳で考えてみるとよくわかるよ。

【設例1】

【前提条件】
・×1年4月1日に、株式会社京都は滋賀製造株式会社を吸収合併し、株式会社京都が取得企業と判定された。
・合併の対価は1,000百万円とし、滋賀製造株式会社の株主に株式会社京都の株式を交付する。
・滋賀製造株式会社の企業結合日前日の貸借対照表は次のとおりであった。
・土地の時価は800百万円とする。なお、土地以外の資産、負債については帳簿価額と時価との差額は発生していない。
・税効果会計は考慮しないものとする。
・のれんの償却期間は5年とする。

【決算日】
株式会社京都　　　　3月31日
滋賀製造株式会社　　3月31日

【合併直前日】
×1年3月31日

(単位：百万円)

滋賀製造株式会社　貸借対照表			
借方		貸方	
現金預金	300	諸負債	600
売掛金	100	株主資本	400
土地	600		
合計	1,000	合計	1,000

この合併時に計上されるのれんの額はいくらになるか。

【解答】
合併仕訳は以下のようになる。

（単位：百万円）

借方	金額	貸方	金額
現金預金	300	諸負債	600
売掛金	100	払込資本※1	1,000
土地（時価）	800		
のれん	400		

　土地を時価評価した後の時価純資産※2は600百万円（（資産総額300百万円 ＋ 100百万円 ＋ 800百万円）－ 負債総額600百万円）となる。

　合併の対価は1,000百万円なので、この時価純資産600百万円を400百万円上回る。

　この上回った400百万円がのれんとして計上される。

※1　払込資本とは取得企業が支払った合併の対価であり、会計上は資本金又は資本剰余金（資本準備金又はその他資本剰余金）として処理される。具体的にどの項目を増加させるかは、会社法の定めによることとなる（以下同じ）。（企業結合適用指針の設例編「＜設例全般の留意点について＞」を参照）

※2　時価純資産とは、資産及び負債を時価評価した後の、資産と負債の差額である（【図表2】の「時価評価後」の貸借対照表を参照）。

【図表2】取得原価が時価評価後の純資産の額を超えると「のれん」が発生する

（単位：百万円）

貸借対照表　　　　時価評価後　　　滋賀製造（株）を取得したとき

Ⓐ　時価評価後の純資産は600百万円ですから、この600百万円と取得原価1,000百万円の差額400百万円がのれんとなるということですね。

X そのとおりだね。被取得企業である滋賀製造株式会社から受け入れた資産と引き受けた負債に配分された時価純資産である600百万円よりも取得原価としての1,000百万円のほうが大きいから、この場合に発生するのは負ののれんではなく、のれんになるよ。

B 合併を行うときは、被合併会社の資産と負債を時価評価するのですね。しかし、合併会社側の資産と負債は時価評価しなくていいのですか？

X 合併会社が、自社の資産と負債を時価評価すると、会社法に抵触することになるから時価評価は行わないんだ。会社法は債権者保護のため、株式会社は一定の会社財産を確保することが要求されている。株式会社が自社の資産を時価評価すると、恣意的に資産の額を大きくする恐れもある。すると、会社財産が実態よりも大きくなり債権者保護ができなくなる可能性がある。そのため資産及び負債は原則として取得原価で評価するとしているからだよ。

② 負ののれんが発生するケース

A もし、仮に時価純資産よりも取得原価のほうが小さい場合は、どうなるのですか？

B そうなったら、借方の合計額と貸方の合計額が合わなくなってしまいますね。借方にマイナス計上するのかな？

X 借方にマイナス計上はしちゃダメだよ。このような場合は、さっき話した「負ののれん」といって、貸方に「負ののれん」勘定を計上するんだ。次のケースを見てみよう。

【設例 2】

【前提条件】

・×1年4月1日に、株式会社京都は滋賀製造株式会社を吸収合併し、株式会社京都が取得企業と判定された。
・取得原価は400百万円とする。
・滋賀製造株式会社の企業結合日前日の貸借対照表は次のとおりであった。
・土地の時価は800百万円とする。
・税効果会計は無視するものとする。

【決算日】

株式会社京都　　　　3月31日
滋賀製造株式会社　　3月31日

【企業結合日】

×1年4月1日

（単位：百万円）

滋賀製造株式会社　貸借対照表			
借方		貸方	
現金預金	300	諸負債	600
売掛金	100	株主資本	400
土地	600		
合計	1,000	合計	1,000

このとき計上される負ののれんはいくらになるか。

【解答】

（単位：百万円）

借方	金額	貸方	金額
現金預金	300	諸負債	600
売掛金	100	払込資本	400
土地（時価）	800	負ののれん	200

【図表3】 取得原価が時価評価後の純資産の額を下回ると「負ののれん」が発生する

(単位：百万円)

貸借対照表

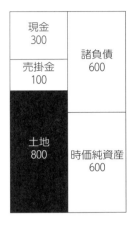

時価評価後

滋賀製造（株）を取得したとき

③ のれんの償却

i のれんの償却費の計算方法

B のれんの償却は必ず行わないといけないのですか？

A 日本の会計基準では投資の回収計算を適切に行うためや自己創設のれんの計上防止のため、償却が必要であると聞いたことがあります。

X そのとおり。我が国の会計基準ではのれんは一定期間において償却しなければならないんだよ。一方、国際財務報告基準はのれんの償却はできないとされている。その代わり、減損会計の適用の要件を満たした場合は減損するというルールになっているんだ。ここは日本の会計基準と国際財務報告基準との違いだね。のれんの償却は減価償却と同じく、発生月から月割計算を行う必要がある点も注意する必要があるね。

【設例3】

【前提条件】

・株式会社京都は、×1年10月に滋賀製造株式会社の発行済株式総数の70％を新たに取得した結果、のれんが600百万円発生した。
・株式会社京都と滋賀製造株式会社の決算日はともに3月31日とする。
・のれんの償却期間は5年とする。
・連結決算上、×1年度と×2年度の償却費はいくらになるか。なお、×2年度末までに、このれんが減損されたことはないものとする。

【解答】

〔×1年度〕

(単位：百万円)

借方	金額	貸方	金額
のれん償却費	60	のれん	60

のれんの償却は発生月から行うので、×1年10月から×2年3月までの6か月間となる。
のれんの償却期間は5年なので、月数で表すと5年 × 12月 ＝ 60月となる。
したがって、のれん償却費は600百万円 × 6月/60月 ＝ 60百万円となる。

〔×2年度〕

(単位：百万円)

借方	金額	貸方	金額
のれん償却費	120	のれん	120

×2年度は×2年4月から×3年3月までの12か月間となる。
したがって、600百万円 × 12月/60月 ＝ 120百万円となる。

【図表 4 】 のれんは発生月から規則的に償却する

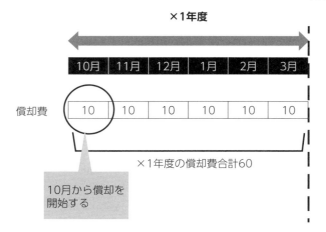

(単位：百万円)

×1年度の償却費合計60

10月から償却を開始する

A 日本の会計基準と国際財務報告基準とでは、のれんの償却方法は異なるのですか？

X 日本の会計基準では、のれんを毎期規則的に償却するけど、国際財務報告基準ではのれんの償却は行わないんだ。

A 国際財務報告基準ではのれんの償却を行わないのですね。

X そのため、日本では、のれんの減損については、減損の兆候があった場合にのみ減損テストを行うのに対して、国際財務報告基準では毎事業年度、減損テストを行うという違いも出てくるんだ。

B 国際財務報告基準のほうが、手数がかかりますね。

X 国際財務報告基準では、のれんの償却を行わないものの、減損テストの結果、減損の認識を行う場合は、減損の額が巨額になる場合もある。そのため、企業結合を行うときは、将来の収益性を慎重に検討する必要があるわけだ。

A 安易な企業結合はできないということですね。

X そういうことだね。

ii のれんの償却期間

B のれんの償却期間は20年以内の期間と学習しました。最長の20年に設定すれば、各事業年度の償却費が小さくなりますから、20年として設定すればいいのでしょうか？

A しかし、そのような償却期間の設定は、恣意的な利益計上になるのではないでしょうか？

X Aさんの言うとおりだね。確かに制度上は20年以内の期間と定められているけど、だからといって根拠もなく償却期間を定めると会社の経営成績を歪めることになる。企業結合会計基準第32項をよく見てごらん。ここでは「20年以内のその効果の及ぶ期間にわたって」と書いてあるだろう。だから、のれんといっても、取得の目的や被取得企業の業種や環境によって属性が異なるから、償却期間もこれらを考慮して定める必要があるんだよ。

B わかりました。

X もう少し具体的に説明すると、企業結合会計基準第32項では、のれんは「20年以内のその効果の及ぶ期間にわたって、定額法その他の合理的な方法により規則的に償却する。」とされているため、のれんの効果が及ぶ期間に基づいて償却期間を決定するんだ。ただし、償却期間は合理的な根拠を持って決定しなければならない点に注意する

必要があるね。

B なるほど。

X 　企業結合適用指針第381項（2）では、「一般に、償却の基礎となる資産の有効期間は、売却による回収額と利用による回収額が等しくなると考えられる時点までの期間であり、それは資産に含まれるのれんの価値が消滅するまでの期間を見積もっていることにほかならない」と説明されている。「のれんの価値が消滅するまでの期間」とは、言い換えると、のれんの効果の発現期間ということができるね。そのため、償却期間を設定する場合は、のれんの効果の発現期間を見積もる必要があるんだ。

④　のれんとのれん償却費の表示

A 　のれんの償却の計上方法はわかりました。それでは、のれんとのれんの償却費は、財務諸表のどこに表示するのですか？

B 表示のことまでは考えていなかったなあ。Aさん、よく気が付くね。

X 　会計は財務諸表に適正に表示して、ステークホルダーに対して開示することが最終目的だからね。仕訳を行うだけで終わってはダメだよ。のれんの帳簿価額は貸借対照表の無形固定資産に計上する。のれん償却費は損益計算書の販売費及び一般管理費に計上するよ。

【企業結合会計基準】
（のれんの表示）
47.　のれんは無形固定資産の区分に表示し、のれんの当期償却額は販売費及び一般管理費の区分に表示する。

　　　（出典：公益財団法人財務会計基準機構・企業会計基準委員会の公表物から引用）

【図表5】 貸借対照表における表示（有価証券報告書の場合）

貸借対照表

（単位：百万円）

	前事業年度 ×1年3月31日	当事業年度 ×2年3月31日
資産の部		
流動資産		
・・・		
・・・		
固定資産		
・・・		
無形固定資産		
・・・		
のれん	1,000	800

【図表6】 損益計算書における表示（有価証券報告書の場合）

損益計算書

（単位：百万円）

	前事業年度 （自×0年4月1日 至×1年3月31日）	当事業年度 （自×1年4月1日 至×2年3月31日）
売上	・・・	・・・
売上原価	・・・	・・・
売上総利益	・・・	・・・
販売費及び一般管理費	※・・・	※・・・
営業利益	・・・	・・・

注記
販売費及び一般管理費の主要な費目

	前事業年度 （自×0年4月1日 至×1年3月31日）	当事業年度 （自×1年4月1日 至×2年3月31日）
・・・	・・・	・・・
のれん償却費	200	200
・・・	・・・	・・・

⑤ 負ののれんとのれん償却費の表示

B 負ののれんも償却するのですか？

A 負ののれんを償却すると、償却するたびに利益が発生してしまいますね。とても違和感を覚えますが。

X 負ののれんは、償却はしないんだ。企業結合会計基準第48項では「負ののれんは、原則として、特別利益に表示する。」とされているため、負ののれんは、発生した事業年度に全額を利益として計上することになるんだ。しかし、実は、以前の我が国の会計基準では、負ののれんも、のれんと同様に償却処理をしていたんだよ。

A そうだったんですね。

X しかし、現行の国際財務報告基準は、負ののれんはすべて一時に利益認識することとしているんだ。これは、のれんは資産として計上されるべき要件を満たしているものの、負ののれんは負債として計上されるべき要件を満たしていないことによるためと考えられているからなんだよ。したがって、我が国の現行の会計基準でも、負ののれんは利益として計上することになったんだ。損益計算書には、原則として特別利益に計上するよ。

【企業結合会計基準】
（負ののれんの表示）
48. 負ののれんは、原則として、特別利益に表示する。
　　（出典：公益財団法人財務会計基準機構・企業会計基準委員会の公表物から引用）

【図表7】 損益計算書における負ののれんの表示（有価証券報告書の場合）

損益計算書

（単位：百万円）

	前事業年度 （自×0年4月1日 至×1年3月31日）	当事業年度 （自×1年4月1日 至×2年3月31日）
売上	・・・	・・・
売上原価	・・・	・・・
売上総利益	・・・	・・・
販売費及び一般管理費	・・・	・・・
営業利益	・・・	・・・
営業外収益		
・・・		
営業外費用		
・・・		
経常利益		
特別利益		
・・・		
負ののれん発生益	・・・	200

⑥ 負ののれんを計上するときは注意が必要

B 　負ののれんは特別利益に計上されるので、負ののれんを計上すれば経営成績がよくなりますね。ならば、積極的に負ののれんを計上していけばよくないですか？

A 　それは、会計の考え方において問題があるのではないでしょうか？

X 　Aさんの言うとおりだね。そもそも負ののれんは、バーゲン・パーチェスといって、被取得企業が時価よりも低い価格で売るという、通常では想定されない取引において発生するものなんだ。そのため、現行の会計基準では取得企業は、すべての識別可能資産及び負債が

把握されているか、また、それらに対する取得原価の配分が適切に行われているかどうかを見直すこととしているんだよ。

識別可能資産及び負債ですか？

識別可能資産及び負債については次の設例で説明しよう。そして、この見直しを行っても、【設例4】のように、取得原価が時価純資産を下回る場合には、当該不足額を発生した事業年度の利益として処理することとしているんだ。このように、現行の会計基準では、安易に負ののれんを計上しないよう、慎重に会計処理を行うことが求められているので注意が必要だよ。

【企業結合会計基準】
（取得原価の配分方法）
28. 取得原価は、被取得企業から受け入れた資産及び引き受けた負債のうち企業結合日時点において識別可能なもの（識別可能資産及び負債）の企業結合日時点の時価を基礎として、当該資産及び負債に対して企業結合日以後1年以内に配分する。
29. 受け入れた資産に法律上の権利など分離して譲渡可能な無形資産が含まれる場合には、当該無形資産は識別可能なものとして取り扱う。

（負ののれんの会計処理）
33. 負ののれんが生じると見込まれる場合には、次の処理を行う。ただし、負ののれんが生じると見込まれたときにおける取得原価が受け入れた資産及び引き受けた負債に配分された純額を下回る額に重要性が乏しい場合には、次の処理を行わずに、当該下回る額を当期の利益として処理することができる。
   （1） 取得企業は、すべての識別可能資産及び負債（第30項の負債を含む。）が把握されているか、また、それらに対する取得原価の配分が適切に行われているかどうかを見直す。
   （2） （1）の見直しを行っても、なお取得原価が受け入れた資産及び引き受けた負債に配分された純額を下回り、負ののれんが生じる場合には、当該負ののれんが生じた事業年度の利益として処理する。
   （出典：公益財団法人財務会計基準機構・企業会計基準委員会の公表物から引用）

【設例 4 】

【前提条件】
・×1年10月10日に、株式会社京都は滋賀製造株式会社を吸収合併し、株式会社京都が取得企業と判定された。
・取得原価は400百万円とする。
・企業結合日前日の個別貸借対照表は下表のとおりであった。
・土地の時価は800百万円とする。
・追加調査の結果、滋賀製造株式会社が保有する顧客リストが分離して譲渡可能な無形資産として認識された。この顧客リストは100百万円と評価され、無形固定資産として計上することになった。
・滋賀製造株式会社は訴訟案件を抱えていることがわかり、引当金の計上の要否を検討した結果、訴訟損失引当金400百万円を計上することが妥当であるという報告も得た。
・税効果会計は無視するものとする。

【決算日】
株式会社京都　　　　3月31日
滋賀製造株式会社　　3月31日

【企業結合日】
×1年10月10日

(単位：百万円)

滋賀製造株式会社　個別貸借対照表			
借方		貸方	
現金預金	300	諸負債	600
売掛金	100	株主資本	400
土地	600		
合計	1,000	合計	1,000

【解答】

(単位：百万円)

借方	金額	貸方	金額
現金預金	300	諸負債	600
売掛金	100	訴訟損失引当金	400
土地（時価）	800	払込資本	400
顧客リスト（無形固定資産）	100		
のれん	100		

A 【設例2】と、条件はほぼ同じなのに、顧客リストと訴訟損失引当金を計上すると、負ののれんではなく、のれんが計上されましたね。

B 不思議だ。

X このように、企業結合では識別可能資産と識別可能負債の計上の要否を慎重に検討する必要がある。ここに不備があると、本来、のれんが計上されるべきところ、負ののれんが計上されてしまうということにもなりかねない。また、無形固定資産として計上すべきものがのれんとして計上されてしまうということもある。識別可能な無形資産の例はこんなものがあるよ。

B のれんと負ののれんでは大違いですね。これは処理を誤ると大変ですね。

■識別可能な無形資産の例

分類	例
法律上の権利	・産業財産権（特許権、実用新案権、商標権、意匠権） ・著作権 ・半導体集積回路配置 ・商号 ・営業上の機密事項 ・植物の新品種等
分離して譲渡可能な無形資産	・ソフトウェア ・顧客リスト ・特許で保護されていない技術 ・データベース ・研究開発活動の途中段階の成果（最終段階にあるものに限らない。）

（出典：公益財団法人財務会計基準機構・企業会計基準委員会、「企業結合適用指針」58項、367項より引用）

■**法律上の権利など分離して譲渡可能という認識要件を満たさないため、無形 資産として認識できないものの例**

・被取得企業の法律上の権利等による裏付けのない超過収益力
・被取得企業の事業に存在する労働力の相乗効果(リーダーシップやチームワーク)

(出典:公益財団法人財務会計基準機構・企業会計基準委員会、「企業結合適用指針」368項 より引用)

（3）のれんの減損

○　減損会計～のれんを含む、より大きな単位での資産グループにおける判定

■**のれんを含む、より大きな単位での資産グループにおける判定**

A　　よく新聞で「のれんの減損」という記事をよく見ます。のれんも減損しないといけないのですか？

X　　のれんも固定資産なので、収益性の低下が生じた場合、減損会計の適用要件を満たしたときは、減損を行うことになるよ。しかし、通常の固定資産の減損とは異なり、のれんを減損するときは特別なルールがあるんだ。ここでは、その特別なルールを見ていこう。

B　　「減損」なんて初耳だなあ。

X　　のれんも減損の認識を行う必要があると判定されたときは減損を行う必要があるよ。ただし、のれんは単体で減損の要否を判定するのではなく、「のれんを含む、より大きな単位での資産グループ」での減損の要否を判定することが原則だ。これは、のれんはそれ自体では独立したキャッシュ・フローを生まないからだよ。「固定資産の減損に係る会計基準の設定に関する意見書」8にそのことが記載されているので、よく読んでおいてね。

【固定資産の減損に係る会計基準の設定に関する意見書】

8．のれんの取扱い

　のれんを認識した取引において取得された事業の単位が複数である場合には、のれんの帳簿価額を合理的な基準に基づき分割する。

　分割されたそれぞれののれんに減損の兆候がある場合に、減損損失を認識するかどうかの判定は、のれんが帰属する事業に関連する複数の資産グループにのれんを加えた、より大きな単位で行う。

　のれんを含む、より大きな単位について減損損失を認識するかどうかを判定するに際しては、のれんを含まない各資産グループにおいて算定された減損損失控除前の帳簿価額にのれんの帳簿価額を加えた金額と、割引前将来キャッシュ・フローの総額とを比較する。この場合に、のれんを加えることによって算定される減損損失の増加額は、原則として、のれんに配分する。

　のれんの帳簿価額を当該のれんが帰属する事業に関連する資産グループに合理的な基準で配分することができる場合には、のれんの帳簿価額を各資産グループに配分したうえで減損損失を認識するかどうかを判定することができる。この場合に、各資産グループについて認識された減損損失は、のれんに優先的に配分し、残額は、帳簿価額に基づく比例配分等の合理的な方法により、当該資産グループの各構成資産に配分する。

（出典：企業会計審議会の公表物から引用）

【設例5】

【前提条件】

・株式会社京都は、過去に滋賀製造株式会社を吸収合併したときにのれんが発生した。
・当事業年度末ののれんの帳簿価額は80百万円であった。
・滋賀製造株式会社が行っている事業は1つであるが、減損会計を適用するにあたり大津本社、八日市工場、高島工場の3つの資産グループを認識している。
・将来キャッシュ・フローや回収可能価額は以下の図のとおりである。

　この場合、のれんの評価額はいくらになるか。

(単位：百万円)

	大津本社	八日市工場	高島工場	小計	のれん	のれんを含む、より大きな単位での資産グループ合計
減損の兆候	あり	あり	あり		あり	あり
帳簿価額	100	200	300	600	80	680
割引前将来キャッシュ・フロー	120	180	370	670		670
減損損失の認識	しない	する	しない			する

回収可能価額	110	160	330			600
減損損失	−	△40	−			△80
のれんを加えることによる減損損失の増加額						△40
資産グループごとの減損処理後の帳簿価額	100	160	300	560	80	640
のれんに係る減損損失					△40	△40
減損処理後の帳簿価額	100	160	300	560	40	600

【解答】

（イ）　まずは各資産グループにおいて、減損会計の適用の要否を判定する。この場合、第1段階である減損の兆候についてはすべてのグループにおいて生じているが、割引前将来キャッシュ・フローと帳簿価額を比較した結果、大津本社と高島工場は、割引前将来キャッシュ・フローが帳簿価額を上回っているので、減損の認識は行わない。

（ロ）　一方、八日市工場は割引前将来キャッシュ・フローが帳簿価額を下回っているので、減損の認識を行うことになる。

（ハ）　八日市工場の回収可能価額は160百万円であるので、帳簿価額200百万円との差額である40百万円を減損損失として計上する。

（ニ）　次にのれんを含む、より大きな単位での資産グループにおいて、減損会計の適用の要否を判定する。この場合、減損の兆候があるので、減損の認識を行うかどうかの判定に進む。

（ホ）　割引前将来キャッシュ・フローは670百万円であり、帳簿価額を下回っているので、減損の認識を行う。

（ヘ）　回収可能価額は600百万円であるので、帳簿価額680百万円との差額である80百万円を減損損失として計上する。

（ト）　各資産グループでは八日市工場で40百万円の減損損失を計上するので、より大きな単位で計上する減損損失80百万円との差額は40百万円となる。すなわち、この40百万円を追加で配分することになるが、これは、のれんを含む、より大きな単位での資産グループにおける超過収益力が失われていると考えるので、原則としてのれんに配分する。

（チ）　その結果、のれん80百万円に対して減損損失40百万円を配分するので、減損損失計上後ののれんの帳簿価額は40百万円となる。

2 応用を学ぼう

（1）連結子会社を取得したケース

① 連結子会社を取得した場合ののれんの計上方法

A 連結会計においても「のれん」が発生すると聞きました。単体の場合ののれんとは異なるのですか？

B 連結会計でものれんが発生するのですか？

X 基本的な考え方は同じだよ。取得した連結子会社の時価評価後の純資産の持分相当額を超える金額で取得するとのれんが発生する。その逆だと負ののれんが発生するよ。

【設例6】

【前提条件】
○新規取得年度
- 株式会社京都は、×1年3月10日に、滋賀製造株式会社の株式70%を2,000百万円で取得し、連結子会社とした。企業結合日は×1年3月31日とする。
- 滋賀製造株式会社の純資産の内訳は以下のとおりである。
  - ◆資本金　1,000百万円
  - ◆繰越利益剰余金　800百万円
- また、滋賀製造株式会社は土地を300百万円保有しているが、×1年3月31日の時価は500百万円であった。
- この取得によって生じたのれんの償却期間は5年とする。
- 税効果会計は無視するものとする。
- 支配獲得日は、滋賀製造株式会社の決算日である×1年3月31日とみなすものとする。
- のれんは期末に発生したとみなし、償却は翌連結会計年度の期首から開始する。

【決算日】
株式会社京都　　　3月31日
滋賀製造株式会社　3月31日

この場合、のれんの額はいくらになるか。

【解答】
連結修正仕訳（×1年3月31日）

借方	金額	貸方	金額
資本金	1,000	滋賀製造株式会社株式	2,000
繰越利益剰余金	800	非支配株主持分	600
評価差額	200		
のれん	600		

② 連結子会社を取得した場合の、のれんの償却費の計算方法

A ── 連結会計で発生したのれんの償却方法も、個別財務諸表の場合と同じですか？

B ── 同じのような感じがするなあ。

X ── 原則は、個別財務諸表の場合と変わることはない。ただし、連結会計の場合は「みなし取得日」が認められている。また、みなし取得日を適用した場合、償却の開始時期も個別財務諸表のときと異なる点が出てくるので注意が必要だね。

【設例7】

【設例6】の場合、×1年3月期と×2年3月期ののれんの償却費はいくらになるか。

【解答】
◆×1年3月期

のれんは×1年3月31日に発生したとみなすので、償却開始日は翌期首である×1年4月1日となる。したがって、×1年3月期ではのれんの償却は行わない。

仕訳なし

この結果、×1年3月期の連結貸借対照表ののれんの帳簿価額は600百万円となる。

◆×2年3月期

のれんは×1年4月1日から、5年で均等償却する。

（単位：百万円）

借方	金額	貸方	金額
のれん償却	120	のれん	120

600百万円×1年／5年＝120百万円

この結果、×2年3月期の連結貸借対照表ののれんの帳簿価額は480百万円となる。

③ のれんの追加償却の計算方法

A この前、研修で「子会社株式の減損に伴うのれんの追加償却」という論点が出てきました。のれんの減損とは異なるのですか？

B 経理5年目だけど、『のれんの追加償却』なんて初めて聞いたよ。

X のれんの追加償却は、親会社の個別財務諸表で子会社株式を減損処理した場合に検討するものなんだ。これはのれんの減損の補完的役割を担っているともいわれている。しかし、のれんの減損と重ねて計上するのは不合理では、という意見があるのも事実だよ。あとで「連結財務諸表における資本連結手続に関する実務指針（会計制度委員会報告第7号）」とASBJの「第378回企業会計基準委員会　子会社株式等の減損とのれんの減損の関係」をあわせてみてほしい。

【資本連結実務指針】

32.　子会社ごとののれんの純借方残高（連結原則に基づいて会計処理している場合には、借方残高（のれん）と貸方残高（負ののれん）との相殺後）について、親会社の個別財務諸表上、子会社株式の簿価を減損処理（金融商品会計実務指針第91項、第92項及び第283-2項から第285項に従う処理をいう。）したことにより、減損処理後の簿価が連結上の子会社の資本の親会社持分額とのれん未償却額(借方)との合計額を下回った場合には、株式取得時に見込まれた超過収益力等の減少を反映するために、子会社株式の減損処理後の簿価と、連結上の子会社の資本の親会社持分額とのれん未償却額（借方）との合計額との差額のうち、のれん未償却額（借方）に達するまでの金額についてのれん純借方残高から控除し、連結損益計算書にのれん償却額として計上しなければならない

（出典：日本公認会計士協会の公表物から引用）

【子会社株式等の減損とのれんの減損関係】

35.　なお、資本連結実務指針第32項の記載を参考に、株価が「連結上の子会社の資本の親会社持分額とのれん未償却額(借方)との合計額」を著しく下回った場合に、株価の下落に基づいた減損の兆候があるとすることも検討した。

　　しかし、この方法によると、図2に示すように、株価が、当初取得時の取得原価からは著しく減少してはいない(親会社の個別財務諸表上では子会社株式を減損する必要はない)ものの、子会社の資本の親会社持分額とのれん未償却額（借方）との合計額を下回る状況の場合には、当初の投資額より多くの子会社資本持分が獲得されているにもかかわらず、減損の要否の検討が求められる可能性がある。このような取扱いは、我が国の減損会計基準の趣旨に照らして不合理であると考えられる。

（出典：公益財団法人財務会計基準機構・企業会計基準委員会の公表物から引用）

図2　決算時の親会社持分が当初の金額を上回る場合

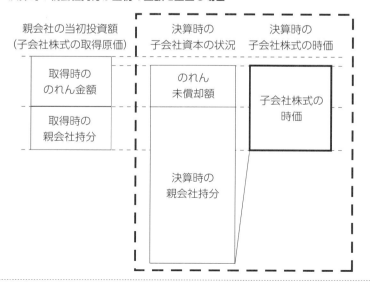

【設例 8】

【前提条件】

・×2年度において、株式会社京都の連結子会社である滋賀製造株式会社は大規模な不祥事を起こしたため、監督官庁からすべての業務について6か月間の業務停止命令を受けることになった。そのため経営成績が急激に悪化し、×3年3月期では1,700百万円の当期純損失を計上するに至った。

・その結果、滋賀製造株式会社では当初計画された事業計画は×3年3月期では達成することができなくなった。また、今後も経営成績の回復を見込むことができないと判断したため、当初計画された事業計画は大幅に下方修正することになった。

・この影響により、株式会社京都が所有する滋賀製造株式会社株式の帳簿価額は大きく下落し、×3年3月末の実質価額は500百万円となった。

・株式会社京都は、滋賀製造株式会社の株式について検討した結果、取得原価2,000百万円と比較して帳簿価額が50%以上下落したことから、著しい下落と判断した。また、不祥事の影響は大きく、少なくとも今後5年間は事業回復が見込めないことから、株価が回復する見込みはないと判断した。これらに基づき、株式会社京都は滋賀製造株式会社株式について減損後の帳簿価額をもって貸借対照表価額とすることとした。

・×1年3月期以後の滋賀製造株式会社の純資産は以下の表の経緯をたどったものとする。

・×3年3月期では、滋賀製造株式会社は業務停止命令の影響で1,700百万円の当期純損失を計上したものとする。

この場合において、のれんの追加償却額とのれんの評価額を算出せよ。

(単位：百万円)

	×1年 3月31日	×2年 3月31日	金額
資本金	1,000	1,000	1,000
繰越利益剰余金	800	900	△800
評価差額	200	200	200
合計	2,000	2,100	400
親会社持分（70%）	1,400		
子会社株式取得原価	2,000		
のれんの額	600	480	360

【解答】
☆個別財務諸表

◆株式会社京都の個別財務諸表～×3年3月期
【滋賀製造株式会社株式の減損】

(単位：百万円)

借方	金額	貸方	金額
子会社株式評価損	1,500	子会社株式	1,500

取得原価2,000百万円 × 50% ＝ 1,000百万円 ≧ 実質価額500百万円となり、実質価額が取得原価に比べて50%程度以上下落していることから、著しい低下に該当する。

　そこで、取得原価2,000百万円 － 実質価額500百万円 ＝ 1,500百万円を子会社株式評価損として計上する。

　この結果、×3年3月期の株式会社京都の個別財務諸表の子会社株式（滋賀製造株式会社株式）の帳簿価額は500百万円となる。

☆**連結財務諸表**
　×3年3月31日時点で、追加償却の適用の要否を検討することとした。
　（イ）子会社株式の減損処理後の帳簿価額500百万円
　（ロ）連結上の子会社の資本の親会社持分額280百万円（※）とのれん未償却額（借方）
　　　　360百万円との合計額＝640百万円
　（ハ）（イ）500百万円－（ロ）640百万円＝△140百万円

※　×3年3月31日の滋賀製造株式会社の純資産相当額400百万円×70%＝280百万円

【追加償却】

（単位：百万円）

借方	金額	貸方	金額
のれん償却	140	のれん	140

　この結果、×3年3月期の連結貸借対照表ののれんの帳簿価額は220百万円となる。

④　連結財務諸表における、のれんの減損の計算方法

Ⓐ　　連結財務諸表におけるのれんの減損方法は、個別財務諸表の場合と異なるのですか？

Ⓧ　　連結財務諸表においても、のれんの減損のプロセスについて変わることはないよ。制度会計では、連結会計上ののれんについても「固定資産の減損に係る会計基準」や「固定資産の減損に係る会計基準の適用指針」に従って減損処理を行うとされているんだ。

（のれんの減損処理）

33. のれん（連結原則に基づいて会計処理している場合には、純借方残高）は、「固定資産の減損に係る会計基準」の二　8及び企業会計基準適用指針第6号「固定資産の減損に係る会計基準の適用指針」（以下「減損会計適用指針」という。）の第51項から第54項及び第131項から第133項に従って減損処理を行う。

（出典：日本公認会計士協会の公表物から引用）

【設例9】

【前提条件】

・株式会社京都は滋賀製造株式会社の発行済株式100%を取得し、連結子会社とした。その結果、のれんが300百万円生じた。

・滋賀製造株式会社が行っている事業はセラミック製造、自動車部品製造、水素製造の3つである。滋賀製造株式会社では、事業部制を採用している。

・株式会社京都は、自社で生産しているセラミック製品について安定的に原料供給網を確保したいという目的で、滋賀製造株式会社を連結子会社とした。

・子会社株式取得時のセラミック製造事業、自動車部品製造事業、水素製造事業の時価は、それぞれ1,000、600、400であった。

・発生したのれんは、各事業の時価の比率で按分することとした。その結果、セラミック製造事業、自動車部品製造事業、水素製造事業に配分されたのれんは、それぞれ150、90、60となった。

・減損会計を適用するにあたりセラミック製造部門では、管理会計上の区分を地区で区分しており、A地区、B地区、C地区の地区ごとに資産グループを認識している。

・将来キャッシュ・フローや回収可能額は以下の図のとおりである。

　この場合、のれんの評価額はいくらになるか。

【滋賀製造会社のセラミック製造部門】

（単位：百万円）

	A地区	B地区	C地区	小計	のれん	のれんを含む、より大きな単位での資産グループ合計
減損の兆候	あり	あり	あり		あり	あり
帳簿価額	150	300	500	950	150	1,100
割引前将来キャッシュ・フロー	180	270	520			1,000
減損損失の認識	しない	する	しない			する

回収可能価額	110	200	450			900
減損損失	-	△100	-			△200
のれんを加えることによる減損損失の増加額						△100
資産グループごとの減損処理後の帳簿価額	150	200	500	850	150	1,000
のれんに係る減損損失					△100	△100
減損処理後の帳簿価額	150	200	500	850	50	900

【解答】

（イ）　まずは各資産グループ（A地区、B地区、C地区）において、減損会計の適用の要否を判定する。この場合、第1段階である減損の兆候についてはすべてのグループにおいて生じているが、割引前将来キャッシュ・フローと帳簿価額を比較した結果、A地区とC地区は、割引前将来キャッシュ・フローが帳簿価額を上回っているので、減損の認識は行わない。

（ロ）　一方、B地区は割引前将来キャッシュ・フローが帳簿価額を下回っているので、減損の認識を行うことになる。

（ハ）　B地区の回収可能価額は200であるので、帳簿価額300との差額である100を減損損失として計上する。

（ニ）　次にのれんを含む、より大きな単位での資産グループにおいて、減損会計の適用の要否を判定する。この場合、減損の兆候があるので、減損の認識を行うかどうかの判定に進む。

（ホ）　割引前将来キャッシュ・フローは1,000であり、帳簿価額を下回っているので、減損の認識を行う。

（ヘ）　回収可能価額は900であるので、帳簿価額1,100との差額である200を減損損失として計上する。

（チ）　その結果、のれん150に対して減損損失100を配分するので、減損損失計上後ののれんの帳簿価額は100となる。

【仕訳】

（単位：百万円）

借方	金額	貸方	金額
減損損失	200	B地区の資産	100
		のれん	100

（2）のれんの償却期間と社内方針の確立

> **B**   のれんの償却期間も、何か一定の基準に基づいて決定する必要がありそうですね。具体的な基準はあるのでしょうか？

> **X**   我が国の制度会計上、償却期間の決定について具体的な基準は存在しない。だから、会社内部で合理的な基準を定めることになるね。実は、企業会計基準委員会（ASBJ）がアンケートをとって、のれんの償却期間について社内方針を定めているかどうかを調査したことがあったんだ。回答した26社の大半は大規模な多国籍企業で、そのうち日本基準を採用している会社が19社だった。

> **A**   これは興味深いですね。

> **X**   すると、日本基準を採用している63%（19社中の12社）が、のれんの償却期間の算定に関する決定を単純化するように、社内方針を設けているということだった。このように、多くの大規模な企業では、のれんの償却期間について社内方針を定めて、恣意性が入らないような工夫が行われていることがわかるね。

> **A**   恣意性ですか？

> **X**   社内の内部方針を定めずに償却期間を定めると、企業結合ごとに方針が異なってしまうおそれがある。そうなると、同じ事象であるにもかかわらず異なる償却期間となる可能性があるからね。また、これは期間比較性を害するおそれもある。したがって、償却期間については社内で内部方針を定める必要があるんだ。

> **A**   では、実務ではどのような内部方針が定められていることが多いのでしょうか？

企業会計基準委員会（ASBJ）は、「「リサーチ・ペーパー第1号　のれんの償却に関するリサーチ」（2015年5月)」（以下「リサーチ・ペーパー第1号」）において、日本企業に質問票を送り、のれんの会計処理についてアンケートを行っている。回答者の大半は大規模な多国籍企業ということだが、この「リサーチ・ペーパー第1号」第23項に基づいて、内部方針例を示すことにしよう。

【社内方針の例】

- 7社が、通常、のれんの効果が及ぶと見込まれる期間を信頼性をもって見積もることができない場合、又は、のれんの金額に重要性がない場合には、基本となる償却期間を5年に設定していると記載していた（主に、相対的に投資の金額が少額である企業結合がこれに該当する。)。
- 3社が、5年以外の具体的な償却期間を基本となる償却期間として設定していた。これらの償却期間には、事業の特性を考慮して決定する（したがって、例えば、20年を基本とする）とされていたものがあったほか、投資効果の発現期間の見込みに過去の取得実績に基づく調整を加味して決定している（したがって、例えば、10年を基本とする）と記載していたものがあった。
- 2社が、のれんの規模に応じて、企業結合ごとに異なる償却期間を設定することを基本方針としていると記載した。

（公益財団法人財務会計基準機構・企業会計基準委員会「「リサーチ・ペーパー第1号　のれんの償却」（2015年5月)」より一部引用）

 　償却期間の決定において考慮する事項について、「リサーチ・ペーパー第1号」では、通常考慮する要因として、以下のアンケート結果を掲げている。

 このような要因も考慮して、内部方針を定めていけばいいのですね。

のれんの評価

(a) 多くの回答（31中の12）が、通常考慮する要因として以下の両方又はどちらかに言及した。
・被取得企業が単独で、より高い将来キャッシュ・フローを維持すると見込まれる期間
・取得企業と被取得企業の結合から生じるシナジーが実現すると見込まれる期間
(b) 多くの回答（31中の11）が、通常考慮する要因として投資の予想回収期間に言及した。

（公益財団法人財務会計基準機構・企業会計基準委員会「「リサーチ・ペーパー第１号　のれんの償却」（2015年５月）」より引用。）

（3）償却方法の決定

B　のれんを償却するといっても、どのような方法で行えばよいのかな？　我が社は、機械や備品は定率法で行っていますけどね。

A　企業結合会計基準第32項では「定額法その他の合理的な方法により規則的に償却する。」と記載されています。のれんの償却方法というと定額法が一般的だと思いますが、定額法以外の方法を使用している会社はあるのでしょうか？

X　確かに、のれんの償却方法については「定額法その他の合理的な方法により規則的に償却する。」（企業結合会計基準第32項）とされている。この点についても、企業会計基準委員会（ASBJ）がアンケートをとっているんだ。「リサーチ・ペーパー第１号」のアンケートでは、定額法以外の償却方法を選択したと記載していた回答者はいなかったということだ（「リサーチ・ペーパー第１号」第30項）。したがって、のれんの償却方法については、実務上、定額法の選択で問題はないよ。

A　よくわかりました。

X　なお、全額をのれんが生じた事業年度の費用として計上することは原則として認められない（企業結合適用指針第76項（2））。すなわち、

いわゆる「一時償却」は認められないので、この点も憶えておいてほしい。ただし、のれんの金額に重要性が乏しい場合には、当該のれんが生じた事業年度の費用として処理することができるよ（企業結合会計基準第32項）。

3 実務事例を学ぼう

○ のれんの減損の不計上

甲は、×0年12月に関連会社であった乙社を株式交換により連結子会社とした。

乙社は連結子会社とした時点では債務超過であった。しかし、乙社は、国内の会社との間で、バイオマス発電装置（以下「発電装置」という）を設置して引き渡す売買契約を締結していた。そのため、甲社は、乙社は債務超過であるものの、将来的な収益力が高いと判断し、企業価値を高く評価した。その結果、乙社を連結子会社とした時点ではのれんが発生した。

しかしながら、乙社はこの発電装置の設置工事を完了できなかったことから、×1年7月にこの契約は解除されることとなった。

甲社は、この契約による設置工事により、乙社の実績を作り、その実績をもって受注を拡大し、将来収益を拡大するという事業計画を描いていたが、この契約解除によりこの計画は崩れることになった。

その結果、乙社は×1年3月期と×2年3月期において、2年連続で営業損失を計上することとなり、このれんに係る減損の兆候が生じることとなった。

×1年6月には、試験的に稼動していた発電装置において発火事故が発生し、運転停止となっていた。これらにより、契約解除の原因となる事象が、×1年6月第1四半期末時点においても認識されていた。

甲社は、×1年7月の契約解除を修正後発事象として、このれんに係る減損の兆候を認識し、減損損失を計上すべきであった。しかし、甲社は、乙社の将来的な収益力が大幅に低下するものではないと判断し、減損会計の適用の要否を検討しなかった。

その結果、本来は、×1年6月第1四半期にのれんの減損損失を計上すべきところ、減損損失を計上しなかった。

【図表8】

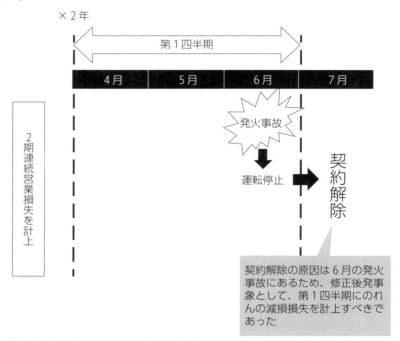

（「開示検査事例集」 令和2年8月証券取引等監視委員会事務局 【事例23】に基づいて編集）

120

5 | 繰延税金資産の回収可能性

会計基準名称	発行主体	略称
税効果会計に係る会計基準 （1998年10月30日）	企業会計審議会	税効果会計基準
企業会計基準第28号「税効果会計に係る会計基準」の一部改正 （2018年 2 月16日）	企業会計基準委員会	税効果会計基準一部改正
企業会計基準適用指針第26号「繰延税金資産の回収可能性に関する適用指針」 （最終改正 2018年 2 月16日）	企業会計基準委員会	回収可能性適用指針

1 基礎を学ぼう

（1）税効果会計って何ですか？

【税効果会計基準】
第一　税効果会計の目的
　　税効果会計は、企業会計上の資産又は負債の額と課税所得計算上の資産又は負債の額に相違がある場合において、法人税その他利益に関連する金額を課税標準とする税金（以下「法人税等」という。）の額を適切に期間配分することにより、法人税等を控除する前の当期純利益と法人税等を合理的に対応させることを目的とする手続である。

（出典：企業会計審議会の公表物から引用）

■ 税効果会計を適用するための手順

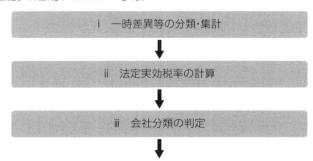

i　一時差異等の分類・集計

↓

ii　法定実効税率の計算

↓

iii　会社分類の判定

↓

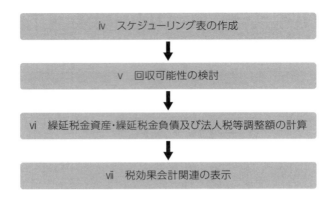

A そもそも繰延税金資産って何ですか？私にもわかるように簡単に説明してください。

X 簡単に説明するのは難しいなあ。そしてその前提として「税効果会計」の仕組みを理解しないといけないね。

【設例 1 - 1 】

◎税効果会計を適用しない場合の 3 年間の損益計算書　　　　　　（単位：百万円）

	×1 期	×2 期	×3 期
税引前当期純利益	100	100	100
法人税等	60	0	90
当期純利益	40	100	10

X この設例を見て何か気になることはあるかな？

A えーっと、税引前当期純利益は毎期同額なのに当期純利益が毎期違っている点かな!?

X そのとおり。じゃあなぜそうなるのかわかるかな？

…わからないです。

 では先程の設例の計算結果を具体的に検討してみよう。

【設例 1 - 2】

【前提条件】 (単位：百万円)
・法人税等の実効税率は30%とする
・×1期　棚卸資産評価損否認：100
・×3期　減損損失：200
【法人税等の計算】　　　　　　　　　　　　　　　　　　　　　(単位：百万円)

	×1期	×2期	×3期
税引前利益①	100	100	100
加算項目②	100	0	200
減算項目③		100	0
課税所得④（① ＋ ② － ③）	200	0	300
法人税等（④ × 30%）	60	0	90

 加算項目？減算項目？

 そう、これが重要なポイントになるんだよ。

実は企業会計と税務会計では利益の捉え方が違ってくるんだよね。

企業会計と税務会計では制度の目的が違うから計算される利益の金額が異なってくるんだよ。

企業会計は経営成績の適正な表示を目的としているけど、税務会計は公平な課税を目的としているんだよね。

企業会計上での利益は「損益」といって、「収益」－「費用」と計算されるんだけど、税務会計上の利益は「所得」といって、「益金」－「損金」と計算されるんだよ。「益金」と「損金」は、企業会計上の「収益」と「費用」とは範囲が異なることはしっかり押さえておく

必要があるよ。

　しかも、税務会計上の利益すなわち「所得」は直接計算されるのではないんだよね。企業会計上の利益に「収益」と「益金」の差額及び「費用」と「損金」の差額を加減算して計算されるんだよ。この計算は法人税申告書の別表4で計算されるんだよね。これを図で示すと下記のとおりになるよ。

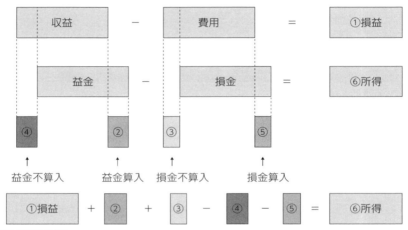

| 収益 | － | 費用 | ＝ | ①損益 |

| 益金 | － | 損金 | ＝ | ⑥所得 |

④　　　②　　　③　　　⑤

↑　　　　↑　　　　↑　　　　↑
益金不算入　益金算入　損金不算入　損金算入

①損益 ＋ ② ＋ ③ － ④ － ⑤ ＝ ⑥所得

（別表4での計算）
　　損益　　＋ 益金算入　　＋ 損金不算入 － 益金不算入 － 損金算入 ＝ 所得

A　税引前当期純利益が毎期同額でも法人税等の金額が毎期変わるということは理解できました。
　でも税引前当期純利益が同じなのに法人税等が同じでなくて当期純利益が毎期異なるとしたら「経営成績の適正な表示」ができていないことになるのではないでしょうか？

X　いいところに気付いたね。そう、そのために「税効果会計」を適用するんだよ。
　損益計算書に計上される「税引前当期純利益」と「法人税等」が対応していないと説明するのが難しくなるし予測も立てにくくなるよね。

【税効果会計基準】
（税効果会計に係る会計基準の設定に関する意見書）
二　税効果会計の適用の必要性
2.　税効果会計を適用すると、繰延税金資産及び繰延税金負債が貸借対照表に計上されるとともに、当期の法人税等として納付すべき額及び税効果会計の適用による法人税等の調整額が損益計算書に計上されることになる。
　　このうち、繰延税金資産は、将来の法人税等の支払額を減額する効果を有し、一般的には法人税等の前払額に相当するため、資産としての性格を有するものと考えられる。また、繰延税金負債は、将来の法人税等の支払額を増額する効果を有し、法人税等の未払額に相当するため、負債としての性格を有するものと考えられる。

（出典：企業会計審議会の公表物から引用）

繰延税金資産の回収可能性

【設例1-3】

◎税効果会計の適用
（単位：百万円）

	×1期	×2期	×3期
税引前当期純利益①	100	100	100
法人税等②	60	0	90
法人税等調整額③	▲30	30	▲60
当期純利益①－②－③	70	70	70

おおっ、当期純利益がすべて一緒の金額になりましたね。
けど「法人税等調整額」ってまた新しい科目が出てきましたが、これは何なんでしょうか？

その名称のとおり、法人税等の金額を調整するための勘定科目なんだよ。税効果会計の目的は税引前当期純利益と損益計算書上の法人税等とを対応することなんだけど、この科目を使って法人税等を増減させるんだ。
そして法人税等調整額の相手科目として「繰延税金資産」「繰延税金負債」が出てくるんだよ。

（2）一時差異とは何ですか？

X　　　税効果会計を適用するに当たってはまず「一時差異」を把握しないといけないんだ。一時差異ってどんなものかわかるかな？

A　　企業会計と税務会計で扱いが異なるもの…ですか？

X　　　まあ大体合ってるけど、少し抽象的過ぎるよね。
「税効果会計に係る会計基準注解」には次のように定義されているよ。

A　　　つまり企業会計と税務会計では資産及び負債の金額が計上される時期が異なるため一時的に発生する差異のことをいうんだよね。具体例を見れば理解できるんじゃないかな。

【設例 2 - 1】

【別表 4】 所得の金額の計算に関する明細（簡略化して記載） （単位：百万円）

区　　分			総　額	処　分		
				留　保	社　外　流　出	
			①	②	③	
当 期 利 益 又 は 当 期 欠 損 の 額	1		300	280	配　当	20
					その他	
加算	損金経理した法人税住民税等		100	100		
	損金経理した附帯税等		10			10
	減価償却費の償却超過額		100	100		
	交際費等の損金不算入額		20			20
	賞与引当金繰入超過額		30	30		
	退職給付引当金繰入超過額		100	100		
	棚卸資産評価損		60	60		
	固定資産圧縮積立金認容		20	20		
	役員賞与損金不算入額		30			30
	固定資産減損損失		200	200		
	小計	11	670	610		60
減算	納税充当金から支出した事業税等の金額		50	50		
	受取配当等の益金不算入額		10			10
	固定資産圧縮積立金認定損		150	150		
	小計	21	210	200	外※	10
仮計		22	760	690		70
欠損金の当期控除額		40	△ 380			△ 380
所得金額又は欠損金額		48	380	690		△ 380
						70

【別表 5（1）】I　利益積立金額の計算に関する明細書（簡略化して記載） （単位：百万円）

区　　分		期 首 現 在 利益積立金額	当期の増減		差引翌期首現在 利益積立金額 ①－②＋③
			減	増	
		①	②	③	④
利 益 準 備 金	1	300			300
別途積立金	2	2,000			2,000
建物（減価償却超過額）	3	200		100	300
賞与引当金	4			30	30
退職給付引当金	5	300		100	400

棚卸資産	6			60	60
固定資産減損損失	7			200	200
固定資産圧縮積立金認定損	8			△ 150	△ 150
固定資産圧縮積立金認容	9			20	20
繰越損益金	26	1,500	1,500	1,880	1,880
納税充当金	27	200	200	200	200

A うわぁ、こんなにあれこれ加算減算しないといけないんだ…

税務会計は「公平な課税を目的としている」のでこれだけ調整が必要になるとのことですが、そもそも何でこれだけ沢山調整が必要になるのでしょうか？

X 例えば、決算日までの労働の対価として、決算日後に支払われる賞与相当額を、賞与引当金として計上するのは企業会計では当然だけど、法人税法では、労働という役務提供を受けただけでは損金にならないと考えるんだよね。見積りを認めてしまうとどれだけでも課税所得を圧縮できてしまうので、法人税法上賞与引当金は認められないんだ。

A ところで、一時差異に該当するものってどんなものになるのでしょうか。

X おおっと、話が少し脱線してたね。けど一時差異に該当するものの共通点に気付いたんじゃないかな？

A 企業会計と税務会計では計上される時期が異なるため一時的に発生する差異ということは…別表 4 の留保項目？

X　そのとおりだね。別表 4 で留保されるということは別表 5 （ 1 ）に
転記されて、差異が解消されるまで繰り越されるということだね。

　これに対して企業会計と税務会計で金額に差が生じてその差が永
久に解消されないものを「永久差異」と呼ぶんだよ。例えば交際費
の損金不算入額は、飲食代や贈答品代を無制限に損金として認めて
しまうと、不当に課税所得が圧縮されることを理由として、これに制
限をかけているんだけど、この損金不算入額は、永久に損金として認
められないんだよ。

　別表 4 では「社外流出」項目になって別表 5 （ 1 ）に転記されな
いので一時差異の様にその差異が解消されることはないんだよ。だ
から永久差異は税効果を認識しないんだよね。

◎**一時差異の例**
・減価償却超過額
・棚卸資産評価損
・有価証券評価損
・賞与引当金繰入額
・退職給付引当金繰入額
・減損損失
・資産除去債務
・未払事業税、未払事業所税
・固定資産圧縮積立金認定損

◎**永久差異の例**
・交際費等の損金不算入額
・寄付金の損金不算入額
・役員賞与の損金不算入額
・損金経理延滞税等
・受取配当金の益金不算入額

（3）将来減算一時差異と将来加算一時差異

 それと一時差異は「将来減算一時差異」と「将来加算一時差異」に分類されるんだよ。

将来減算一時差異は文字通りそれが解消される時（＝将来）にその期の課税所得を減額する効果を持つものをいうんだけど、上記の例だと減価償却超過額、棚卸資産評価損、有価証券評価損、賞与引当金繰入額、退職給付引当金繰入額、減損損失、資産除去債務、未払事業税／事業所税が該当することになるね。

将来加算一時差異はその逆でそれが解消される時（＝将来）にその期の課税所得を増額する効果を持つものをいうんだよ。上記の例だと固定資産圧縮積立金認定損が該当するね。

これらの他に一時差異ではないけど税効果会計を適用する項目として繰越欠損金等があるのも忘れてはいけないよ。

繰越欠損金は別表4では社外流出項目になるけど、将来の税金の支払いを減少させる効果があるので税効果を認識する対象となるんだよね。

【設例2-2】

◎一時差異等の集計 (単位：百万円)

項目	×-1年3月期 一時差異等 （前期）	繰延税金資産／繰延税 金負債（一時差異等に法 定実効税率を乗ずる）	×0年3月期 一時差異等 （当期）	繰延税金資産／繰延税 金負債（一時差異等に法 定実効税率を乗ずる）
建物（減価償却超過額）	200	60	300	90
賞与引当金	20	6	30	9
退職給付引当金	300	90	400	120
棚卸資産	40	12	60	18
固定資産減損損失	0	0	200	60
固定資産圧縮積立金	0	0	▲130	▲39
未払事業税	50	15	50	15

繰越欠損金		1,500	450	1,120	336

将来減算一時差異分合計（＊） x-1年3月期　183　　x0年3月期　　312

将来加算一時差異分合計　　 x-1年3月期　　0　　x0年3月期　▲39

繰越欠損金分　　　　　　　 x-1年3月期　450　　x0年3月期　336

（＊）将来減算一時差異分合計

x-1年3月期建物（減価償却超過額）60 ＋ 賞与引当金6 ＋ 退職給付引当金90 ＋ 棚卸資産
12 ＋ 未払事業税15 ＝ 183

x0年3月期建物（減価償却超過額）90 ＋ 賞与引当金9 ＋ 退職給付引当金120 ＋ 棚卸資産
18 ＋ 固定遺産減損損失60 ＋ 未払事業税15 ＝ 312

【前提条件】
・法定実効税率は30％とする。
・×-1年3月期税務上の欠損金残高1,500百万円は×-3年3月期に発生した欠損金の残額
　である。

一時差異になるのは別表5（1）で留保項目になる科目ですね。

　おっとそれだけじゃないよ。事業税は納付時に損金算入されるので
未払事業税があればそれも一時差異になるよ。未払事業税は別表4
や別表5（1）に独立して記載されない（別表5（1）納税充当
金 － 未納法人税等）ので気を付けないといけないよ。それと繰越
欠損金も一時差異に準じて考えないといけないよ。

うっかりしてました。

そうすると後は仕訳を作成すればいいんですよね。

（単位：百万円）

借方	金額	貸方	金額	備考
法人税等調整額	633	繰延税金資産	633	＊1
繰延税金資産	648	法人税等調整額	648	＊2
法人税等調整額	39	繰延税金負債	39	＊3

＊1 x-1年3月期将来減算一時差異計183 ＋ 繰越欠損金分450
＊2 x0年3月期将来減算一時差異312 ＋ 繰越欠損金分336
＊3 x0年3月期将来加算一時差異39

A …なーんだ、たった3行で収まってしまうんですね。
これだけあれこれ検討して意外とあっさりしたものなんですね。

X いやしかし一時差異は様々なものがあるから集計をきちんとしていかないと大きなミスをしてしまうことになるので慎重に検討しないといけないんだよ。
それにここからが税効果会計の本番ともいえるんじゃないかな。
「繰延税金資産の回収可能性」の検討という作業をしないといけないんだよ。

A えっ、ここからが本番なんですか…!?

② 応用を学ぼう

（1）繰延税金資産の回収可能性って何ですか？

A 毎回質問ばかりで恐縮ですが「繰延税金資産の回収可能性」って何ですか？

X 繰延税金資産が「資産」として認められるのはなぜかわかるかな？

A そういう視点で考えてみると、「資産性」とは経済的な実態に着目して将来収益の獲得あるいは費用の削減が確実であることをいう、でよかったでしょうか？

X そこまでわかっていれば繰延税金資産に当てはめてみればわかるよね？

繰延税金資産は将来減算一時差異に法定実効税率を乗じたものだから…そうか、次期以降の法人税等を減額することが見込まれるからその相当額を資産計上するということですね。

　　そのとおり。

　　でも次期以降の法人税等を減額できない場合はどうなるのかな？

　　一つここでこんな事例を考えてみよう。

【設例3】

・当期の税務調整事項は棚卸資産評価損否認5,000,000円だけ
・翌期に賞与5,000,000円の支払いを行ったが、その期の一時差異等加減算前課税所得は0円
・その後10年間当社の課税所得はすべて0円
・上記以外の税務調整項目はないものとする
・法定実効税率は30%

　　これでよろしいですか？

（単位：円）

借方	金額	貸方	金額
繰延税金資産	1,500,000	法人税等調整額	1,500,000

　　ちょっと待って、翌期の課税所得がゼロだから、棚卸資産評価損否認を別表4で減算しても法人税等の納付額は元々0円だから、税務上の欠損金が5,000,000円出ることになるよね。

　　欠損金の控除期限は10年だけど、更にそれから10年間課税所得が一切出ないので当期の賞与引当金否認5,000,000円は将来の法人税等の金額を減らす効果がないということになるんじゃないかな。となるとこれに対して繰延税金資産を計上することが不合理になるんじゃないかな。

繰延税金資産の回収可能性

133

A 確かにそうですね。え、つまりどういうことでしょうか？

X 　繰延税金資産というのは、まさに資産に計上するよね。会計上資産の部に計上していいのは、資産性があるものつまり経済的価値のあるものだけなんだ。ところで、繰延税金資産は、認容減算によって税金を減らす効果があるから計上するんだけど、もし将来課税所得が発生しなかったらどうなると思う？

A 税金が減りませんね。

X 　そう、十分な課税所得がなければ、税金を減らす効果を得られないんだ。だから課税所得を減らすことが期待できない場合には、繰延税金資産を計上してはいけないんだ。価値のない資産を計上するということは、架空の資産を計上することに他ならないからね。
　ちなみに、税効果会計では将来の法人税等の金額を減額させる効果を「回収可能性」と呼ぶんだよ。繰延税金資産として計上できるのはこの回収可能性があるものに限られるんだよ。

A 　なるほど、だから繰延税金資産の回収可能性を判断しないといけないんですね。
　では回収可能性はどうやって判断すればいいんでしょうか？

X 　以下の「回収可能性適用指針6」（1）～（3）のいずれかを満たして将来の法人税等の負担額を軽減するかどうかにより判断されるんだよ。
　そしてこれら回収可能性の判断は具体的な手続きとして将来の一時差異の解消の予定表を作るんだ。この手続きを「スケジューリング」と呼ぶんだよ。

【回収可能性適用指針】

（繰延税金資産の回収可能性の判断）

6. 将来減算一時差異及び税務上の繰越欠損金に係る繰延税金資産の回収可能性は、次の（1）から（3）に基づいて、将来の税金負担額を軽減する効果を有するかどうかを判断する。

（1）収益力に基づく一時差異等加減算前課税所得

① 将来減算一時差異の解消見込年度及びその解消見込年度を基準として税務上の欠損金の繰戻し及び繰戻しが認められる期間（以下「繰戻・繰越期間」という。）に、一時差異等加減算前課税所得が生じる可能性が高いと見込まれるかどうか。

② 税務上の繰越欠損金に係る繰延税金資産の回収可能性
税務上の繰越欠損金が生じた事業年度の翌期から繰越期限切れとなるまでの期間（以下「繰越期間」という。）に、一時差異等加減算前課税所得が生じる可能性が高いと見込まれるかどうか。

上記①の解消見込年度及び繰戻・繰越期間に、又は上記②の繰越期間に、一時差異等加減算前課税所得が生じる可能が高いと見込まれるかどうかを判断するためには、過去の業績や納税状況、将来の業績予測等を総合的に勘案し、将来の一時差異等加減算前課税所得を合理的に見積もる必要がある。

（2）タックス・プランニングに基づく一時差異等加減算前課税所得
将来減算一時差異の解消見込年度及び繰戻・繰越期間又は繰越期間に、含み益のある固定資産又は有価証券を売却する等のタックス・プランニングに基づく一時差異等加減算前課税所得が生じる可能性が高いと見込まれるかどうか。

（3）将来加算一時差異

① 将来減算一時差異に係る繰延税金資産の回収可能性
将来減算一時差異の解消見込年度及び繰戻・繰越期間に、将来加算一時差異が解消されると見込まれるかどうか。

② 税務上の繰越欠損金に係る繰延税金資産の回収可能性
繰越期間に税務上の繰越欠損金と相殺される将来加算一時差異が解消されると見込まれるかどうか。

（出典：公益財団法人財務会計基準機構・企業会計基準委員会の公表物から引用）

（2）スケジューリング

　　スケジューリングの順序は回収可能性適用指針に次のとおり記載されているよ。

【回収可能性適用指針】
(繰延税金資産の回収可能性の判断に関する手順)

11. 第6項に従って繰延税金資産の回収可能性を判断する場合の具体的な手順は、次のとおりとする。
    （1）期末における将来減算一時差異の解消見込年度のスケジューリングを行う。
    （2）期末における将来加算一時差異の解消見込年度のスケジューリングを行う。
    （3）将来減算一時差異の解消見込額と将来加算一時差異の解消見込額を、解消見込年度ごとに相殺する。
    （4）（3）で相殺し切れなかった将来減算一時差異の解消見込額については、解消見込年度を基準として繰戻・繰越期間の将来加算一時差異（（3）で相殺後）の解消見込額と相殺する。
    （5）（1）から（4）により相殺し切れなかった将来減算一時差異の解消見込額については、将来の一時差異等加減算前課税所得の見積額（タックス・プランニングに基づく一時差異等加減算前課税所得の見積額を含む。）と解消見込年度ごとに相殺する。
    （6）（5）で相殺し切れなかった将来減算一時差異の解消見込額は、解消見込年度を基準として繰戻・繰越期間の一時差異等加減算前課税所得の見積額（（5）で相殺後）と相殺する。
    （7）（1）から（6）により相殺し切れなかった将来減算一時差異に係る繰延税金資産の回収可能性はないものとし、繰延税金資産から控除する。
    （出典：公益財団法人財務会計基準機構・企業会計基準委員会の公表物から引用）

A しかし非常に大変な作業じゃないですか…私にできるのでしょうか!? それと、スケジューリングといっても将来の予測ですから、極端な話いくらでも税引前利益が出るなんて甘い予想を立てられてしまいますよね？

X まあそれは誰でも考え付くことだよね。
だから「回収可能性適用指針」ではスケジューリングを行う前に、過去の業績等で会社を5つに区分して、繰延税金資産の計上範囲を定めているんだよ。
繰延税金資産の回収可能性は、（分類1）に該当する企業だと原則全額回収可能性があると判断されるけど、（分類2）（分類3）…と徐々に回収可能性は少なくなっていって、（分類5）に該当する企業だと原則全額回収可能性は認められなくなるんだよね。

（3） 5つの会社分類

【回収可能性適用指針】

((分類1)に該当する企業の取扱い)

17.　次の要件をいずれも満たす企業は、(分類1)に該当する。

　（1）過去（3年）及び当期のすべての事業年度において、期末における将来減算一時差異を十分に上回る課税所得が発生している。

　（2）当期末において、近い将来に経営環境に著しい変化が見込まれない。

((分類2)に該当する企業の取扱い)

19.　次の要件をいずれも満たす企業は、(分類2)に該当する。

　（1）過去（3年）及び当期のすべての事業年度において、臨時的な原因により生じたものを除いた課税所得が、期末における将来減算一時差異を下回るものの、安定的に生じている。

　（2）当期末において、近い将来経営環境に著しい変化が見込まれない。

　（3）過去（3年）及び当期のいずれの事業年度においても重要な税務上の欠損金が生じていない。

((分類3)に該当する企業の取扱い)

22.　次の要件をいずれも満たす企業は、第26項（2）又は（3）の要件を満たす場合を除き、(分類3)に該当する。

　（1）過去（3年）および当期において、臨時的な原因により生じたものを除いた課税所得が大きく増減している。

　（2）過去（3年）および当期のいずれの事業年度においても重要な税務上の欠損金が生じていない。

　　なお、（1）における課税所得から臨時的な原因により生じたものを除いた数値は、負の値となる場合を含む。

((分類4)に該当する企業の取扱い)

26.　次のいずれかの要件を満たし、かつ、翌期において一時差異等加減算前課税所得が生じることが見込まれる企業は、(分類4)に該当する。

　（1）過去（3年）または当期において、重要な税務上の欠損金が生じている。

　（2）過去（3年）において、重要な税務上の欠損金の繰越期限切れとなった事実がある。

　（3）当期末において、重要な税務上の欠損金の繰越期限切れが見込まれる。

((分類5)に該当する企業の取扱い)

30.　次の要件をいずれも満たす企業は、(分類5)に該当する。

　（1）過去（3年）および当期のすべての事業年度において、重要な税務上の欠損金が生じている。

　（2）翌期においても重要な税務上の欠損金が生じることが見込まれる。

　　　（出典：公益財団法人財務会計基準機構・企業会計基準委員会の公表物から引用）

繰延税金資産の回収可能性

A 　会社分類を検討するには、どのようなことを考えればいいのでしょうか？

X 　上記の適用指針に頻繁に出てくる語句がヒントかな。

A 　えっと、「過去（3年）」「当期」「重要な税務上の欠損金」？

X 　そのとおりだね。当期と過去3年間の課税所得、繰越欠損金等の情報を集めないといけないんだよ。

A 　「重要な」税務上の欠損金って何ですか？

X 　「重要な」税務上の欠損金の「重要な」がどの程度であるのかは回収可能性適用指針においては明確にされていないんだ。企業が置かれた状況によって重要性は異なるので、一律に重要性の基準を定めることは適切ではないんだけど、税負担率の予測の観点及び繰延税金資産の回収可能性に関する不確実性の評価の観点の双方を考慮して、企業の状況に応じて適切に判断することが考える必要があるんだよ。

　繰延税金資産のうち、回収可能性がないと判断した部分の金額は、評価性引当額として、繰延税金資産の発生原因別の主な内訳を注記する際に併せて記載しないといけないんだけど、税務上の繰越欠損金の額が重要であるときは、評価性引当額は、将来減算一時差異等の合計に係る評価性引当額とは区分して注記しないといけないんだよ。

【税効果会計基準】

（注５）繰延税金資産の計上について

　繰延税金資産は、将来減算一時差異が解消されるときに課税所得を減少させ、税金負担額を軽減することができると認められる範囲内で計上するものとし、その範囲を超える額については控除しなければならない。

（出典：企業会計審議会の公表物から引用）

【税効果会計基準一部改正】

（注記事項）

４．　税効果会計基準注解（注８）の定めを次のとおり改正する。

　　（注８）繰延税金資産の発生原因別の主な内訳における評価性引当額の取扱いについて

　（１）　繰延税金資産の発生原因別の主な内訳を注記するにあたって、繰延税金資産から控除された額（評価性引当額）（注５に係るもの）を併せて記載する。繰延税金資産の発生原因別の主な内訳として税務上の繰越欠損金を記載している場合であって、当該税務上の繰越欠損金の額が重要であるときは、繰延税金資産から控除された額（評価性引当額）は、税務上の繰越欠損金に係る評価性引当額と将来減算一時差異等の合計に係る評価性引当額に区分して記載する。…

（評価性引当額の内訳に関する数値情報の記載の要否に関する重要性の判断）

29.　評価性引当額の内訳に関する数値情報は、第25項から第28項に記載したように、税負担率の予測の観点及び繰延税金資産の回収可能性に関する不確実性の評価の観点の双方から追加している点を勘案すると、「繰延税金資産の発生原因別の主な内訳として税務上の繰越欠損金を記載している場合であって、当該税務上の繰越欠損金の額が重要であるとき」における「重要であるとき」とは、次のとおりと考えられる。

30.　税負担率の予測の観点からは、税務上の繰越欠損金の繰越期間にわたり課税所得（税務上の繰越欠損金控除前のもの。本項において同じ。）が生じる場合、当該繰越期間の税負担率に影響が生じる可能性があるため、「重要であるとき」には、例えば、税務上の繰越欠損金の控除見込額（課税所得との相殺見込額）が将来の税負担率に重要な影響を及ぼす場合が含まれると考えられる。

　　他方、繰延税金資産の回収可能性に関する不確実性の評価の観点からは、税務上の繰越欠損金に係る評価性引当金の記載により、当該税務上の繰越欠損金に係る繰延税金資産の額を理解することができるため、「重要であるとき」には、例えば、純資産の額に対する税務上の繰越欠損金の額（納税主体ごとの法定実効税率を乗じた額）の割合が重要な場合が含まれると考えられる。

31.　ただし、企業が置かれた状況によって重要性は異なるため、一律に重要性の基準を定めることは適切ではないと考えられ、第30項の考え方を目安として、連結財務諸表における注記及び個別財務諸表における注記それぞれについて、企業の状況に応じて適切に判断することが考えられる。

（出典：公益財団法人財務会計基準機構・企業会計基準委員会の公表物から引用）

繰延税金資産の回収可能性

X では実際に設例を用いて会社分類を判定してみよう。

【設例 4 】 (単位：百万円)

	×‐3期	×‐2期	×‐1期	×期（当期）
経常利益	400	420	380	450
税引前当期純利益	380	400	360	420
課税所得	450	460	400	480

【前提条件】
・当期末時点の将来減算一時差異の金額は300百万円
・当期末及び過年度に税務上の繰越欠損金は発生していない
・当期末において、近い将来経営環境の著しい悪化は見込まれていない

X この場合この会社の分類は何になるかな？

A 過去 3 年間及び当期のすべての事業年度で当期末の将来減算一時差異を十分に上回る課税所得が生じていて近い将来の経営環境の著しい悪化も見込まれないので「分類 1 」ですね。

X 正解ですね。
分類 1 に該当する企業は、原則として繰延税金資産の全額に関して回収可能性があるものとされるんだよ。だからスケジューリングの重要性は他の分類と比べると下がるといえるね。

【設例 5 】 (単位：百万円)

	×‐3期	×‐2期	×‐1期	×期（当期）
経常利益	400	100	▲200	▲250
税引前当期純利益	▲1,000	▲400	▲250	▲300
欠損金	▲1,050	▲450	▲280	▲340

【前提条件】
・当期末時点の将来減算一時差異の金額は300百万円
・翌期においても重要な税務上の欠損金が生じることが見込まれる

X この場合この会社の分類は何になるかな？

A これは…過去 3 年間及び当期のすべての事業年度で重要な税務上の欠損金が発生していて翌期においても重要な税務上の欠損金が生じることが見込まれてるので「分類 5」ですね。

X 分類 5 に該当する企業は、原則として繰延税金資産の全額に関して回収可能性が認められないんだ。だから繰延税金資産を計上することは原則としてできないんだ。

【設例 6】

(単位：百万円)

	×-3期	×-2期	×-1期	×期（当期）
経常利益	200	450	500	500
特別損失	▲2,000	▲150	▲150	▲200
税引前当期純利益	▲1,900	300	350	300

【前提条件】
・当期末時点の将来減算一時差異の金額は200百万円
・×-3 期に海外子会社の清算に伴い2,000百万円の特別損失を計上している
・会社の中期経営計画では翌期以降 5 年間課税所得が300〜400百万円発生すると計画されている

X この場合この会社の分類は何になるかな？

A ×-3 期に重要な税務上の欠損金を計上しているので「分類 4」でしょうか？

×-3期の欠損金は海外子会社の清算に伴うもので臨時的なものと考えられるよね。それにこの期を除けば課税所得も安定しているし翌期以降もコンスタントに課税所得が計上される中期計画が存在するんだよね。

この中期計画に加えて、過去における中長期計画の達成状況、重要な税務上の欠損金が生じた原因、過去（3年）及び当期の課税所得又は税務上の欠損金の推移等を勘案して、将来の一時差異等加減算前課税所得を見積もる場合、将来においておおむね3年から5年程度は一時差異等加減算前課税所得が生じることを会社側が合理的に説明できる根拠があれば「分類3」として取り扱うことになるんだよ。

「分類3」と「分類4」では計上できる繰延税金資産の範囲が大幅に変わるので例外規定もしっかり検討しないといけないんだよね。

例外規定があるんですか!?

そうなんだよ。回収可能性に関して「原則として」と定められているのはそういう理由があるからなんだよ。

回収可能性適用指針には（分類1）から（分類5）まですべての分類に関する例外規定が記載されているし、会社分類の判断は慎重に行わないといけないんだよね。

【回収可能性適用指針】
（（分類4）に該当する企業の取扱い）
26. 次のいずれかの要件を満たし、かつ、翌期において一時差異等加減算前課税所得が生じることが見込まれる企業は、（分類4）に該当する。
　（1）過去（3年）または当期において、重要な税務上の欠損金が生じている。
　（2）過去（3年）において、重要な税務上の欠損金の繰越期限切れとなった事実がある。
　（3）当期末において、重要な税務上の欠損金の繰越期限切れが見込まれる。
27. （分類4）に該当する企業においては、翌期の一時差異等加減算前課税所得の見積額に基づいて、翌期の一時差異等のスケジューリングの結果、繰延税金資産を見積もる場合、当該繰延税金資産は回収可能性があるものとする。
28. 第27項にかかわらず、第26項の要件を満たす企業においては、重要な税務上の欠損

金が生じた原因、中長期計画、過去における中長期計画の達成状況、過去（3年）及び当期の課税所得又は税務上の欠損金の推移等を勘案して、将来の一時差異等加減算前課税所得を見積もる場合、将来において5年超にわたり一時差異等加減算前課税所得が安定的に生じることを企業が合理的な根拠をもって説明するときは（分類2）に該当するものとして取り扱い、第20項及び第21項の定めに従って繰延税金資産を見積もる場合、当該繰延税金資産は回収可能性があるものとする。

29. また、第27項にかかわらず、第26項の要件を満たす企業においては、重要な税務上の欠損金が生じた原因、中長期計画、過去における中長期計画の達成状況、過去（3年）及び当期の課税所得又は税務上の欠損金の推移等を勘案して、将来の一時差異等加減算前課税所得を見積もる場合、将来においておおむね3年から5年程度は一時差異等加減算前課税所得が生じることを企業が合理的な根拠をもって説明するときは（分類3）に該当するものとして取り扱い、第23項の定めに従って繰延税金資産を見積もる場合、当該繰延税金資産は回収可能性があるものとする。

（将来の課税所得の見積り）

96. …これに対し、第26項、第28項、第29項及び第30項に従って企業を分類するにあたっては、過去（3年）及び当期における課税所得又は税務上の欠損金の状況（税務上の欠損金の繰越期限切れの状況を含む。）に加え、将来の一時差異等加減算前課税所得を見積もる必要がある。また、第20項、第23項、第24項及び第27項に従って、一時差異等のスケジューリングの結果に基づき、将来の税金負担額を軽減する効果が見込まれる繰延税金資産の計上額を見積もるにあたっては、将来の課税所得又は税務上の欠損金を合理的に見積もる必要がある。…

　　…これらの見積りにあたっては、業績予測の前提となった数値を、経営環境等の企業の外部要因に関する情報や企業が用いている内部の情報と整合的に修正する必要があることを明確にした（第32項参照）。

32. …経営環境等の企業の外部要因に関する情報や企業が用いている内部の情報（過去における中長期計画の達成状況、予算やその修正資料、業績評価の基礎データ、売上見込み、取締役会資料を含む。）

　　（出典：公益財団法人財務会計基準機構・企業会計基準委員会の公表物から引用）

 会社の分類と繰延税金資産の回収可能性の関係をまとめると下記の図のとおりになるね。

○：回収可能性あり　×：回収可能性なし
△：企業が合理的な根拠をもって説明する場合は回収可能性あり

	スケジューリングの可否			
	スケジューリング可能			スケジューリング不能
	見積期間			
	1年	2～5年	5年超	
（分類1）	○	○	○	○
（分類2）	○	○	○	△
（分類3）	○	○＊1	△＊2	×
（分類4）＊3	○	×	×	×
（分類5）	×	×	×	×

＊1　将来の合理的な見積可能期間は、個々の企業の業績予測機関、業績予測能力、当該企業の置かれている経営環境等を勘案した結果、5年以内の短い期間となる場合があり、その場合、当該期間を合理的な見積期間とする

＊2　退職給付引当金や建物の減価償却超過額に係る将来減算一時差異のように、スケジューリングの結果、その解消見込年度が長期にわたる将来減算一時差異は回収可能性あり

＊3　（分類4）の要件を満たす企業において、将来において一時差異等加減算前課税所得が生じることを企業が合理的な根拠をもって説明するときは、当該一時差異等加減算前課税所得に応じて（分類2）または（分類3）に該当するものとして取り扱う

A　　分類1～分類5の各条件に照らし合わせてどの分類にも当てはまらない場合ってあるんでしょうか？そんな場合はどうしたらいいんでしょうか？

X　　例えば分類1で「過去（3年）および当期の事業年度すべてにおいて期末における将来減算一時差異を十分に上回る課税所得が生じている」の条件は満たしていても「近い将来経営環境に著しい変化が見込まれていない」という条件を満たしていない場合があるけど、この場合は他の分類の要件も満たさないのでどの分類にも当てはまらないことになるよね。

　　こういう場合は過去／当期の課税所得又は税務上の欠損金の推移、将来の一時差異等加減算前課税所得の見込等を総合的に勘案して、

各分野の要件から乖離度合いが最も小さいと判断されるものに分類
するんだよ。

【回収可能性適用指針】
（企業の分類に応じた繰延税金資産の回収可能性に関する取扱い）
16.　なお、第17項、第19項、第22項、第26項及び第30項に示された要件をいずれも満た
　　さない企業は、過去の課税所得又は税務上の欠損金の推移、当期の課税所得又は税務
　　上の欠損金の見込み、将来の一時差異等加減算前課税所得の見込み等を総合的に勘案
　　し、各分野の要件からの乖離度が最も小さいと判断されるものに分類する。
　　　（出典：公益財団法人財務会計基準機構・企業会計基準委員会の公表物から引用）

3 実務事例を学ぼう

X　　ここまでを踏まえて税効果会計を適用するための手順を整理して、
実際に税効果会計を適用してみよう。

（1）一時差異等の分類・集計 / 法定実効税率の計算

X　　一時差異等の分類・集計と法定実効税率の計算は　【設例 2 - 2 】
のとおりですね。
　　一時差異等に法定実効税率を乗じて出てきた金額を合計したもの
が繰延税金資産／繰延税金負債になるんだ。

A　　ところで、法定実効税率って何ですか？

X　　税効果会計において期間調整が必要になる税金は、利益に関する
金額を課税標準とする税金になるんだけど、それを一気に計算する税
率ということになるかな。

A　　…ごめんなさい、全然意味がわからないんですが。

確かに難しいよね。

　まず一言で「法人税等」といっても実際には次の税金で構成されているんだ。

ⅰ　法人税

ⅱ　地方法人税

ⅲ　都道府県民税及び市町村民税（住民税）

ⅳ　事業税及び特別法人事業税

　この中でⅲ住民税には利益に関する金額を課税標準とする「所得割」の他には利益に関する金額とは無関係に発生して例え赤字であっても支払わないといけない「均等割」というものが含まれているしⅳ事業税にも利益の金額とは無関係に決まる収入を課税標準とする事業税や外形標準課税の事業税（付加価値割・資本割）といったものが含まれるんだ。

　税効果会計を考えるに当たってはこれらの影響を排除しないといけないので後述の公式に当てはめて税率を計算するんだよね。

◎**法定実効税率を求める公式**

$$\text{法定実効税率} = \frac{\text{法人税率} \times (1 + \text{地方法人税率} + \text{住民税率}) + \text{事業税率}^{(*)} + \text{事業税率}^{(**)} \times \text{特別法人事業税率}}{1 + (\text{事業税率}^{(*)} + \text{事業税率}^{(**)} \times \text{特別法人事業税率})}$$

(*) 所得割の税率　(**) 所得割の税率（標準税率）

（2）会社分類の判定

 　次に会社分類の判定を行うけど、この会社の状況は【設例6】のとおりです。

　原則では「分類4」ですが例外規定を用いて「分類3」と判定するんでしたよね。

（3） スケジューリング表の作成

A 次にスケジューリングを行うんですよね。ここではどのようなことに気を付ければいいのでしょうか？

X スケジューリングは将来を予測して行うんだけど、適当な予測に基づいて行ってしまうとそれ以降の判断がおかしくなってしまうので慎重に行わないといけないんだよね。そのためには可能な限り確実な情報を集めることが重要になるんだよ。会社の適切な権限を有する機関の承認を得た中長期計画との整合性が取れているかどうかもチェックすべきポイントだね。

ここではまず将来の課税所得の見積額までを計算してみよう。

【設例7-1】 スケジューリングの例　(単位：百万円)

区分 / 項目	当期末残高	×1年3月期	×2年3月期	×3年3月期	×4年3月期	×5年3月期	×6年3月期以降（長期解消）	スケジューリング不能
一時差異等加減算前課税所得		510	1,030	430	430	430		
［将来加算一時差異］								
固定資産圧縮積立金	▲130	20	20	20	20	20	30	
将来加算一時差異計		20	20	20	20	20	30	
［将来減算一時差異］								
賞与引当金繰入額	30	▲30						
退職給付引当金繰入額	400			▲300			▲100	
建物減価償却費	300	▲40	▲40	▲40	▲40	▲40	▲100	
棚卸資産評価損	60		▲60					
減損損失	200							▲200

未払事業税	50	▲50						
将来減算一時差異計		▲120	▲100	▲340	▲40	▲40	▲200	
欠損金充当前課税所得		410	950	110	410	410		
繰越欠損金の控除限度額	1,120	▲205	▲475	▲55	▲205	▲180		
課税所得の見積額		205	475	55	205	230		

【前提条件】
・賞与引当金は翌期に全額取り崩す
・退職給付引当金は、×3年3月期に定年退職者が多数出る予定のため、うち300百万円取り崩す
・減価償却超過額は毎期40百万円ずつ認容される
・棚卸資産評価損は、×2年3月期に解消される
・減損損失はすべて土地に関するもので現時点で売却の予定はない
・事業税は中間納付50百万円、確定時未払が50百万円とする
・固定資産圧縮積立金は毎期20百万円ずつ取り崩す
・当期末繰越欠損金残高1,120百万円
　繰越欠損金の控除限度は繰越控除前の所得の50%（大法人）
・法定実効税率は30%

スケジューリングの表の中に出てくる「スケジューリング不能」って何ですか？

一時差異は解消見込年度を予測する必要があるんだよね。「スケジューリング不能な一時差異」は税務上の損金への算入時期が明確でないものだね。

これとは別に「解消見込年度が長期にわたる一時差異」があって、例えば退職給付引当金や減価償却超過額のように解消見込年度が長期にわたる（解消に5年超かかる）ものをいうんだ。

（4） 回収可能性の検討

 　　　次に回収可能性を検討するんだけど、分類3では将来の合理的な見積可能期間（おおむね5年）以内でスケジューリング可能な将来減算一時差異に係る繰延税金資産は回収可能性があるとされるんだけど、例外的に解消が長期にわたる退職給付引当金否認額や建物の減価償却超過額も回収可能性があると判断されるんだ。
　　　これを踏まえて回収可能分を計算してみた結果が下記のスケジューリング表になるんだよ。

【設例7-2】 スケジューリングの例　　　　　　　　　　　　（単位：百万円）

区分／項目	当期末残高	×1年3月期	×2年3月期	×3年3月期	×4年3月期	×5年3月期	×6年3月期以降（長期解消）	スケジューリング不能
一時差異等加減算前課税所得		510	1,030	430	430	430		
［将来加算一時差異］								
固定資産圧縮積立金	▲130	20	20	20	20	20	30	
将来加算一時差異計		20	20	20	20	20	30	
［将来減算一時差異］								
賞与引当金繰入額	30	▲30						
退職給付引当金繰入額	400			▲300			▲100	
建物減価償却費	300	▲40	▲40	▲40	▲40	▲40	▲100	
棚卸資産評価損	60		▲60					
減損損失	200							▲200
未払事業税	50	▲50						
将来減算一時差異計		▲120	▲100	▲340	▲40	▲40	▲200	
欠損金充当前課税所得		410	950	110	410	410		

繰越欠損金の控除限度額	1,120	▲205	▲475	▲55	▲205	▲180		
課税所得の見積額		205	475	55	205	230		
[回収可能分]								
将来減算一時差異		▲325	▲575	▲395	▲245	▲220	▲200	
将来加算一時差異		20	20	20	20	20	30	
回収可能分計		▲305	▲555	▲375	▲225	▲200	▲170	

▭ ：回収可能分

【回収可能性適用指針】

((分類3)に該当する企業の取扱い)

23. （分類3）に該当する企業においては、将来の合理的な見積可能期間（おおむね5年）以内の一時差異等加減算前課税所得の見積額に基づいて、当該見積可能期間の一時差異等のスケジューリングの結果、繰延税金資産を見積もる場合、当該繰延税金資産は回収可能性があるものとする。

(解消見込年度が長期にわたる将来減算一時差異の取扱い)

35. （2）（分類3）に該当する企業（第29項に従って（分類3）に該当するものとして取り扱われる企業を含む。）においては、将来の合理的な見積可能期間（おおむね5年）において当該将来減算一時差異のスケジューリングを行った上で、当該見積可能期間を超えた期間であっても、当期末における当該将来減算一時差異の最終解消見込年度までに解消されると見込まれる将来減算一時差異に係る繰延税金資産は回収可能性があると判断するものとする。

（出典：公益財団法人財務会計基準機構・企業会計基準委員会の公表物から引用）

（5）繰延税金資産・繰延税金負債・法人税等調整額の計算①

　　　これでようやく繰延税金資産の計上仕訳が作成できるようになったよ。

　　順序としてはまずすべての将来減算一時差異等及び将来加算一時差異について繰延税金資産と繰延税金負債を計上するんだ。

　　それと前期と当期の差額を計上する方法もあるけど、ミスを防ぐために実務上は前期末の繰延税金資産・負債を洗い替える方法を使う

んだよ。

（単位：百万円）

借方	金額	貸方	金額
法人税等調整額	×××	繰延税金資産	×××
繰延税金資産	648	法人税等調整額	648

（（回収可能分将来減算一時差異：325 ＋ 575 ＋ 395 ＋ 245 ＋ 220（×1年3月期〜×5年3月期）＋ 200（長期解消分）＋ 200（スケジューリング不能分））× 法定実効税率30%）

（単位：百万円）

借方	金額	貸方	金額
繰延税金負債	×××	法人税等調整額	×××
法人税等調整額	39	繰延税金負債	39

（将来加算一時差異：20 × 5（×1年3月期〜×5年3月期）＋ 30（長期解消分）× 法定実効税率30%）

 次にスケジューリング不能分の一時差異は繰延税金資産を計上できないのでその分を取り消す仕訳を計上するんだ。

（単位：百万円）

借方	金額	貸方	金額
法人税等調整額	60	繰延税金資産	60

（200（スケジューリング不能分）× 法定実効税率30%）

 最後に繰延税金資産と繰延税金負債は相殺して表示するので、これらを相殺したら OK だね。

（単位：百万円）

借方	金額	貸方	金額
繰延税金負債	39	繰延税金資産	39

 これで計上される繰延税金資産の額は、648 － 60 － 39 ＝ 549 百万円となるね。

（6）税効果会計関連の表示①

 決算書での表示は次のとおりになるんだよ。

貸借対照表上では「投資その他の資産」の区分に表示する点がポイントだね。

それと個別財務諸表では繰延税金資産と繰延税金負債は相殺して表示するけど、連結財務諸表では異なる納税主体の繰延税金資産と繰延税金負債は相殺しないで表示するんだ。

損益計算書

（単位：百万円）

税引前当期純利益		×××
法人税等	×××	
法人税等調整額	▲549	
差引		×××
当期純利益		×××

貸借対照表

（単位：百万円）

資産の部
     ：
Ⅱ　固定資産
  3　投資その他の資産
   繰延税金資産　　　549
     ：

（7）繰延税金資産・繰延税金負債・法人税等調整額の計算②

A た、大変です!!!
新型コロナウイルスの影響で×2年3月期以降は一時差異等加減算前課税所得が生じるかどうか怪しくなってきたみたいですよ!!!

X …わかりました。
ではAさん、もしこの設例で原則通り「分類4」と判定された場合回収可能性の判断はどうなるかな？ここまでの知識があれば処理できると思うんだけど。

A わ、わかりました…とりあえずやってみますね。

X 今後コロナ禍の影響で一時差異等加減算前課税所得が減少する見込みで、当初×2年3月期に予定していた固定資産の売却を×1年3月期に前倒しする計画に修正しますね。

【設例7-3】スケジューリングの例（分類4の場合）

(単位：百万円)

区分 / 項目	当期末残高	×1年3月期	×2年3月期	×3年3月期	×4年3月期	×5年3月期	×6年3月期以降（長期解消）	スケジューリング不能
一時差異等加減算前課税所得		1,100	100	50	▲70	80		
［将来加算一時差異］								
固定資産圧縮積立金	▲130	20	20	20	20	20	30	
将来加算一時差異計		20	20	20	20	20	30	
［将来減算一時差異］								
賞与引当金繰入額	30	▲30						
退職給付引当金繰入額	400			▲300			▲100	

項目							
建物減価償却費	300	▲40	▲40	▲40	▲40	▲40	▲100
棚卸資産評価損	60		▲60				
減損損失	200						▲200
未払事業税	50	▲50					
将来減算一時差異計		▲120	▲100	▲340	▲40	▲40	▲200
欠損金充当前課税所得		1,010	20	▲270	▲90	60	
繰越欠損金の控除限度額	1,120	▲505	▲10	—	—	▲30	
課税所得の見積額		505	10	▲270	▲90	30	
[回収可能分]							
将来減算一時差異		▲625					
将来加算一時差異		20	20	20	20	20	30
回収可能分計		▲605	20	20	20	20	30

　　　　：回収可能分

 計算してみるとこうなるのでしょうか。

(単位：百万円)

借方	金額	貸方	金額
法人税等調整額	×××	繰延税金資産	×××
繰延税金資産	475	法人税等調整額	475

((将来減算一時差異：120 ＋ 100 ＋ 340 ＋ 40 ＋ 40（×1年3月期～×5年3月期）＋（繰越欠損金の控除限度額：505 ＋ 10 ＋ 30（×1年3月期～×5年3月期）＋ 200（長期解消分）＋ 200（スケジューリング不能分））× 法定実効税率30%)

繰延税金負債	×××	法人税等調整額	×××
法人税等調整額	39	繰延税金負債	39

(設例7-2と同じ)

(単位：百万円)

借方	金額	貸方	金額
法人税等調整額	288	繰延税金資産	288

（翌年以降解消する一時差異等（100 ＋ 340 ＋ 40 ＋ 40（×2～×5年3月期））
＋（10 ＋ 30（×2～×5年3月期繰越欠損金））＋ 200（長期解消分）＋ 200（ス
ケジューリング不能分））× 法定実効税率30%）＝288

(単位：百万円)

借方	金額	貸方	金額
繰延税金負債	39	繰延税金資産	39

（設例7‐2と同じ）

　　　ということは、貸借対照表に計上される繰延税金資産は、475 －
288 － 39 ＝ 148百万円になるということですね。

（8）税効果会計関連の表示②

　　　決算書の表示は次のとおりになるんですね。
　　　うわぁ、回収可能性がかなり制限されるんで当初の予定より計上で
きる繰延税金資産が大幅に減少しちゃいますね。

損益計算書

(単位：百万円)

税引前当期純利益	×××
法人税等	×××
法人税等調整額	▲148
差引	×××
当期純利益	×××

貸借対照表

(単位：百万円)

```
資産の部
              :
Ⅱ  固定資産
   3   投資その他の資産
        繰延税金資産        148
              :
```

4 税務処理を学ぼう

A 　繰延税金資産／負債、法人税等調整額の税務処理はどの様に行えばいいのでしょうか。

X 　設例7-2で説明するよ。

　法人税等調整額は法人税等を控除する前の当期純利益と法人税等を合理的に対応させることを目的とする科目でしたよね。ということは税務申告書上では会計上で調整する前の状態に戻せばいいことになるよね。

　法人税等調整額がマイナスになっていて繰延税金資産が計上されている場合、すなわち将来減算一時差異が発生している場合は別表4上で「法人税等調整額」を「減算・留保」で計上して別表5（1）で「繰延税金資産」を当期中の増加欄にマイナスで記載すればいいよ。

【別表4】所得の金額の計算に関する明細

(単位：百万円)

区　　分		総　額	処　分		
			留　保	社　外　流　出	
		①	②	③	
当 期 利 益 又 は 当 期 欠 損 の 額	1			配　当	
				その他	
減算 　法人税等調整額	20	*549*	*549*		
小計	21	*549*	*549*	外※	*0*

【別表5（1）】Ⅰ　利益積立金額の計算に関する明細書

（単位：百万円）

区　　分		期首現在利益積立金額	当期の増減		差引翌期首現在利益積立金額 ①−②+③
			減	増	
		①	②	③	④
利　益　準　備　金	1				
別途積立金	2				
繰延税金資産	3			△ 549	△ 549

 　　上記例とは逆に法人税等調整額がプラスになっていて繰延税金負債が計上されている場合、すなわち将来加算一時差異が発生している場合は別表4上で「法人税等調整額」を「加算・留保」で計上して別表5（1）で「繰延税金負債」を当期中の増加欄にプラスで記載すればいいよ。

【別表4】所得の金額の計算に関する明細

（単位：百万円）

区　　分		総　　額	処　　分		
			留　保	社　外　流　出	
		①	②	③	
当期利益又は当期欠損の額	1			配当	
				その他	
加算	法人税等調整額	9	39	39	
	小計	11	39	39	0

【別表5（1）】Ⅰ　利益積立金額の計算に関する明細書

（単位：百万円）

区　　分		期首現在利益積立金額	当期の増減		差引翌期首現在利益積立金額 ①−②+③
			減	増	
		①	②	③	④
利　益　準　備　金	1				
別途積立金	2				
繰延税金負債	3			39	39

会計基準名称	発行主体	略称
企業会計基準第30号「時価の算定に関する会計基準」 (2019年7月4日（2020年3月31日）)	企業会計基準委員会	時価算定基準
企業会計基準適用指針第31号「時価の算定に関する会計基準の適用指針」 (2021年6月17日)	企業会計基準委員会	時価算定実務指針
企業会計基準第10号「金融商品に関する会計基準」 (最終改正 2019年7月4日)	企業会計基準委員会	金融商品会計基準
会計制度委員会報告第14号「金融商品会計に関する実務指針」 (最終改正 2019年7月4日)	日本公認会計士協会	金融商品会計実務指針
金融商品会計に関するQ&A (最終改正 2019年7月4日)	会計制度委員会	金融商品会計 Q&A
子会社株式等に対する投資損失引当金に係る監査上の取扱い (2001年4月17日)	日本公認会計士協会	投資損失引当金に係る 監査上の取扱い

1 基礎を学ぼう

（1）関係会社株式の評価って何ですか？

B 　今期より関係会社株式の評価を担当してほしいと言われました。しかし、関係会社株式の評価とはどのようなことをするのでしょうか？

X 　関係会社株式には、子会社や関連会社株式が含まれるよね。これらは、原則として、取得原価をもって貸借対照表価額とするよね。でも、時価が著しく下落した場合には時価をもって貸借対照表価額とし、評

価差額は当期の損失として処理しなければならないんだよ。

　関係会社株式が上場している場合においても、取引所に上場しているのであれば、市場価格を時価と考えればいいよね。でも、上場していない関係会社の株式は市場価格がないよね。このような場合は、発行会社の財政状態を基に実質価額を算定し、実質価額が著しく低下したときには相当の減額をすることになるんだよ。

　まとめるとこんな感じになるよね。

（子会社株式及び関連会社株式の評価について）

子会社株式及び関連会社株式の評価		
通常	子会社株式及び関連会社株式	取得原価を貸借対照表評価額とする。（金融商品会計基準第17項）
時価が著しく下落した場合	市場価格のある子会社株式及び関連会社株式	回復する見込みがあると認められる場合を除き、時価をもって評価する。（金融商品会計基準第20項）
	市場価格のない子会社株式及び関連会社株式	発行会社の財政状態の悪化により実質価額が著しく低下したときは、相当の減額をする。（金融商品会計基準第21項）

（2）時価について

B　子会社が上場している場合、時価があるというのは理解できるのですが、時価がない場合はどのように考えればよいですか？

X　2019年7月4日に、時価の算定に関する会計基準（時価算定基準）が施行されたんだよ。基準上、時価とは算定日において市場参加者間で秩序ある取引が行われると想定した場合の、当該取引における資産の売却によって受け取る価格又は負債の移転のために支払う価格と定義されたんだよ。

B　…よくわからないのですが。

X 　そうだよね。時価算定基準が導入されたことで時価の算定方法が明確化され、時価に関する概念が広くなったんだよ。例えば直接又は間接的に時価を観察できる情報を入手し、対象とする資産及び負債の時価は把握できるものとされたんだ。以前では時価をが把握することが困難な金融商品もあったんだけど、時価算定基準が導入されたことで、時価を把握することが困難な金融商品はなくなったんだよ。

B 　市場で取引されている相場価格が時価だと思っていたのですが、理論的に算定した数値も時価と考えるようになったのですね。

X 　そうだね。「市場価格のある株式等」にも「市場価格のない株式等」にも時価があることになるね。

【金融商品会計基準】

（2．時価）

6．金融資産及び金融負債の「時価」の定義は、時価算定会計基準第5項に従い、算定日において市場参加者間で秩序ある取引が行われると想定した場合の、当該取引における資産の売却によって受け取る価格又は負債の移転のために支払う価格とする。

【時価算定基準】

（1．時価の定義）

5．「時価」とは、算定日において市場参加者間で秩序ある取引が行われると想定した場合の、当該取引における資産の売却によって受け取る価格又は負債の移転のために支払う価格をいう。

　　　（出典：公益財団法人財務会計基準機構・企業会計基準委員会の公表物から引用）

（3）著しく下落したかどうかの判定

① 市場価格のある関係会社株式の時価が、著しく下落したかどうかの判定

B 　著しい下落とは、どれほどの下落率で判断するんですか？

金融商品会計実務指針では、「著しく下落したとき」とは、必ずしも数値化できるものではないけれど、取得原価に比べて「50% 程度以上」下落した場合には「著しく下落したとき」に該当すると書かれているよ。また、「30% 未満」の場合には、一般的には「著しく下落したとき」に該当しないとも書いてるんだよ。

　　まとめると、50% 程度以上の下落は著しく下落したときに該当するが、30% 未満の場合には著しく下落した時に該当しないことから、30%～50% の間の取扱いは特に会計基準では言及されていないんだよ。

　　そのため30%～50% の間で合理的な下落率を決めて、会計方針として継続適用する必要があるよ。

　時価算定基準の導入による影響はありますか？

　　その他有価証券について、「著しく下落した」ときを判断するにあたっての、時価が取得原価に比べ50%程度以上下落したかどうか、及び時価の下落率がおおむね30%未満であるかどうかの検討に際しては、期末前１か月の市場価格の平均に基づいて算定された価額を用いることが許容されているよ。この方法を用いる場合の「期末前１か月の市場価格の平均」とは、原則として期末日以前１か月の各日の終値（終値がなければ気配値）の単純平均値として、毎期継続して適用することが要件となっているよ。

　　上場株式の場合に、どのように著しい下落を判定するか考えてみよう。

【設例1】

【前提条件】	
・上場子会社	
・取得原価（１株）	800円
・所有株式数	1,200,000株
・ケース１：期末日株価（１株）	380円

・ケース2：期末日株価（1株）　　　　　656円
・ケース3：期末日株価（1株）　　　　　480円

【著しく下落したか否かの判定】
ケース1：
　　取得原価（1株）800円に所有株数を乗じた960百万円と、期末日株価（1株）380円に所有株数を乗じた456百万円を比較した結果、504百万円（52.5%）下落している。
　　50%以上下落しているため、著しく下落した時に該当する。

ケース2：
　　取得原価（1株）800円に所有株数を乗じた960百万円と、期末日株価（1株）656円に所有株数を乗じた787.2百万円を比較した結果、172.8百万円（18%）下落している。
　　下落率は30%未満のため、著しく下落した時に該当しない。

ケース3：
　　取得原価（1株）800円に所有株数を乗じた960百万円と、期末日株価（1株）480円に所有株数を乗じた576百万円を比較した結果、384百万円（40%）下落している。
　　下落率は30%～50%の下落については、金融商品会計実務指針において明記されていないため、会社の会計方針に従った判断を行う。

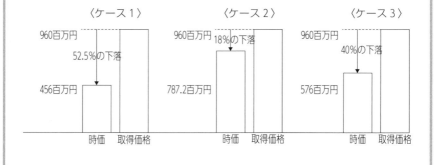

【金融商品会計実務指針】
（時価のある有価証券の減損処理）
91.　売買目的有価証券以外の有価証券（子会社株式及び関連会社株式を含む。第92項において同じ。）のうち時価のあるものについて時価が著しく下落したときは、回復する見込みがあると認められる場合を除き、当該時価をもって貸借対照表価額とし、評価差額を当期の損失として処理（以下「減損処理」という。）しなければならない（金融商品会計基準第20項）。なお、その他有価証券については、期末日の時価により帳簿価額を付け替えて取得原価を修正し、以後、当該修正後の取得原価と毎期末の時価とを比較して評価差額を算定することになる。

　　時価のある有価証券の時価が「著しく下落した」ときとは、必ずしも数値化できるも

のではないが、個々の銘柄の有価証券の時価が取得原価に比べて50%程度以上下落した場合には「著しく下落した」ときに該当する。この場合には、合理的な反証がない限り、時価が取得原価まで回復する見込みがあるとは認められないため、減損処理を行わなければならない。

　上記以外の場合には、状況に応じ個々の企業において時価が「著しく下落した」と判断するための合理的な基準を設け、当該基準に基づき回復可能性の判定の対象とするかどうかを判断する。

　なお、個々の銘柄の有価証券の時価の下落率がおおむね30%未満の場合には、一般的には「著しく下落した」ときに該当しないものと考えられる。

　時価の下落について「回復する見込みがある」と認められるときとは、株式の場合、時価の下落が一時的なものであり、期末日後おおむね1年以内に時価が取得原価にほぼ近い水準にまで回復する見込みのあることを合理的な根拠をもって予測できる場合をいう。この場合の合理的な根拠は、個別銘柄ごとに、株式の取得時点、期末日及び期末日後における市場価格の推移及び市場環境の動向、最高値・最安値と購入価格との乖離状況、発行会社の業況等の推移等、時価下落の内的・外的要因を総合的に勘案して検討することが必要である。ただし、株式の時価が過去2年間にわたり著しく下落した状態にある場合や、株式の発行会社が債務超過の状態にある場合又は2期連続で損失を計上しており、翌期もそのように予想される場合には、通常は回復する見込みがあるとは認められない。他方、債券の場合は、単に一般市場金利の大幅な上昇によって時価が著しく下落した場合であっても、いずれ時価の下落が解消すると見込まれるときは、回復する可能性があるものと認められるが、格付の著しい低下があった場合や、債券の発行会社が債務超過や連続して赤字決算の状態にある場合など、信用リスクの増大に起因して時価が著しく下落した場合には、通常は回復する見込みがあるとは認められない。

　上記の結果、回復する見込みがあると判断された銘柄以外の有価証券については、減損処理を行わなければならない。

　また、その他有価証券について、「著しく下落した」ときを判断するにあたっての、時価が取得原価に比べ50%程度以上下落したかどうか、及び時価の下落率がおおむね30%未満であるかどうかの検討に際しては、期末前1か月の市場価格の平均に基づいて算定された価額を用いることを妨げない。この期末前1か月の市場価格の平均とは、原則として期末日以前1か月の各日の終値（終値がなければ気配値）の単純平均値とする。当該方法の適用は、株式、債券等の有価証券の種類ごとに行うことができるが、毎期継続して適用することが要件となる。

（出典：日本公認会計士協会の公表物から引用）

②　市場価格のない関係会社株式の実質価額が、著しく低下したかどうかの判定

B　　市場価格のない関係会社株式は、どのように「著しい低下」を判断するんですか？

X　　金融商品基準では、「著しく低下したときとは、少なくとも株式の実質価額が取得原価に比べて50％程度以上低下した場合」と書いてるよ。

B　　実質価額とは何ですか？

X　　実質価額とは、1株当たり純資産に会社が保有する株式数を乗じたものを実質価額と考えるんだよ。ここには注意点があって、1株当たり純資産を算出するために使う財務諸表は、一般に公正妥当と認められる会計基準に準拠して作成した財務諸表を基礎とする必要があるよ。

　　例えば、赤字を理由に減価償却費を停止している場合には、正しい減価償却費を計算し、純資産を調整する必要があるね。その他にも従業員の退職金に備えて積み立てられる退職給付引当金など、引当金が計上されていない場合には、それらも適切に見積もって純資産を調整する必要があるね。

　　さらに、資産等の時価評価に基づく評価差額等を加味する必要があるよ。例えば、土地に含み損益がある場合には不動産鑑定評価等に基づき評価損益を純資産に反映するんだ。このように調整して算定した1株当たりの純資産額を用いる必要があるよ。

　　この調整は時価評価に基づく、すなわちより実態に近い財政状態を算定したうえで判定を行わせる趣旨から求められているんだよ。

【設例2】

【前提条件】
・非上場子会社
・発行済み株式数　　　　　　2,000,000株
・取得価格（1株）　　　　　　　800円
・保有株式数　　　　　　　1,200,000株
・持ち分比率　　　　　　　　　60％
・取得原価　　　　　　　　960百万円

・期末日 1 株当たり純資産　　　　250円

【著しく下落したか否かの判定】

取得原価（1株）800円 × 保有株式数1,200,000株 ＝ 960百万円
期末日 1 株当たり純資産250円 × 保有株式数1,200,000株 ＝ 300百万円
　上記を比較した結果、660百万円（68.7%）下落している。
　50% 以上下落しているため、発行会社の財政状態の悪化により実質価額が著しく下落した時に該当する。

【金融商品会計実務指針】
（市場価格のない株式等の減損処理）

92.　市場価格のない株式等は取得原価をもって貸借対照表額とするとされている（商品会計基準第19項）が、当該株式の発行会社の財政状態の悪化により実質価額が著しく低下したときは、相当の減額を行い、評価差額は当期の損失として処理（減損処理）しなければならない（金融商品会計基準第21項）。財政状態とは、一般に公正妥当と認められる会計基準に準拠して作成した財務諸表を基礎に、原則として資産等の時価評価に基づく評価差額等を加味して算定した 1 株当たりの純資産額をいい、財政状態の悪化とは、この 1 株当たりの純資産額が、当該株式を取得したときのそれと比較して相当程度下回っている場合をいう。なお、この際に基礎とする財務諸表は、決算日までに入手し得る直近のものを使用し、その後の状況で財政状態に重要な影響を及ぼす事項が判明していればその事項も加味する。通常は、この 1 株当たりの純資産額に所有株式数を乗じた金額が当該株式の実質価額であるが、会社の超過収益力や経営権等を反映して、 1 株当たりの純資産額を基礎とした金額に比べて相当高い価額が実質価額として評価される場合もある。

　　また、市場価格のない株式等の実質価額が「著しく低下したとき」とは、少なくとも株式の実質価額が取得原価に比べて50%程度以上低下した場合をいう。ただし、市場価格のない株式等の実質価額について、回復可能性が十分な証拠によって裏付けられる場合には、期末において相当の減額をしないことも認められる。

（出典：日本公認会計士協会の公表物から引用）

（4）回復可能性の有無の判定

① 市場価格のある関係会社株式の場合

　時価が取得原価に比べて50% 程度以上下落した場合は、「合理的な反証がない限り、時価が取得原価まで回復する見込みがあるとは認められない」ため、減損処理する必要があるんだ。

どのような状況にあれば、回復する見込みがあるといえるのですか。

 時価の下落が一時的なものであり、期末日後おおむね1年以内に時価が取得原価にほぼ近い水準にまで回復する見込みのあることを合理的な根拠をもって予測できる場合には、回復する見込みがあるといえるかもしれないね。

【設例3】

【前提条件】
・上場子会社
・取得原価（1株）　　　　　　　　800円
・所有株式数　　　　　　　1,200,000株
・ケース1：期末日株価（1株）　　　380円
・時価の下落が一時的なものであり、期末日後おおむね1年以内に時価が取得原価にほぼ近い水準にまで市場価格が回復する見込みがあることについて、合理的な根拠をもって予測できない。

【著しく下落したか否かの判定】
　取得原価（1株）800円に所有株式数を乗じた960百万円と、期末日株価（1株）380円に所有株式数を乗じた456百万円を比較した結果、504百万円（52.5％）下落している。
　50％以上下落しているため、著しく下落した時に該当する。

【回復可能性の判定】
　市場価格が回復する見込みがあると認める合理的な根拠をもって予測できないため、回復の可能性はない。

【会計処理】

(単位：百万円)

借方	金額	貸方	金額
子会社株式評価損	504	子会社株式	504

　取得原価（1株）800円に所有株式数を乗じた960百万円から、期末日株価（1株）380円に所有株式数を乗じた456百万円を引いた504百万円を子会社株式評価損とする。

② 市場価格のない関係会社株式の場合

X　市場価格のない関係会社の場合、財政状態が悪化したことにより実質価額が著しく低下した時は、減損処理を行わなければならないんだよ。

B　関係会社の財政状態はどのように把握したらいいのですか？

X　一般に公正妥当と認められる会計基準に準拠した財務諸表を前提に、時価評価を行うべきものがあればそれを加味すればいいよ。

関係会社株式については、実質価額が著しく低下したとしても、事業計画等を入手して回復可能性を判定できることもあるため、回復可能性が十分な証拠によって裏付けられる場合には、減額をしないことも認められているんだよ。

B　実質価額が高くなる事業計画があればいいんですよね。

X　回復可能性が十分な証拠によって裏付けられる必要があるから、ただ回復する事業計画を作成すればいいわけじゃないよ。実行可能で合理的であることを説明できる事業計画を作成する必要があるよね。

この場合、おおむね5年以内に回復することが見込まれる事業計画かどうかも注意するように。ここでいう回復とは、取得原価まで回復する必要がある点は市場価格のある場合と同じだからね。

【設例4】

【前提条件】
・非上場子会社
・発行済み株式数　　　　　2,000,000株
・取得価格（1株）　　　　　　800円
・保有株式数　　　　　　1,200,000株
・持ち分比率　　　　　　　　 60%
・取得原価　　　　　　　　960百万円

・期末日1株当たり純資産　　　　　250円
・一般に公正妥当と認められる企業会計基準を適用している。
・貸借対照表上、評価益又は損失が見込まれるものはない。
・実行可能で合理的である下記事業計画を入手した。

(単位：百万円)

	実績		計画				
	×1年	×2年	×3年	×4年	×5年	×6年	×7年
売上高	960	855	1,000	1,100	1,210	1,210	1,210
売上原価	881	894	680	708	739	739	739
売上総利益	79	-40	320	392	471	471	471
販管費	294	302	270	277	285	285	285
営業利益	-215	-342	50	115	187	187	187
当期純利益	-215	-342	35	103	182	182	182

	×1年	×2年	×3年	×4年	×5年	×6年	×7年
純資産	842	500	535	616	746	877	1,007
持分相当純資産	505	300	321	369	448	526	604
下落率	47%	69%	67%	62%	53%	45%	37%

【著しく下落したか否かの判定】

取得原価（1株）800円 × 保有株式数1,200,000株 ＝ 960百万円
期末日1株当たり純資産250円 × 保有株式数1,200,000株 ＝ 300百万円
　上記を比較した結果、660百万円（およそ69%）下落している。
　50%以上下落しているため、著しく下落した時に該当する。

【回復可能性の判定】

　事業計画によれば、×3年から×7年までの5年間で507百万円の利益剰余金の増加を見込む。
　5年後の×7年度純資産額は1,007百万円であり、1株あたり実質価格は503.62円となる。
　1株あたり実質価格 ＝ ×7年における純資産1,007百万円 ÷ 発行済み株式数2,000,000株。
　5年後の×7年末における1株あたり実質価格は503.62円。
　一方で1株あたり取得原価が800円であるため、5年で取得原価まで回復が見込まれな

いため、回復可能性はない。

【会計処理】

(単位：百万円)

借方	金額	貸方	金額
関係会社株式評価損	660	関係会社株式	660

　実質価額が著しく低下しており、回復可能性が十分な証拠によって裏付けられないため、関係会社株式を×2年の実質価格まで減額する。

　取得価格960百万円から実質価額である×2年度末純資産500百万円のうち、持ち分（60%）に相当する300百万円まで関係会社株式を減額する。

【金融商品会計実務指針】
（市場価格のない株式等の減損処理）

285.　市場価格のない株式等の実質価額の算定の基礎となる発行会社の財政状態を算定するに当たっては、発行会社の財務諸表を無条件に使用するのではなく、原則として、資産等の時価評価に基づく評価差額等を加味して算定するものとした。これは、時価評価に基づくより実態に近い財政状態を算定した上で、その悪化についての判定を行うという趣旨である。したがって、発行会社の財務諸表において資産等の時価評価が行われていない場合には、時価評価のための資料が合理的に入手可能である限り、それに基づいて財務諸表を修正する必要がある。

　なお、市場価格のない株式等であっても、子会社や関連会社等（特定のプロジェクトのために設立された会社を含む。）の株式については、実質価額が著しく低下したとしても、事業計画等を入手して回復可能性を判定できることもあるため、回復可能性が十分な証拠によって裏付けられる場合には、期末において相当の減額をしないことも認められるとした。

　ただし、事業計画等は実行可能で合理的なものでなければならず、回復可能性の判定は、特定のプロジェクトのために設立された会社で、当初の事業計画等において、開業当初の累積損失が5年を超えた期間経過後に解消されることが合理的に見込まれる場合を除き、おおむね5年以内に回復すると見込まれる金額を上限として行うものとする。また、回復可能性は毎期見直すことが必要であり、その後の実績が事業計画等を下回った場合など、事業計画等に基づく業績回復が予定どおり進まないことが判明したときは、その期末において減損処理の要否を検討しなければならない。

（出典：日本公認会計士協会の公表物から引用）

関係会社株式（子会社及び関連会社株式）の評価

2 応用を学ぼう

(1) 債務超過の状況にある場合の追加の検討

X　　この子会社は債務超過だから、減損処理だけでは終わらないので気を付けて処理してね。

B　　えっ？債務超過だと関係会社株式の簿価をゼロにして終わりじゃないんですか？他に気を付ける事ってどんなことでしょう？

X　　この子会社は業績が良くないから、親会社は、子会社に対して大量の資金を貸付けてるんだよ。今はまだ行っていないけど、親会社が子会社を支援するため、関係会社の債務を保証する場合もあるよね。

　　子会社が債務超過である場合、債務超過分に見合った貸倒引当金や債務保証損失引当金を計上しないといけないんだよ。

　　仮に貸付や債務保証がない場合でも、関係会社事業損失引当金などの計上を検討する必要があるんだよ。

　　つまり、株式会社の株主は株主有限責任の原則により出資額を限度とする責任を負えばいいこととなっているけど、実際は親会社が子会社の債権者に対して、保証債務等の契約に基づく責任を負う場合が多いだけでなく、親会社の経営責任や信用保持のための経営判断等から関係会社の債務の肩代わりなどを行う可能性が高いからね。

　　次の設例で具体的に考えてみよう。

【設例5】

【前提条件】
・非上場関係会社
・発行済み株式数　　　　　2,000,000株
・取得価格（1株）　　　　　800円

- ・保有株式数 1,200,000株
- ・持ち分比率 60%
- ・取得原価 960百万円
- ・債務超過額 ▲250百万円
- ・回復可能性が認められる事情はない。
- ・親会社から当該子会社へ200百万円の貸付金を行っている。
- ・親会社は、当該子会社の債務に対し債務保証100百万円を行っている。

【著しく下落したか否かの判定】

著しい下落に該当する。

【回復可能性の判定】

回復可能性なしに該当する。

【会計処理】

(単位：百万円)

借方	金額	貸方	金額
子会社株式評価損	960	子会社株式	960
貸倒引当金繰入額	200	貸倒引当金	200
債務保証損失引当金繰入額	50	債務保証損失引当金	50

　実質価額が著しく低下しており、回復可能性が十分な証拠によって裏付けられるないため、子会社株式を×2年の実質価格まで減額する。

　取得価格960百万円から実質価額である×2年度末は債務超過にあるため、ゼロまで子会社株式を減額する。

　次に、親会社が子会社に対して貸付けている貸付金200百万円及び、債務保証100万円について債務超過250百万円に相当する引当金を計上する。

　なお、貸付金と債務保証のいずれに対して先に引当金を計上するかについては、金融商品会計基準及び金融商品会計基準に取扱いは定められていません。

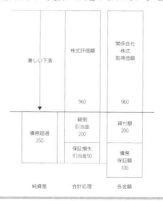

（2）投資損失引当金の検討

X 　関係会社株式の評価には金融商品会計基準以外にも「子会社株式等に対する投資損失引当金に係る監査上の取扱い」というものがあるんだよ。

　これまで話してきたとおり著しい価格の下落が発生し、回復可能性が認められない場合には減損処理を行わないといけないよね。しかし減損処理を行わない場合でも引当金の要件を満たす場合には引当金を計上する会計処理があるんだよ。

B 　では、具体的にはどういう場合に投資損失引当金を計上するんですか？

X 　1つは、実質価額が著しく低下している状況にはないがある程度低下した場合に、健全性の観点から投資損失引当金を計上する考え方なんだ。

B 　なるほど。

X 　それと、もう1つは、実質価額が著しく下落しているものの、回復の可能性が認められるため減損処理を行わなかった場合だよ。回復すると見込んでいるから減損損失を計上する必要はないんだけど、見積りどおり回復するかは不確実だから、投資損失引当金を計上することで損失を早期に認識する意味があるんだよ。

B 　引当金を計上し、実質価額が回復すれば引当金を戻し入れるんですね。なんだか大きな損失を計上したり戻し入れによる利益を計上したり。最初からやらなければいいのに。

X 　もちろん回復可能性が確実といえるほど高い場合には、投資損失引当金の計上はできないと考えるべきだろうね。

【投資損失引当金に係る監査上の取扱い】

2. 当面の監査上の取扱い

（1） 引当金を計上できる場合

　次のいずれかの場合に該当するときには、投資損失引当金を計上することができる。なお、「金融商品に係る会計基準」等により減損処理の対象となる子会社株式等については、投資損失引当金による会計処理は認められないことに留意する。

　　① 子会社株式等の実質価額が著しく低下している状況には至っていないものの、実質価額がある程度低下したときに、健全性の親点から、これに対応して引当金を計上する場合。ただし、この場合には、実質価額の回復可能性が客観的に確実であるにもかかわらず引当金を計上する等、過度に保守的な会計処理とならないように留意する必要がある。

　　② 子会社株式等の実質価額が著しく低下したものの、会社はその回復可能性が見込めると判断して減損処理を行わなかったが、回復可能性の判断はあくまでも将来の予測に基づいて行われるものであり、その回復可能性の判断を万全に行うことは実務上困難なときがあることに鑑み、健全性の観点から、このリスクに備えて引当金を計上する場合。例えば、回復可能性の判断の根拠となる再建計画等が外部の要因に依存する度合いが高い場合等が挙げられる。

（2） 引当金の計上額

　子会社等の財政状態が悪化し、その株式の実質価額が低下した場合には、その低下に相当する額を投資損失引当金に計上する。

　なお、実質価額算定の基礎となる発行会社の財政状態とは、一般に公正妥当と認められる会計基準に準拠して作成した財務諸表を基礎に、原則として、資産等の時価評価に基づく評価差額等を加味して算定したものをいう。ただし、資産等の時価評価による影響額に重要性がない場合には、時価評価前の財務諸表によることができる。

（3） 引当金の取崩し

　　① 引当金計上後、上述（1）①のケースにおいて、子会社等の財政状態が更に悪化して株式の実質価額が著しく低下した場合、又は上（1述）②のケースにおいて、株式の実質価額の回復可能性が見込めないこととなった場合には、引当金を取り崩し、当該子会社株式等を減損処理する。

　　② 子会社等の財政状態が改善し、株式の実質価額が回復した場合には、回復部分に見合う額の投資損失引当金を取り崩す。

　　　ただし、子会社等の事業計画等により財政状態の改善が一時的と認められる場合には、当該投資損失引当金を取り崩してはならない。

3. 市場価格のない子会社株式等以外の株式の取扱い

（1） 市場価格のある子会社株式等

　本報告は、従来の投資損失引当金計上の実態に鑑み、市場価格のない子会社株式等について記載しているが、市場価格のある子会社株式等についても、市場価格がある程度以上下落している場合には、下落期間及び実質価額等を考慮して同様に取り扱うものとする。

（出典：日本公認会計士協会の公表物から引用）

関係会社株式（子会社及び関連会社株式）の評価

3 実務事例を学ぼう

X

　関係会社株式の評価に関連して、某会社がその保有する子会社株式などの関係会社の株式を過大計上し、また関係会社株式損失引当金を過小計上したことで、粉飾決算をおこなったとされている粉飾事件があったんだ。

　会社が策定した会計方針は、このような方針だったんだ。

①減損検討対象を原則債務超過10億円以上の子会社等11社に限定した

②減損11社につき会社が作成した5年間の累損解消計画に基づいて、初年度は5年後の累損解消不足額を減損し

③翌期以降は5年間の累損解消計画と実績との差異（計画未達額）を減損していく

X

　会計基準はこれまでに説明してからわかるよね？どこがいけないのかな？

B

　①について。株式の実質価額が投資額の50％以下になっている場合、すべての関係会社について減損が必要か検討する必要がありますよね。債務超過10億円以上の子会社等11社に限定しているのはおかしいと思います。

　③について。翌期以降は5年間の累損解消計画の未達額のみを減損していますよね。金融商品会計基準・実務指針にそのような記述はなかったので、毎期評価の見直しが必要ですよね。5年で取得価格まで回復できないのであれば計画未達額だけでなく、実質価額まで減損を行うべきだと思います。

X

　そうだね。それ以外にも②についていうと、この会社、3年間の事業計画は毎年作成していたんだけど、5年間の累損解消計画は作

成していなかったんだ。そのため、減損判定のためだけに5年の事業計画を作っていたんだよ。その後の調査で5年間の累損解消計画策定に際しての具体的な根拠資料・基礎データを十分に入手することはできなかったみたい。

つまり、5年間の累損解消計画は3年事業計画策定時に織り込まれてない条件を織り込んだり、3年事業計画よりも利益が高く設定されていたりと、達成可能性を無視した目標値であったといわれているんだよ。

4 税務処理を学ぼう

（1）関係会社株式評価損の計上（否認）

X

設例2で解説したとおり、関係会社株式評価損を504百万円計上する説明は覚えているよね。

税務上はこのような評価損は認められないから、関係株式評価損を申告書上否認、つまりなかったこととする処理が必要となるんだよ。

【前提条件】
・非上場子会社	
・発行済み株式数	2,000,000株
・取得価格（1株）	800円
・保有株式数	1,200,000株
・持ち分比率	60%
・取得原価	960百万円
・期末日1株当たり純資産	250円

【会計処理】 （単位：百万円）

借方	金額	貸方	金額
関係会社株式評価損	660	関係会社株式	660

175

【別表4】 所得の金額の計算に関する明細

(単位：百万円)

区　　分		総　　額	処　　分		
			留　保	社 外 流 出	
		①	②	③	
当期利益又は当期欠損の額	1			配　当	
				その他	
加算	関係会社株式評価損	9	660	660		
	小　　計	11	660	660		0
減算					
	小　　計	21	0	0	外※	0

【別表5（1）】Ⅰ　利益積立金額の計算に関する明細書

(単位：百万円)

区　　分		期 首 現 在 利益積立金額	当期の増減		差引翌期首現在 利益積立金額 ①-②+③
		①	減 ②	増 ③	④
利 益 準 備 金	1				
積 立 金	2				
関係会社株式	3			660	660

（2）関係会社株式評価損の認容（減算）

　　じゃその後、税務上否認された関係株式評価損を売却した時の処理はどうなるかわかるかな。

　　税務上関係会社株式評価損が費用として認められるとき、過去に否認した評価損が認容されるんだよ。

【前提条件】

・非上場関係会社
・発行済み株式数　　　　　　　　2,000,000株
・取得価格（1株）　　　　　　　　800円
・保有株式数　　　　　　　　　　1,200,000株
・過去に税務上否認される関係会社株式評価損660,000,000円を計上している
・当期すべての関係会社株式を総額200,000,000円で売却

【会計処理】

(単位：百万円)

借方	金額	貸方	金額
現金預金	200	関係会社株式	300
関係会社株式売却損	100		

【別表4】 所得の金額の計算に関する明細

(単位：百万円)

区　　分		総　額	処　　分		
			留　保	社　外　流　出	
		①	②	③	
当期利益又は当期欠損の額	1			配　当	
				その他	
加算					
	小　　計	11	0	0	0
減算	関係会社株式評価損	20	660	660	
	小　　計	21	660	660 外※	0

【別表5（1）】Ⅰ　利益積立金額の計算に関する明細書

(単位：百万円)

区　　分		期首現在利益積立金額	当期の増減		差引翌期首現在利益積立金額 ①－②＋③
			減	増	
		①	②	③	④
利益準備金	1				
積立金	2				
関係会社株式	3	660	660		0

（3）関係会社株式評価損の認容

　　子会社が上場会社の場合、市場価格を基に評価損を計上するよね。この場合、会計上の評価損が税務上も評価損として認められることから、税務上の調整を行う必要がないんだよ。

【前提条件】
- 上場子会社
- 取得原価（1株）　　　　　　　　800円
- 所有株式数　　　　　　　1,200,000株
- ケース1：期末日株価（1株）　　　380円
- 市場価格が回復する見込みがあると認める合理的な反証がない。

【会計処理】
(単位：百万円)

借方	金額	貸方	金額
関係会社株式評価損	504	関係会社株式	504

【別表4】 所得の金額の計算に関する明細
(単位：百万円)

区　　分		総　額	処　　　分		
			留　保	社　外　流　出	
			①	②	③
当 期 利 益 又 は 当 期 欠 損 の 額	1			配　当	
				その他	
加算	小　　　計	11	0	0		0
減算	小　　　計	21	0	0	外※	0

【別表5（1）】 I　利益積立金額の計算に関する明細書
(単位：百万円)

区　　分		期 首 現 在 利益積立金額 ①	当期の増減		差引翌期首現在 利益積立金額 ①−②+③ ④
			減 ②	増 ③	
利 益 準 備 金	1				
積 立 金	2				

7 | 賞与引当金

1 基礎を学ぼう

（1）賞与引当金って何ですか？

A 　決算で賞与引当金を計算してほしいって上司に言われたんですが、そもそも賞与引当金って何ですか？

X 　翌期に支給する賞与の見込金額のうち、当期に属する分を引当金として積み立てておくというものだよ。発生主義の観点から求められるんだ。

（2）他の債務との違い

A 　それって未払費用や未払金とどう違うんですか？

X 　良い質問だね。次のように整理するといいよ。

科目名	計上内容	
賞与引当金	従業員への賞与支給額が確定していない場合	
未払費用	従業員への賞与支給額が確定している場合	賞与対象期間に基づいて算定
未払金		臨時的な要因に基づいて算定

【未払従業員賞与の財務諸表における表示科目について（リサーチ・センター審理情報 No.15）】

(平成13年 2 月14日)

1． 支給額が確定している場合の未払従業員賞与
 （1） 賞与支給額が支給対象期間に対応して算定されている場合
　　財務諸表の作成時において従業員への賞与支給額が確定しており、当該支給額が支給対象期間に対応して算定されている場合には、当期に帰属する額を「未払費用」として計上する。
 （2） 賞与支給額が支給対象期間以外の基準に基づいて算定されている場合
　　財務諸表の作成時において従業員への賞与支給額が確定しているが、当該支給額が支給対象期間以外の臨時的な要因に基づいて算定されたもの（例えば、成功報酬的賞与等）である場合には、その額を「未払金」として計上する。
 （注）　従業員への賞与支給額が確定している場合としては、個々の従業員への賞与支給額が確定している場合のほか、例えば、賞与の支給率、支給月数、支給総額が確定している場合等が含まれる。
2． 支給額が確定していない場合の未払従業員賞与
　財務諸表の作成時において従業員への賞与支給額が確定していない場合には、支給見込額のうち当期に帰属する額を「賞与引当金」として計上する。

(出典：日本公認会計士協会の公表物から引用)

（3） 算定に必要な資料

A まずは何から始めればいいでしょうか？

 まずは最低限必要な資料集めから始めよう。人事課に行ってこの資料をもらってきてごらん。

【必要資料（例）】
・給与規定
・給与台帳
・人事考課資料
・過去の支給額の実績がわかる資料

（4）給与規定

> **A** 資料を揃えてきました。まずは何を確認すればいいでしょうか。

> **X** よし。給与規定には、賞与支給に関する規定が書いてあるからそこを見てみよう。僕たちの会社の給与規定は次のようになっているね。

【給与規定（一部抜粋）】

第6章　賞与

（賞与の支給）
第30条　賞与は夏季賞与、冬季賞与とし、原則として年2回、7月と12月に支給する。ただし、業績・経済状況により、支給時期を延期または支給しないことがある。
（支給額）
第31条　賞与の支給額は、勤務実績・人事考課による査定を反映してその都度決定する。
（対象期間）
第32条　賞与の支給対象期間は、次のとおりとする。
　　　　・夏季賞与：前期11月1日から当期4月30日まで
　　　　・冬季賞与：当期5月1日から当期10月31日まで

（5）引当金計上時の流れ

> **A** こんな風に定められているんですね。では、決算での基本的な計算の流れと仕訳を教えてください。

> **X** さっき見た給与規定を図式化してから考えてみよう。

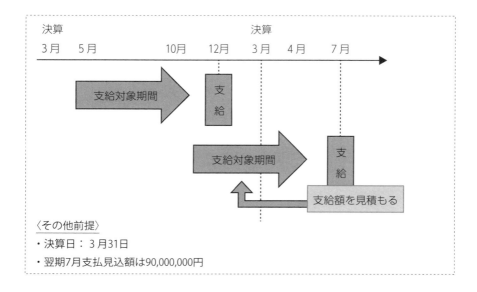

〈その他前提〉
・決算日：3月31日
・翌期7月支払見込額は90,000,000円

【決算仕訳】

(単位：円)

借方	金額	貸方	金額
賞与引当金繰入額	75,000,000	賞与引当金	75,000,000

【計算方法】

$$賞与引当金 = 支給見込額 \times \left(\frac{支給対象期間のうち当期に属する期間}{支給対象期間} \right)$$

※ 支払見込額90,000,000円 $\times \left(\dfrac{5\,か月（11月〜3月）}{6\,か月（11月〜4月）} \right) = 75,000,000円$

※ 翌期に支給する賞与の見込金額90,000,000円のうち、当期に属する分を計算し、賞与引当金として計上する。

※ もし支給額が決算時点で決まっている場合は、賞与引当金ではなく「未払費用」を計上する。

（6）賞与支給時の流れ

A　では、実際に賞与を支払ったときの仕訳はどうなるんですか？

X　翌期支給時に見込どおりの支給がなされたと仮定してシンプルに考えてみよう。

【翌期支給時　仕訳】　(単位：円)

借方	金額	貸方	金額
賞与引当金	75,000,000	預金	90,000,000
賞与	15,000,000		

※　前期末に計上した（積み立てた）賞与引当金75,000,000円を取崩し、差額15,000,000円（90,000,000 × 1か月／6か月）は当期の費用「賞与」として計上する。

※　もし支給額が前期末時点で決まっていた場合は、賞与引当金を取り崩すのではなく「未払費用」を取り崩す。

（7）支給見込額の算定方法

A　ということは支給見込額の算定が賞与引当金算定のキモだと思うのですが、そもそも支給見込額ってどう計算したらいいんですか？

X　会社によってまちまちだけど、僕たちの会社ではこれまで次の式で計算しているね。

支給見込額 ＝ 基準額（基本給 ＋ 諸手当）× 支給月数 × 評価係数

賞与引当金

（8）支給見込額の具体的な算定方法

 なるほど。簡単な例で計算方法を教えてください。

 オッケー！以下の例で考えてみよう。

【前提条件】
・従業員：真生、藍子、雪、沙也加
・基準額：下表のとおり
・支給月数：2か月
・評価係数：前回の支給分の人事考課と同じ評価がされると仮定
　　　　　　（A評価→1.5　B評価→1.0　C評価→0.8）

【支給見込額　計算】　　　　　　　　　　　　　　　　　（単位：円）

従業員名	①基準額	②支給月数	人事考課	③評価係数	支給見込額 ①×②×③
真生	1,000,000	2か月	A	1.5	3,000,000
藍子	400,000	2か月	B	1	800,000
雪	300,000	2か月	A	1.5	900,000
沙也加	600,000	2か月	C	0.8	960,000
合計					5,660,000

2 応用を学ぼう

（1）支給差額の考え方

A

　全体的な流れはつかめました！でも、決算時点で支給見込額を算定したとしても、これはあくまで見積りであって確定ではないですよね。

　さっきの例では、「翌期支給時に見込みどおりの支給がなされたと仮定」していましたが、翌期支給時に見込みどおりの支給額が払われない場合はどうなるんですか？

X

　良いところに気が付いたね。そう、通常は支給見込額と実際の支給額とは差異が出るよ。だから、その差異の分析をする必要があるよ。

　その分析により、支給見込額算定の時点に合理的に入手可能であった情報を使用していなかったり、計算ミスが判明した場合には、「誤謬」となるので、重要性によっては前期の決算書を修正することが必要となるね。でも、逆に言えば、入手可能な情報に基づき最善の見積りを行ったと証明できれば、実際の支払額と賞与引当金の差額は「賞与」として計上すればいいよ。

【会計方針の開示、会計上の変更及び誤謬の訂正に関する会計基準（企業会計基準第24号）】
（用語の定義）

4.(8)　「誤謬」とは、原因となる行為が意図的であるか否かにかかわらず、財務諸表作成時に入手可能な情報を使用しなかったことによる、又はこれを誤用したことによる、次のような誤りをいう。

① 　財務諸表の基礎となるデータの収集又は処理上の誤り
② 　事実の見落としや誤解から生じる会計上の見積りの誤り
③ 　会計方針の適用の誤り又は表示方法の誤り

（重要性）

35.　…財務諸表利用者の意思決定への影響に照らした重要性が考慮される。重要性の判断は、財務諸表に及ぼす金額的な面と質的な面の双方を考慮する必要がある。金額的重要性には、損益への影響額又は累積的影響額が重要であるかどうかにより判断する考え方や、損益の趨勢に重要な影響を与えているかどうかにより判断する考え方のほか、

財務諸表項目への影響が重要であるかどうかにより判断する考え方などがある。ただし、具体的な判断基準は、企業の個々の状況によって異なり得ると考えられる。また、質的重要性は、企業の経営環境、財務諸表項目の性質、又は誤謬が生じた原因などにより判断することが考えられる。

（会計上の見積りの変更に関する原則的な取扱い）

55. …引当額の過不足が計上時の見積り誤りに起因する場合には、過去の誤謬に該当するため、修正再表示を行うこととなる。一方、過去の財務諸表作成時において入手可能な情報に基づき最善の見積りを行った場合には、当期中における状況の変化により会計上の見積りの変更を行ったときの差額、又は実績が確定したときの見積金額との差額は、その変更のあった期、又は実績が確定した期に、その性質により、営業損益又は営業外損益として認識することとなる。

（出典：公益財団法人財務会計基準機構・企業会計基準委員会の公表物から引用）

（2）その他の支給見込額の算定方法

A さっき、支給見込額の算定の仕方は会社によってまちまちとおっしゃってましたけど、他にはどんな算定方法があるんですか？

X こんな算定の仕方も実際されているよ。

・（前回の賞与支給実績額 ÷ 前回支給時点の対象人数）× 今回の支給対象見込人数
・取締役会などで承認されている賞与予算額

（3）詳細な規定がない場合

A なるほど。うちの会社は給与規定の中に支給見込額の算定方法が書いてありますが、書いてないような会社もあるんですか？

X そうだね。給与規定の中に「賞与を支給する」とは書いてあるけど、具体的な算定方法が給与規定に書かれていない会社もあるよ。じゃあその場合は賞与引当金を計上しないのかというと、そうとは限らないよ。

過去に賞与の支給実績があって、その賞与の計算の方法に一貫性

や合理性があったり、たとえ過去の算定式に一貫性がなくても、翌期支給する賞与の算定方法が取締役会決議などで決まっているような場合、引当金の4要件を満たすのであれば、賞与引当金は計上しないといけないね。

【企業会計原則注解】

(昭和29年7月14日　最終改正：昭和57年4月20日)

〔注18〕引当金について

　将来の特定の費用又は損失であって、その発生が当期以前の事象に起因し、発生の可能性が高く、かつ、その金額を合理的に見積もることができる場合には、当期の負担に属する金額を当期の費用又は損失として引当金に繰入れ、…

(出典：企業会計審議会の公表物から引用)

（4）支給対象者について

A 支給対象者はどの時点で決めればいいですか？

X それも基本的には給与規定に書いてあると思うよ。書いてない場合は、さっきと同じように、過去の支給実績からどの時点の従業員を対象としているのかを調べて、今回も同じような対象者でいいならその基準を使って算定するといいよ。

（5）賞与引当金に係る社会保険料の取扱い

A 賞与引当金に係る社会保険料はどうすればいいですか？

X 賞与引当金に社会保険料率を乗じて、その分を費用計上する必要があるね。

（6）役員賞与の会計上の取扱い

A 役員へ支払われる賞与についても引当金を計上するんですか？

X 役員賞与が期末後に開催される株主総会の決議事項となっている場合は、当期の職務に係る額を役員賞与引当金として計上するよ。

【役員賞与に関する会計基準（企業会計基準第4号）】

13. 当事業年度の職務に係る役員賞与を期末後に開催される株主総会の決議事項とする場合には、当該支給は株主総会の決議が前提となるので、当該決議事項とする額又はその見込額（当事業年度の職務に係る額に限るものとする。）を、原則として、引当金に計上する。…

（出典：公益財団法人財務会計基準機構・企業会計基準委員会の公表物から引用）

（7）税務上の取扱い

A 法人税申告書上の取扱いはどうなるんですか？

X 賞与引当金繰入額・役員賞与引当金繰入額は損金不算入（加算・留保）になるよ。これは、賞与引当金繰入額・役員賞与引当金繰入額は債務の確定していない費用だからだね。

翌期に賞与が支払われた際に賞与引当金・役員賞与引当金が取り崩されるから、翌期に認容（減算・留保）となるよ。前期に65,000,000円、当期に75,000,000円の賞与引当金がそれぞれ計上されていたと仮定した場合の税務申告書はこのような感じになるよ。

【法人税法第22条】

3 …当該事業年度の損金の額に算入すべき金額は、…次に掲げる額とする。

二 …当該事業年度の販売費、一般管理費その他の費用（償却費以外の費用で当該事業年度終了の日までに債務の確定しないものを除く。）の額

【別表4】 所得の金額の計算に関する明細　　　　　　　　　　（単位：円）

区　　分		総　額	処　　分		
			留　保	社　外　流　出	
		①	②	③	
当期利益又は当期欠損の額	1			配　当	
				その他	
加算	賞与引当金	75,000,000	75,000,000		
	小　　　計	11	75,000,000	75,000,000		0
減算	賞与引当金	65,000,000	65,000,000		
	小　　　計	21	65,000,000	65,000,000	外※	0

【別表5（1）】 Ⅰ　利益積立金額の計算に関する明細書　　　　　　（単位：円）

区　　分		期首現在利益積立金額	当期の増減		差引翌期首現在利益積立金額 ①－②＋③
			減	増	
		①	②	③	④
利　益　準　備　金	1				
積　立　金	2				
賞与引当金	3	65,000,000	65,000,000	75,000,000	75,000,000

（8）決算賞与の取扱い

A　　今度、決算賞与が支給されるって聞きましたけど、気を付けておくことはありますか？

X　　決算日までに、決算賞与が支払われた場合は、賞与勘定で費用計上することになるよ。

決算日までに支払われていない決算賞与がある場合には注意が必要だね。決算賞与を支給することが確定しているわけだから、賞与を未払計上する必要が出てくるね。

税務上も、次の要件を満たした場合には、賞与引当金とは異なり、通常の確定債務と同様に未払計上時に損金算入が認められることになるよ。

・支給額を各人別に、かつ、同時期に支給を受けるすべての使用人に対して通知をしていること。
・通知をした金額を、当該通知をしたすべての使用人に対し当該通知をした日の属する事業年度終了の日の翌日から1か月以内に支払っていること。
・支給額につき通知をした日の属する事業年度において損金経理をしていること。

【法人税法施行令】
（使用人賞与の損金算入時期）
第72条の3　…使用人に対して賞与（給与（債務の免除による利益その他の経済的な利益を含む。）のうち臨時的なもの…を支給する場合（…使用人としての職務を有する役員に対して当該職務に対する賞与を支給する場合を含む。）には、これらの賞与の額について、次の各号に掲げる賞与の区分に応じ当該各号に定める事業年度において支給されたものとして、…所得の金額を計算する。
　一　労働協約又は就業規則により定められる支給予定日が到来している賞与（使用人にその支給額の通知がされているもので、かつ、当該支給予定日又は当該通知をした日の属する事業年度においてその支給額につき損金経理をしているものに限る。）　当該支給予定日又は当該通知をした日のいずれか遅い日の属する事業年度
　二　次に掲げる要件の全てを満たす賞与　使用人にその支給額の通知をした日の属する事業年度
　　イ　その支給額を、各人別に、かつ、同時期に支給を受ける全ての使用人に対して通知をしていること。
　　ロ　イの通知をした金額を当該通知をした全ての使用人に対し当該通知をした日の属する事業年度終了の日の翌日から一月以内に支払つていること。
　　ハ　その支給額につきイの通知をした日の属する事業年度において損金経理をしていること。
　三　前二号に掲げる賞与以外の賞与　当該賞与が支払われた日の属する事業年度
【法人税基本通達】
（支給額の通知）
9－2－43　法人が支給日に在職する使用人のみに賞与を支給することとしている場合のその支給額の通知は、令第72条の3第2号イの支給額の通知には該当しないことに留意する。
（同時期に支給を受ける全ての使用人）
9－2－44　法人が、その使用人に対する賞与の支給について、いわゆるパートタイマー又は臨時雇い等の身分で雇用している者（雇用関係が継続的なものであって、他の使用人と同様に賞与の支給の対象としている者を除く。）とその他の使用人を区分している場合には、その区分ごとに、令第72条の3第2号イの支給額の通知を行ったかどうかを判定することができるものとする。

（9）決算賞与における未払社会保険料

A 決算賞与の社会保険料の税務上の取扱いはどうなるんですか？

X いつ支払われたかによるね。

決算日までに賞与が支払われている場合は、決算月の社会保険料支払債務は損金算入できるね。

　翌期に賞与が支払われる場合には、当期は損金算入できずに、翌期に損金算入となるよ。

　これは、法人が負担する社会保険料は、被保険者が月末において在職している場合にのみ、同者に係る保険料を翌月末日までに納付することとなり、被保険者が月の中途で退職した場合には、同者の退職月に係る保険料は納付する義務がないから。つまり、決算賞与に係る社会保険料の支払債務は、その決算賞与を支払った月の末日におけるその使用人の在職の事実をもって確定することになるよ。

【法人税基本通達】

（社会保険料の損金算入の時期）

９－３－２　…次に掲げる保険料等の額のうち当該法人が負担すべき部分の金額は、当該保険料等の額の計算の対象となった月の末日の属する事業年度の損金の額に算入することができる。…

（１）　健康保険法第155条《保険料》又は厚生年金保険法第81条《保険料》の規定により徴収される保険料

8 | 貸倒引当金

会計基準名称	発行主体	略称
企業会計基準第10号「金融商品に関する会計基準」 （最終改正 2019年7月4日）	企業会計基準委員会	金融商品会計基準
会計制度委員会報告第14号「金融商品会計に関する実務指針」 （最終改正 2019年7月4日）	日本公認会計士協会	金融商品会計実務指針
財務諸表等の用語、様式及び作成方法に関する規則 （最終改正 2018年6月8日）	内閣府令	財務諸表等規則
監査・保証実務委員会報告第76号「後発事象に関する監査上の取扱い」 （最終改正 2008年7月9日）	日本公認会計士協会	後発事象取扱い

1 基礎を学ぼう

（1）貸倒引当金って何ですか？

A　決算にあたって、貸倒引当金の計算をしてほしいと言われたのですが、どのようにするのですか？また、そもそも貸倒引当金って何ですか？

X　例えばモノやサービスを得意先に提供したら、代金をもらわないといけないよね。通常なら、あらかじめ決められた契約や約束でもらえるんだけど、何らかの理由でもらえないことがある。少し遅れるくらいなら問題ないけど、長い期間もらえなかったりする場合もあるよね。
　得意先からもらうべき代金が債権で、代金がもらえていない状態の債権を滞留債権と呼ぶんだ。滞留債権と判断されると、もらえずに損をする可能性があるから、前もって費用として認識しないといけ

ないんだよ。その際の費用を見積もって計算するのが貸倒引当金なんだ。

（2）貸倒損失との違い

A 　そうなんですね。簿記検定で学習したことがあります。同じような内容で貸倒損失という言葉を聞いたことがあるのですが、貸倒引当金とどのような違いがあるのでしょうか？

X 　貸倒引当金は将来に代金がもらえない可能性に備えて、あらかじめ金額を見積もって費用として計上するんだ。
　一方、貸倒損失は得意先の倒産などによって、代金がもらえなくなった場合にその金額を損失として計上するよ。
　つまり、貸倒引当金は損失見込額で、貸倒損失は損失確定額なんだ。

（3）債権の区分

A 　貸倒引当金を計上する場合、金額を見積もる必要があるといわれていますが、どのような考え方で見積もるのですか？

X 　まず、得意先ごとに債権の回収状況を把握するんだよ。得意先A社、B社及びC社について検討してみよう。入金の状況は、次のとおりだよ。
　得意先A社…請求後、契約どおりに入金がある
　得意先B社…請求後、遅れて入金があり、かなり遅れる時もある
　得意先C社…請求後、全く入金がなく、督促の連絡もつかない

　それぞれの得意先債権を分類すると次のとおりだよ。

会社	財政状態及び経営成績等	分類
得意先A社	経営状態に重大な問題が生じていない債務者に対する債権であると判断した。	一般債権
得意先B社	経営破綻の状態には至っていないが、債務の弁済に重大な問題が生じているか又は生じる可能性の高い債務者に対する債権であると判断した。	貸倒懸念債権
得意先C社	経営破綻又は実質的に経営破綻に陥っている債務者に対する債権であると判断した。	破産更生債権等

 この分類に従って、貸倒引当金を見積もるんだ。詳細な見積方法の詳細な説明は難しいから、ここでは割愛して後ほど話すよ。

【金融商品会計基準】

（1．債権の区分）

27.　貸倒見積高の算定にあたっては、債務者の財政状態及び経営成績等に応じて、債権を次のように区分する。

（1）　経営状態に重大な問題が生じていない債務者に対する債権（一般債権）

（2）　経営破綻の状態には至っていないが、債務の弁済に重大な問題が生じているか又は生じる可能性の高い債務者に対する債権（貸倒懸念債権）

（3）　経営破綻又は実質的に経営破綻に陥っている債務者に対する債権（破産更生債権等）

（貸倒見積高の算定方法）

28.　債権の貸倒見積高は、その区分に応じてそれぞれ次の方法により算定する。

（1）　一般債権については、債権全体又は同種・同類の債権ごとに、債権の状況に応じて求めた過去の貸倒実績率等合理的な基準により貸倒見積高を算定する。

（2）　貸倒懸念債権については、債権の状況に応じて、次のいずれかの方法により貸倒見積高を算定する。

① 　債権額から担保の処分見込額及び保証による回収見込額を減額し、その残額について債務者の財政状態及び経営成績を考慮して貸倒見積高を算定する方法

② 　債権の元本の回収及び利息の受取りに係るキャッシュ・フローを合理的に見積もることができる債権については、債権の元本及び利息について元本の回収及び利息の受取りが見込まれるときから当期末までの期間にわたり当初の約定利子率で割り引いた金額の総額と債権の帳簿価額との差額を貸倒見積高とする方法

（3）　破産更生債権等については、債権額から担保の処分見込額及び保証による回収見込額を減額し、その残額を貸倒見積高とする。

（出典：公益財団法人財務会計基準機構・企業会計基準委員会の公表物から引用）

（4）会計処理

では、貸倒引当金の見積額が決定したとして、会計処理はどうなりますか？

X
会計上の貸倒引当金の繰入れ及び取崩しの仕訳は、引当の対象となった債権の分類ごとに行う必要があるよ。次で考えてみよう。

---

① 一般債権の場合
【事例】
・今回見積額 ＞ 前回見積額
今回の貸倒引当金見積額：1,500千円
前回の貸倒引当金見積額：1,000千円

借方	金額	貸方	金額	備考
貸倒引当金繰入額	500	貸倒引当金	500	1,500 － 1,000

・今回見積額 ＜ 前回見積額
今回の貸倒引当金見積額： 800千円
前回の貸倒引当金見積額：1,000千円

借方	金額	貸方	金額	備考
貸倒引当金	200	貸倒引当金戻入益	200	1,000 － 800

---

② 貸倒懸念債権及び破産更生債権等の場合
【事例】
・実際貸倒額 ＞ 貸倒引当金残高
債権額：1,000千円
実際貸倒額：800千円
貸倒引当金残高：500千円

借方	金額	貸方	金額	備考
貸倒損失	800	売掛金	800	当期実際貸倒損失額
貸倒引当金	500	貸倒損失	500	相殺

・実際貸倒額 ＜ 貸倒引当金残高

債権額：1,000千円

実際貸倒額：300千円

貸倒引当金残高：500千円

借方	金額	貸方	金額	備考
貸倒損失	300	売掛金	300	当期実際貸倒損失額
貸倒引当金	500	貸倒損失	300	相殺
		貸倒引当金戻入益	200	差額

 まとめると、実際貸倒額が貸倒引当金よりも多い場合には、差額は貸倒損失として計上されるね。これに対し実際貸倒額が貸倒引当金よりも少ない場合には、差額は貸倒引当金戻入益として表示されるよ。

【金融商品会計実務指針】

（貸倒見積高の引当方法）

122. 債権の貸倒見積高を算出する方法には…があるが、貸倒引当金の繰入れ及び取崩しの処理は、引当の対象となった債権の区分ごとに行わなければならない。

(出典：日本公認会計士協会の公表物から引用)

（5）対象勘定科目

 決算書における、どの勘定科目が貸倒引当金の設定対象となるのですか？

 一般的に金銭債権といわれ、貸借対照表の資産の部に計上されている次のような勘定科目になるよ。さっきも言ったけど、得意先にモノやサービスを提供した際の債権や、お金を貸した時に計上する貸付金だね。

```
・受取手形
・売掛金
・貸付金
・未収入金
・立替金（他人のために立替払いした場合）
```

【金融商品会計基準】

（1.債権）

14. 受取手形、売掛金、貸付金その他の債権の貸借対照表価額は、取得価額から貸倒見積高に基づいて算定された貸倒引当金を控除した金額とする。

（出典：公益財団法人財務会計基準機構・企業会計基準委員会の公表物から引用）

（6）計上時期

　　設定科目が決まったとして、貸倒引当金はどのタイミングで計上するのですか？毎月すべての債権について分類を行って、貸倒引当金を計上するとなると、かなり大変な作業になると思うのですが。

　　主に決算のタイミングだね。毎月となると、かなり大変だから決算時に計上するよ。上場企業の場合は四半期ごとに決算書を開示する必要があるけど、前年度の貸倒実績率等と著しく変動していない場合には、前年度の貸倒実績率等の使用が認められるよ。

【四半期財務諸表に関する会計基準の適用指針】

3. 四半期会計期間末における一般債権に対する貸倒見積高は、次のように算定することができる。

（1） 一般債権の貸倒実績率等が前年度の財務諸表の作成において使用した貸倒実績率等と著しく変動していないと考えられる場合には、四半期会計期間末において、前年度末の決算において算定した貸倒実績率等の合理的な基準を使用することができる

（出典：公益財団法人財務会計基準機構・企業会計基準委員会の公表物から引用）

貸倒引当金

（7）貸借対照表での表示方法

A　貸借対照表ではどのように表示するのですか？

X　貸借対照表では、貸倒引当金の名称で、以下の 3 つの方法で表示されているよ。

① 各資産科目に対する控除科目として、各資産科目別に表示

勘定科目	金額
受取手形	50,000
貸倒引当金	▲ 2,000
差引額	48,000
売掛金	100,000
貸倒引当金	▲ 5,000
差引額	95,000

② 各資産科目に対する控除項目として、一括して表示

勘定科目	金額
受取手形	50,000
売掛金	100,000
貸倒引当金	▲ 7,000
差引額	143,000

③　各資産科目から直接控除して、控除後の残高を該当資産の金額として
　　表示して、貸倒引当金は各資産科目別にまたは一括して注記する

勘定科目	金額
受取手形	48,000
売掛金	95,000
合計額	143,000

（個別注記表）

　　受取手形及び売掛金は貸倒引当金控除後の金額であって、それぞれの貸倒引
当金は受取手形が2,000、売掛金が5,000である。

【財務諸表等規則】
20.　流動資産に属する資産に係る引当金は、当該各資産科目に対する控除科目として、
　　当該各資産科目別に貸倒引当金その他当該引当金の設定目的を示す名称を付した科目
　　をもって掲記しなければならない。ただし、次の各号に掲げる方法によることを妨げない。
　一　当該引当金を、当該各資産科目に対する控除科目として一括して掲記する方法
　二　当該引当金を当該各資産の金額から直接控除し、その控除残高を当該各資産の金
　　額として表示する方法
　2　前項第2号の場合において、当該引当金は当該各資産科目別に又は一括して注記
　　しなければならない。

（8）損益計算書での表示方法

A　　次に、損益計算書ではどのように表示するのですか？

X　　損益計算書では、繰入れの場合は貸倒引当金繰入額として、正常
営業循環基準に基づき、販売費及び一般管理費・営業外費用または
特別損失として計上するよ。
　　正常営業循環基準とは、企業の主目的たる営業活動の過程の中に
入る資産を流動資産とする考え方だよ。受取手形及び売掛金等の営
業債権は、正常な営業取引で発生する資産であり、これらに対する

貸倒引当金は販売費及び一般管理費として計上するよ。貸付金など
の正常な営業取引以外で発生する資産は営業外費用または特別損失
として計上するね。

　これらに対し、戻入れの場合は、引当金繰入のように区分して表示
することが求められていないけど、営業外収益として計上することが
多いかな。

【財務諸表等規則】

85.　販売費及び一般管理費は、適当と認められる費目に分類し、当該費用を示す名称を
付した科目をもって掲記しなければならない。ただし、販売費の科目若しくは一般管理
費の科目又は販売費及び一般管理費の科目に一括して掲記し、その主要な費目及びそ
の金額を注記することを妨げない。

　2　前項ただし書に規定する主要な費目とは、減価償却費及び引当金繰入額（これらの
費目のうちその金額が少額であるものを除く。）並びにこれら以外の費目でその金額
が販売費及び一般管理費の合計額の百分の十を超える費目をいう。

98.　引当金繰入額は、その設定目的及び引当金繰入額であることを示す名称を付した科
目をもって別に掲記しなければならない。

【金融商品会計実務指針】

（直接減額による取崩し）

123.　債権の回収可能性がほとんどないと判断された場合には、貸倒損失額を債権から直
接減額して、当該貸倒損失額と当該債権に係る前期貸倒引当金残高のいずれか少ない
金額まで貸倒引当金を取り崩し、当期貸倒損失額と相殺しなければならない。なお、
この場合に、当該債権に係る前期末の貸倒引当金が当期貸倒損失額に不足する場合、
当該不足額をそれぞれの債権の性格により原則として営業費用又は営業外費用に計上
する。

（繰入額と取崩額の相殺表示）

125.　当事業年度末における貸倒引当金のうち直接償却により債権額と相殺した後の不要
となった残額があるときは、これを取り崩さなければならない。ただし、当該取崩額は
これを当期繰入額と相殺し、繰入額の方が多い場合にはその差額を繰入額算定の基礎
となった対象債権の割合等合理的な按分基準によって営業費用又は営業外費用に計上
するものとする。また、取崩額の方が大きい場合には、過年度遡及会計基準第55項に従っ
て、原則として営業費用又は営業外費用から控除するか営業外収益として当該期間に
認識する。

（出典：日本公認会計士協会の公表物から引用）

2 応用を学ぼう

（1） 一般債権の貸倒見積高の算定方法

A 　貸倒引当金の基礎は大体わかりました。では、先ほどは詳しくお話されていませんでしたが、貸倒見積高はどのように算定するのですか？まず、一般債権について教えてください。

X 　一般債権の貸倒見積高は過去の貸倒実績率等の合理的な基準により算出するよ。
　具体例として債権の平均回収期間が3年と1年の場合に分けて説明するね。

① **ケース1…債権の平均回収期間が3年の場合**
【事例】

基礎データ	×-5期	×-4期	×-3期	×-2期	×-1期	×期	当初元本損失累計
元本期末残高	4,500	3,000	1,500	0			4,500
当期貸倒損失		20	15	10			45
元本期末残高		1,800	1,200	600	0		1,800
当期貸倒損失				7	12		19
元本期末残高			2,100	1,400	700	0	2,100
当期貸倒損失					9	15	24
元本期末残高				2,400	1,600	800	2,400
当期貸倒損失						10	10
元本期末残高					2,700	1,800	2,700

基礎データ	×-5期	×-4期	×-3期	×-2期	×-1期	×期	当初元本損失累計
当期貸倒損失							
元本期末残高						3,000	3,000
当期貸倒損失							
合計元本期末残高	4,500	4,800	4,800	4,400	5,000	5,600	
合計当期貸倒損失		20	15	17	21	25	

i 発生年度ごとの貸倒実績率の平均値による方法

この方法は、当期末に残高のある債権の基準年度元本残高に、当期に適用する貸倒実績率を乗じて貸倒損失総発生額を見積もり、そこから当期発生額を控除して貸倒引当金計上額を算定する。

まず、基準となる各算定期間に係る貸倒実績率を算定する。

・×-5期　45 ÷ 4,500 ＝ 1.00%
・×-4期　19 ÷ 1,800 ＝ 1.06%
・×-3期　24 ÷ 2,100 ＝ 1.14%

次に、これら3算定期間の貸倒実績率の平均値を出す。

(1.00% ＋ 1.06% ＋ 1.14%) ÷ 3 ＝ 1.07%

この平均値を基に当期 (X期) の貸倒引当金の計算をする。

(2,400 ＋ 2,700 ＋ 3,000) × 1.07% － 10 (当期貸倒額) ＝ 76

ii 合計残高ごとの貸倒実績率の平均による方法

この方法は、当期末に残高のある債権の合計期末残高に、当期に適用する貸倒実績率を乗じて貸倒損失総発生額を見積もり、貸倒引当金計上額を算定する。

まず、基準となる各算定期間に係る貸倒実績率を算定する。

・×-5期を基準年度とする貸倒実績率 ＝ (20 ＋ 15 ＋ 17) ÷ 4,500 ＝ 1.16%
・×-4期を基準年度とする貸倒実績率 ＝ (15 ＋ 17 ＋ 21) ÷ 4,800 ＝ 1.10%
・×-3期を基準年度とする貸倒実績率 ＝ (17 ＋ 21 ＋ 25) ÷ 4,800 ＝ 1.31%

次に、これら3年の貸倒実績率の平均値を出す。

(1.16% ＋ 1.10% ＋ 1.31%) ÷ 3 ＝ 1.19%

この平均値を基に当期 (×期) の貸倒引当金の計算をする。

5,600 × 1.19% ＝ 67

このように一つの事例であったとしても、複数の貸倒引当金を算定する方法があるよ。どれを採用するかは、企業実態と照らして選択する必要があるだろうね。

② ケース2…債権の平均回収期間が1年未満の場合
【事例】

基礎データ	×-3期	×-2期	×-1期	×期	当初元本損失累計
元本期末残高	5,500	0			5,500
当期貸倒損失		20			20
元本期末残高		6,000	0		6,000
当期貸倒損失			10		10
元本期末残高			6,500	0	6,500
当期貸倒損失				30	30
元本期末残高				7,000	7,000
当期貸倒損失					
合計元本期末残高	5,500	6,000	6,500	7,000	
合計当期貸倒損失		20	10	30	

　ここでも、①ケース1の債権の回収期間が3年未満の場合と同じように、基準となる各算定期間に係る貸倒実績率を算定する。
・×-3期　20 ÷ 5,500 ＝ 0.36%
・×-2期　10 ÷ 6,000 ＝ 0.17%
・×-1期　30 ÷ 6,500 ＝ 0.46%
　次に、これら3算定期間の貸倒実績率の平均値を出す。
(0.36% ＋ 0.17% ＋ 0.46%) ÷ 3 ＝ 0.33%
　この平均値を基に当期 (X期) の貸倒引当金の計算をする。
7,000 × 0.33% ＝ 23

【金融商品会計実務指針】
(一般債権の定義)

109.　一般債権とは、経営状態に重大な問題が生じていない債務者に対する債権をいう。
　　具体的には、貸倒懸念債権及び破産更生債権等以外の債権として区分されることとな
　　る。

(貸倒実績率法)

110.　金融商品会計基準第28項（1）では、一般債権について、債権全体又は同種・同類
　　の債権ごとに、債権の状況に応じて求めた過去の貸倒実績率等合理的な基準により貸
　　倒見積高を算定することとしている（以下「貸倒実績率法」という。）。債権の状況に
　　応じて求めた過去の貸倒実績率とは、一般債権においても個々の債権が有する信用リ
　　スクの程度には差があるため、与信管理目的で債務者の財政状態・経営成績等に基づ
　　いて債権の信用リスクのランク付け（内部格付）が行われている場合に、当該信用リス
　　クのランクごとに区分して過去の実績から算出した貸倒実績率をいう。貸倒実績率は、
　　ある期における債権残高を分母とし、翌期以降における貸倒損失額を分子として算定す
　　るが、貸倒損失の過去のデータから貸倒実績率を算定する期間（以下「算定期間」と
　　いう。）は、一般には、債権の平均回収期間が妥当である。ただし、当該期間が1年
　　を下回る場合には、1年とする。なお、当期末に保有する債権について適用する貸倒
　　実績率を算定するに当たっては、当期を最終年度とする算定期間を含むそれ以前の2
　　～3算定期間に係る貸倒実績率の平均値による［設例12］。

(貸倒実績率法)

297.　一般債権には、経営状態に全く問題のない債務者に対する債権から、経営状態に軽
　　微な問題はあるが貸倒懸念先には該当しない債務者に対する債権まで、信用リスクの
　　幅広く異なる債権が含まれる。金融商品会計基準第28項では、一般債権について、「債
　　権全体又は同種・同類の債権ごとに、債権の状況に応じて求めた過去の貸倒実績率等
　　合理的な基準により貸倒見積高を算定する」こととされている。したがって、一般債権
　　に信用リスクの異なる債権が含まれている場合には、債権全体について一つの引当率
　　で貸倒見積高を算定することが適切ではないため、信用リスクのランク付けを行って、
　　それぞれのリスクに応じた引当を実施することが望ましい。債権の貸倒損失は、債権を
　　計上した後その平均回収期間にわたり発生するものであるため、貸倒実績率は、ある
　　期における債権残高を分母とし、平均回収期間内に発生した貸倒損失額を分子として算
　　定するものとした。なお、一般事業会社の営業債権の平均回収期間は数か月程度であ
　　る場合が多いが、このような場合でも、貸倒損失の過去のデータを算定する算定期間は、
　　最低ラインとして1年とした。当期末に保有する債権について適用する貸倒実績率は、
　　任意の算定期間に係るものを使用することは望ましくない。当期を最終年度とする算定
　　期間に係る貸倒実績率を用いるとともに、各算定期間ごとの変動を平準化するために、
　　当該算定期間を含む2～3算定期間に係る貸倒実績率の平均値によることとした。

　　　　　　　　　　　　　　　　　　（出典：日本公認会計士協会の公表物から引用）

（2）貸倒懸念債権の貸倒見積高の算定方法

A 次に、貸倒懸念債権の貸倒見積高の算定方法を教えてください。

X 貸倒懸念債権は財務内容評価法かキャッシュ・フロー見積法のいずれかで算定しなければならないよ。

X では、財務内容評価法から説明するね。
まず、個々の債権者ごとに以下の項目より貸倒懸念債権の評価を行うよ。

・債権額
・担保の処分見込額及び保証による回収見込額の反映
・債務者の支払能力

X 次に、債権額から担保の処分見込額及び保証による回収見込額を減額し、その残額について債務者の財政状態及び経営成績を考慮して貸倒見積高を算定することになるよ。
担保には、現金預金や上場株式等のように、容易に換金価値がわかる資産もあれば、不動産のように容易に把握しづらい資産もあるね。その場合には、不動産鑑定士から鑑定証明を入手する場合が多いかな。
さらに債務者の支払能力は経営状態、債務超過の程度や事業活動の状況、銀行等の金融機関及び関係会社からの支援状況、今後の資金繰りの見通し等、様々な要因を考慮して判断されることになるよ。
具体例だと、次のとおりだね。

貸倒引当金

【事例】

貸倒懸念債権 (A)：1,000
担保回収見込み (B)：600
債務者の支払能力 (C)：50%※
貸倒見積額 (D)：200 ＝ {1,000(A) － 600(B)} × 50% (C)

※債務者所有の現金預金や上場株式及び不動産の状況、また経営状態、債務超過の程度
　や事業活動の状況、銀行等の金融機関及び関係会社からの支援状況、今後の資金繰り
　の見通し等を考慮して50%と判断

続いてキャッシュ・フロー見積法を説明するね。

　キャッシュ・フロー見積法も個々の債権者ごとに、債権額から入金可能と見込まれる時期と金額を反映した将来キャッシュ・フローの現在価値を差し引いて貸倒見積高を算出するよ。

　具体例だと、次のとおりになるよ。

【事例】

債権額：1,000,000

約定利子：毎年5％（50,000）の受取り

返済　　：5年後元本1,000,000の受取り

条件変更：利率を毎年2％（20,000）に変更

年度	1年後	2年後	3年後	4年後	5年後	合計
当初利息	50,000	50,000	50,000	50,000	50,000	250,000
元本					1,000,000	1,000,000
当初合計	50,000	50,000	50,000	50,000	1,050,000	1,250,000
現在価値割引率	1.05	$(1.05)^2$	$(1.05)^3$	$(1.05)^4$	$(1.05)^5$	
変更後利息	20,000	20,000	20,000	20,000	20,000	100,000
元本					1,000,000	1,000,000
変更後合計	20,000	20,000	20,000	20,000	1,020,000	1,100,000
変更後の割引額※	19,048	18,141	17,277	16,454	799,187	870,117

※20,000を現在価値割引率で除して算定

　債権金額1,000,000から条件緩和後の将来キャッシュ・フローを当初約定利子率で割り引いた現在価値870,117を差し引いた額129,883を貸倒引当金として計上。

<u>貸倒見積高 ＝ 1,000,000 － 870,117 ＝ 129,883</u>

貸倒引当金

【金融商品会計実務指針】
（貸倒懸念債権の定義）

112.　貸倒懸念債権とは、経営破綻の状況には至っていないが、債務の弁済に重大な問題が生じているか又は生じる可能性の高い債務者に対する債権をいう（金融商品会計基準第27項（2））。債務の弁済に重大な問題が生じているとは、現に債務の弁済がおおむね1年以上延滞している場合のほか、弁済期間の延長又は弁済の一時棚上げ及び元金又は利息の一部を免除するなど債務者に対し弁済条件の大幅な緩和を行っている場合が含まれる。債務の弁済に重大な問題が生じる可能性が高いとは、業況が低調ないし不安定、又は財務内容に問題があり、過去の経営成績又は経営改善計画の実現可能性を考慮しても債務の一部を条件どおりに弁済できない可能性の高いことをいう。財務内容に問題があるとは、現に債務超過である場合のみならず、債務者が有する債権の回収可能性や資産の含み損を考慮すると実質的に債務超過の状態に陥っている状況を含む。

（貸倒見積高の算定方法の概要）

113.　貸倒懸念債権については、債権の状況に応じて、次のいずれかの方法により貸倒見積高を算定することとされている（金融商品会計基準第28項（2））。

（1）　担保又は保証が付されている債権について、債権額から担保の処分見込額及び保証による回収見込額を減額し、その残額について債務者の財政状態及び経営成績を考慮して貸倒見積高を算定する方法（以下「財務内容評価法」という。）

（2）　債権の元本の回収及び利息の受取に係るキャッシュ・フローを合理的に見積もることができる債権について、債権の発生又は取得当初における将来キャッシュ・フローと債権の帳簿価額との差額が一定率となるような割引率を算出し、債権の元本及び利息について、元本の回収及び利息の受取が見込まれるときから当期末までの期間にわたり、債権の発生又は取得当初の割引率で割り引いた現在価値の総額と債権の帳簿価額との差額を貸倒見積高とする方法（以下「キャッシュ・フロー見積法」という。）

（財務内容評価法）

114.　財務内容評価法を採用する場合には、債務者の支払能力を総合的に判断する必要がある。債務者の支払能力は、債務者の経営状態、債務超過の程度、延滞の期間、事業活動の状況、銀行等金融機関及び親会社の支援状況、再建計画の実現可能性、今後の収益及び資金繰りの見通し、その他債権回収に関係のある一切の定量的・定性的要因を考慮することにより判断される。一般事業会社においては、債務者の支払能力を判断する資料を入手することが困難な場合もあり、例えば、貸倒懸念債権と初めて認定した期には、担保の処分見込額及び保証による回収見込額を控除した残額の50%を引き当て、次年度以降において、毎期見直す等の簡便法を採用することも考えられる。ただし、個別に重要性の高い貸倒懸念債権については、可能な限り資料を入手し、評価時点における回収可能額の最善の見積りを行うことが必要である。担保には、預金及び市場性のある有価証券など信用度、流通性の高い優良な担保をはじめ、不動産、財団等処分に時間を要するものまで様々あるが、担保の処分見込額を求めるに当たっては、合理的に算定した担保の時価に基づくとともに、当該担保の信用度、流通性及び時価の変動の可能性を考慮する必要がある。

（キャッシュ・フロー見積法）

115. キャッシュ・フロー見積法を採用する場合に、債権の元利回収に係る契約上の将来キャッシュ・フローが予定どおり入金されないおそれがあるときは、支払条件の緩和が行われていれば、それに基づく将来キャッシュ・フローを用い、それが行われていなければ、回収可能性の判断に基づき入金可能な時期と金額を反映した将来キャッシュ・フローの見積りを行った上で、それを債権の発生当初の約定利子率又は取得当初の実効利子率で割り引く。

（出典：日本公認会計士協会の公表物から引用）

（3） 破産更生債権等の貸倒見積高の算定方法

A 破産更生債権等の貸倒見積高の算定方法を教えてください。

X 破産更生債権等の手法としては、貸倒懸念債権で説明した財務内容評価法で算定するよ。

具体的には、次の項目より評価を行うね。

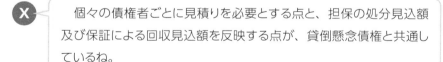

・債権額
・担保の処分見込額及び保証による回収見込額の反映
（清算配当等を含む）

X 個々の債権者ごとに見積りを必要とする点と、担保の処分見込額及び保証による回収見込額を反映する点が、貸倒懸念債権と共通しているね。

一方、清算配当等により回収が可能と認められる金額を、担保の処分見込額及び保証による回収見込額と同様に、債権額から減額するのが貸倒懸念債権とは異なるね。また、経営破綻又は実質的に経営破綻に陥っている状況の債務者に対する債権だから、債務者の支払能力を考慮する必要はないね。

貸倒引当金

209

116. 破産更生債権等とは、経営破綻又は実質的に経営破綻に陥っている債務者に対する債権をいう（金融商品会計基準第27項 (3)）。経営破綻に陥っている債務者とは、法的、形式的な経営破綻の事実が発生している債務者をいい、例えば、破産、清算、会社整理、会社更生、民事再生、手形交換所における取引停止処分等の事由が生じている債務者である。実質的に経営破綻に陥っている債務者とは、法的、形式的な経営破綻の事実は発生していないものの、深刻な経営難の状態にあり、再建の見通しがない状態にあると認められる債務者である。

（財務内容評価法）

117. 金融商品会計基準第28項 (3) では、破産更生債権等について、債権額から担保の処分見込額及び保証による回収見込額を減額し、その残額を貸倒見積高とすることとしている（財務内容評価法）。

清算配当等により回収が可能と認められる金額は、担保の処分見込額及び保証による回収見込額と同様に債権額から減額することができる。清算配当等により回収が可能と認められる金額とは、清算人等から清算配当等として通知を受けた金額のほか、債務者の資産内容、他の債権者に対する担保の差入れ状況を正確に把握して当該債務者の清算貸借対照表を作成し、それに基づく清算配当等の合理的な見積りが可能である場合における当該清算配当見積額を含む。なお、担保及び保証の取扱いについては、貸倒懸念債権における当該取扱いに準ずる。

（出典：日本公認会計士協会の公表物から引用）

（4）貸倒損失の求め方

ひととおりの貸倒見積高の方法は理解しました。貸倒実績率の算定にあたり分子の貸倒損失額にはどういう内容のものが含まれますか？

実際に貸倒れた債権はもちろん貸倒損失額に含めるよ。

それと、貸倒懸念債権や破産更生債権等に対して個別に設定された貸倒引当金繰入額についてもは、専門家による評価など十分に精度の高い担保や保証の回収見込額に基づいて引き当てられているものや、損失として早々に実現する可能性が高いものについては、貸倒損失額に含めて差し支えないとされているよ。

【金融商品会計に関するQ&A　Q41】

Q：貸倒実績率の算定において、分子の貸倒損失額に、個別引当による貸倒引当金繰入額を含めてもよいでしょうか。

A：実務指針上、個別貸倒引当金の金額は貸倒懸念債権、破産更生債権等について、回収可能性を検討して損失となる可能性が高いとして見積もることを要求されたものですが、見積りである以上、まだ損失として実現していないことや、担保及び保証による回収見込額は実際の回収額とは差異が生じると見られること、また、貸倒懸念債権の場合、担保及び保証による回収見込額を控除した残額の50%を引き当てるなど簡便な方法によって見積もられることもあるため、貸倒実績率の算定上分子に含めるかどうか明確ではありません。しかし、専門家による評価など十分に精度の高い担保及び保証の回収見込額に基づいて引き当てられているものや、損失として早々に実現する可能性が高いものについては、これを貸倒実績率の分子に含めて算定することは差し支えなく、また、それが実態をより反映することになるものと考えられます。

（出典：日本公認会計士協会の公表物から引用）

（5） 期末日後の貸倒れ

Ⓐ　もし、決算日後に金額的に多額な貸倒れが生じた場合はどうするんですか？いつの時点の貸倒れとして認識するのでしょうか。

Ⓧ　会計監査人の監査報告書日までに発生したかどうかで取扱いがかわるよ。

監査報告書日までに発生した場合、修正後発事象として債権の回収可能性の見積りを修正して、貸借対照表及び損益計算書を修正しないといけないよ。

これに対し、監査報告書日以降に発生した場合には、財務数値を修正することは実務上困難だから、金融商品取引法監査では、貸倒れの事実を開示後発事業として財務諸表に注記する必要があるよ。会社法監査では、監査役が監査報告書に貸倒れの事実を記載するか、株主総会で取締役が報告する必要があるね。

(6) 一般債権の貸倒実績がない場合

A 　算定期間内に貸倒実績がない場合は、貸倒引当金を計上しなくてもいいのですか?

X 　貸倒引当金の算定期間中に貸倒実績がなかったとしても、直ちに貸倒実績率をゼロ%にすることはできないよ。算定期間前に貸倒実績があった場合、期末に保有する債権の回収期間内に貸倒れの実績がないと合理的に予想される場合以外は、貸倒引当金をゼロにすることは認められないと考えられるね。

【金融商品会計に関するＱ＆Ａ　Q40】

Ｑ：過去の貸倒実績がない会社については、実績繰入率をゼロ％とすることができますか。

Ａ：企業の業務の特性や債権の内容から、過去において貸倒れの実績がなく、将来においても発生の可能性がないと合理的に予想される場合には、貸倒引当金繰入額はゼロとなります。

　一方、算定対象期間中には貸倒れの実績はないものの、それより前に貸倒れの発生があった場合には、一般に貸倒実績率の算定対象期間は景気変動の１サイクルよりも短いことから、当該貸倒れの相手先及び債権の内容、発生した当時における企業内の債権管理体制と外部経営環境等を現在企業が有する債権及び企業における状況と比較して、期末に有する債権の回収期間内において、貸倒れの発生がないものと合理的に予想される場合以外は貸倒引当金繰入額をゼロとすることは認められないと考えられます。この場合には、企業の過去における貸倒実績率の推移等に基づいて適用する貸倒実績率を算定しなければなりません。

（出典：日本公認会計士協会の公表物から引用）

3 実務事例を学ぼう

Ａ　　貸倒引当金についておおむね理解できました。では、貸倒引当金の算定であった実務例を教えてください。

Ｘ　　実際に上場企業であった事例を取り上げるね。貸倒懸念債権に対する貸倒見積高について、財務内容評価法により算出しなければならなかったにも関わらず、合理的な根拠のない回収見込額を基に貸倒引当金を過少に計上した事例だよ。その際の背景及び原因、是正策を見てみよう。

① 法令違反の概要

　中国における住宅開発事業から発生した長期未収入金及び長期貸付金に係る貸倒引当金の過少計上といった不適正な会計処理。これらの不適正な会計処理により、過大な連結純資産等を計上した連結財務諸表を含む有価証券報告書等を提出した。

② 不適正な会計処理の概要

【債権の計上について】
中国での住宅開発事業に関して、
- ⅰ：当該住宅開発事業の実施主体であるB社へ出資し、その後、出資持分をA社に譲渡して、売買代金債権を長期未収入金に振り替え（平成22年3月）
- ⅱ：住宅開発事業の資金不足のためA社に対し貸付けを行った（平成19年11月）

【債権の回収及び返済期間の延長について】
- ⅰ：長期未収入金について、返済額がごく一部に止まっており、また、住宅開発事業から収益が発生しないと返済される見込みがないため、A社に住宅開発事業の竣工予定日や支払可能金額を口頭で確認するなどしつつ、平成22年4月に返済期限を3年超延長し、貸倒懸念債権に分類した。その後、返済期限の延長を5回行った。
- ⅱ：長期貸付金について、当初の返済期限までに全く返済されず、また、平成22年1月に、A社から住宅開発事業から収益が発生しないと返済される見込みがないと主張されたため、平成22年7月に返済期限を3年超延長し、貸倒懸念債権に分類。その後、返済期限の延長を3回行った。

【概要図】

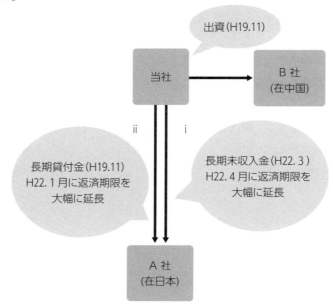

【不適切な貸倒見積高の算定について】

　債権の元本及び利息の受取りに係るキャッシュ・フローを合理的に見積もることができなかったため、それぞれ財務内容評価法により貸倒見積高を算定しなければならなかった。

　しかし、平成22年7月から、合理的な根拠のない元本の回収額を見積もって貸倒見積高を算出した結果、貸倒引当金が長期間にわたって過少となっていた。

③　不正の原因とその是正策

i　背景・原因

　検査の結果、当社における不適正な会計処理は、以下を背景に当時の代表取締役及び当時の交渉担当者であった現代表取締役等が主導して行われた。

・米国のサブプライムローン問題等の影響を受けて業績が悪化し、継続企業の前提に関する注記を付されていた中、更なる業績悪化を回避しようとしたこと
・中国での住宅開発事業に関する情報を他の取締役等と共有せず、また、他の取締役も代表取締役等に対する牽制機能を果たしていなかったこと
・当社において会計基準の知識及び適切な会計処理を行う意識の不足があったこと、また債務者の支払能力を検討せず、債務者の口頭説明や根拠のない住宅開発事業の完成見込みを基に貸倒見積高を算定するなど、不適切な債権管理があったこと

ii　是正に向けた対応

　経営に重要な影響を与える取引について、取締役会への報告の義務化及び担当者の複数化を行った。また、債権管理マニュアルを新たに作成し、回収期間が1年以上の債権の回収可能性の評価に際し、債務者の支払能力を確認するために取得すべき書類等、債権管理上の確認事項を明確にした。さらに、新たに債権管理担当者を定め、債権の継続的な管理を強化することとした。

（「開示検査事例集」令和2年8月証券取引等監視委員会事務局【事例1】を要約）

4 　税務処理を学ぼう

（1）個別評価と一括評価

A　簿記検定の学習をしていた時に、会計と税務の取扱いが異なるという話を聞いたんですけど、どのような点が違うのですか？

X　税務では、貸倒引当金の計上は原則認められていないよ。ただ、例外として大法人に支配されていない、資本金1億円以下の法人は認められているよ。

A

　　そうなんですね。初めて知りました。では、資本金が1億円以下の法人で貸倒引当金を計上する場合には、どのように見積もるのですか？

X

　　まず、債権を個別評価と一括評価するものに分けるんだ。その後、それぞれの債権ごとに貸倒引当金を合計して算出するよ。ちなみに、一括評価するのは、個別評価以外の債権が対象になるよ。

① 個別評価

定義	繰入限度額
形式要件	(債権 － 実質的に債権ではない、担保・保証債務見込額) × 50%
長期棚上げ	債権 － 5年以内返済予定分 － 取り立て見込あり
実質的に回収不能	債権 － 担保等取り立て見込あり

・形式要件は更生手続・再生手続・破産手続の申立てがあった場合
・長期棚上げは更生計画認可・再生計画認可・債権者集会での合意
・実質的に回収不能は債務者が債務超過の状態が続いているなどで取り立て見込みがない場合

② 一括評価

定義	繰入限度額
個別評価以外の債権	期末一括評価債権合計額 × 貸倒実績率

※貸倒実績率は過去3年間分を利用

（2）法定繰入率

X　　さらに、中小企業の特例として、貸倒実績率にかえて法定繰入率を選択することが認められているよ。税務上の法定繰入率は以下のとおりだよ。

【税務上の法定繰入率】

業種	繰入率
卸売及び小売業	10/1000
製造業	8/1000
金融及び保険業	3/1000
割賦販売小売業等	13/1000
その他事業	6/1000

（3）会計上の税務上の関連

A　　会計上と税務上の貸倒引当金の貸倒引当金繰入額が異なる場合、どのように調整するのでしょうか。

X　　法人税申告書の別表で調整することになるよ。以下で確認してみよう。

【事例】
業種：卸売業（中小法人に該当）
期末の売上債権等：
売掛金40,000,000、受取手形8,000,000、貸付金10,000,000
引当金計上額：
会計上貸倒引当金計上額⇒700,000
税法上の貸倒引当金限度額⇒580,000（法定繰入率を利用、卸売業10/1000）
繰入限度超過額：700,000 － 580,000 ＝ 120,000

【別表4】 所得の金額の計算に関する明細   (単位：円)

区　　　分			総　額	処　　分		
				留　保	社　外　流　出	
			①	②	③	
当 期 利 益 又 は 当 期 欠 損 の 額	1				配　当	
					その他	
加	貸倒引当金繰入限度超過額	9	120,000	120,000		
算	小　　　　計	11	120,000	120,000		0

【別表5（1）】 I　利益積立金額の計算に関する明細書   (単位：円)

区　　　分		期 首 現 在 利益積立金額	当期の増減		差引翌期首現在 利 益 積 立 金 額 ①－②＋③
			減	増	
		①	②	③	④
利 　益 　準 　備 　金	1				
積 立 金	2				
貸倒引当金	3			120,000	120,000

（4）その他の留意点

A その他に気を付けないといけないことはありますか？

X 　税務上の貸倒引当金は、会計上で計上されている場合にのみ税務上も認められるから（損金経理要件）、会計上で計上せずに、税務上でのみ計上することは認められないよ。

【法人税法】

第52条

　次に掲げる内国法人が…、各事業年度において損金経理により貸倒引当金勘定に繰り入れた金額については、当該繰り入れた金額のうち、当該事業年度終了の時において当該個別評価金銭債権の取立て又は弁済の見込みがないと認められる部分の金額を基礎として政令で定めるところにより計算した金額に達するまでの金額は、当該事業年度の所得の金額の計算上、損金の額に算入する。

- 一　当該事業年度終了の時において次に掲げる法人に該当する内国法人
  - イ　普通法人のうち、資本金の額若しくは出資金の額が一億円以下であるもの又は資本若しくは出資を有しないもの
  - ロ　公益法人等又は協同組合等
  - ハ　人格のない社団等
- 二　次に掲げる内国法人
  - イ　銀行法に規定する銀行
  - ロ　保険業法に規定する保険会社

【法人税法施行令】

（貸倒引当金勘定への繰入限度額）

第96条

　法第52条第１項（貸倒引当金）に規定する政令で定める事実は、次の各号に掲げる事実とし、同項に規定する政令で定めるところにより計算した金額は、当該各号に掲げる事実の区分に応じ当該各号に定める金額とする。

- 一　法第52条第１項の内国法人が当該事業年度終了の時において有する金銭債権に係る債務者について生じた次に掲げる事由に基づいてその弁済を猶予され、又は賦払により弁済されること　当該金銭債権の額のうち当該事由が生じた日の属する事業年度終了の日の翌日から五年を経過する日までに弁済されることとなっている金額以外の金額
  - イ　更生計画認可の決定
  - ロ　再生計画認可の決定
  - ハ　特別清算に係る協定の認可の決定
  - ニ　イからハまでに掲げる事由に準ずるものとして財務省令で定める事由
- 二　当該内国法人が当該事業年度終了の時において有する金銭債権に係る債務者につき、債務超過の状態が相当期間継続し、かつ、その営む事業に好転の見通しがないこと、災害、経済事情の急変等により多大な損害が生じたことその他の事由により、当該金銭債権の一部の金額につきその取立て等の見込みがないと認められること　当該一部の金額に相当する金額
- 三　当該内国法人が当該事業年度終了の時において有する金銭債権に係る債務者につき次に掲げる事由が生じていること　当該金銭債権の額（当該金銭債権の額のうち、当該債務者から受け入れた金額があるため実質的に債権とみられない部分の金額及び担保権の実行、金融機関又は保証機関による保証債務の履行その他により取立て等の見込みがあると認められる部分の金額を除く。）の百分の五十に相当する金額

　イ　更生手続開始の申立て
　ロ　再生手続開始の申立て
　ハ　破産手続開始の申立て
　ニ　特別清算開始の申立て
　ホ　イからニまでに掲げる事由に準ずるものとして財務省令で定める事由

【法人税法】

第52条

2．　前項各号に掲げる内国法人が、その有する売掛金、貸付金その他これらに準ずる金銭債権の貸倒れによる損失の見込額として、各事業年度において損金経理により貸倒引当金勘定に繰り入れた金額については、当該繰り入れた金額のうち、当該事業年度終了の時において有する一括評価金銭債権の額及び最近における売掛金、貸付金その他これらに準ずる金銭債権の貸倒れによる損失の額を基礎として政令で定めるところにより計算した金額に達するまでの金額は、当該事業年度の所得の金額の計算上、損金の額に算入する。

【法人税法施行令】

（貸倒引当金勘定への繰入限度額）

第96条

6．　法第52条第2項に規定する政令で定めるところにより計算した金額は、同項の内国法人の当該事業年度終了の時において有する一括評価金銭債権の帳簿価額の合計額に貸倒実績率を乗じて計算した金額とする。

　一　当該内国法人の前3年内事業年度終了の時における一括評価金銭債権の帳簿価額の合計額を当該前3年内事業年度における事業年度及び連結事業年度の数で除して計算した金額

【租税特別措置法】

（中小企業者等の貸倒引当金の特例）

第57条

　法人で各事業年度終了の時において法人税法第52条第1項第1号イからハまでに掲げる法人に該当するものが法人税法第52条第2項の規定の適用を受ける場合には、同項の規定にかかわらず、当該事業年度終了の時における同項に規定する一括評価金銭債権の合計額に政令で定める割合を乗じて計算した金額をもって、同条第2項に規定する政令で定めるところにより計算した金額とすることができる。

9 | 製品保証引当金

会計基準名称	発行主体	略称
「企業会計原則注解」 （最終改正 1982年 4 月20日）	企業会計審議会	注解
企業会計基準適用指針第30号「収益認識に 関する会計基準の適用指針」 （最終改正 2021年 3 月26日）	企業会計基準委員会	収益認識適用指針

1 基礎を学ぼう

（1）製品保証引当金って何ですか？

A 　決算で製品保証引当金を計算してほしいとBさんに言われたのですが、そもそも製品保証引当金って何ですか？

X 　販売した製品が将来故障することもあるよね。その修理や交換の費用は販売契約で我が社が保証しているね。このように将来発生する負担額を見積もって当期の費用として計上する引当金を製品保証引当金というんだよ。参考だけど、業界によっては引当金の名前が異なることもあるよ。例えば建設会社や工事会社は将来発生する納入した工事等に対する瑕疵担保責任に対して完成工事補償引当金等の科目を使用したりしているよ。

（2）製品保証引当金の認識

X 　まずは製品保証の性質について記載している会計基準を紹介するね。収益認識適用指針に製品保証について次のように分類されているよ。

- 製品が合意された仕様に従っていないという保証 → 製品保証引当金
- 追加の保証サービスに区分して別個に履行する保証 → サービスの提供に応じて収益認識する

【収益認識適用指針】
((1) 財又はサービスに対する保証)
34. 約束した財又はサービスに対する保証が、当該財又はサービスが合意された仕様に従っているという保証のみである場合、当該保証について、企業会計原則注解（注18）に定める引当金として処理する…。
35. 約束した財又はサービスに対する保証又はその一部が、当該財又はサービスが合意された仕様に従っているという保証に加えて、顧客にサービスを提供する保証（当該追加分の保証について、以下「保証サービス」という。）を含む（第37項参照）場合には、保証サービスは履行義務であり、取引価格を財又はサービス及び当該保証サービスに配分する。

（出典：公益財団法人財務会計基準機構・企業会計基準委員会の公表物から引用）

X 　製品保証には、電気製品を買ったときメーカー保証が1年間ついている無償契約と、そのあと保証契約を延長したりする有償契約があるよね。製品保証引当金の対象となるのはどっちだと思うかな？

A 　うーん。有償契約は収益が計上されるのでその時に対応する費用として計上するから、将来の負担にそなえるということであれば無償契約でしょうか？

X 　正解。あと、無償の製品保証がついていたらすべて引当金を計上しないといけないのかな？逆に無償保証契約がなければ計上しなくていいのかな？

A 　賞与引当金でも教えてもらった注解18に記載がある引当金の要件を満たす時に計上するのですよね。また、契約が無くても商慣行で無償保証に応じていれば引当金はいりますよね。

X 飲み込み早いよ。正解。

【注解】

18　将来の特定の費用又は損失であって、その発生が当期以前の事象に起因し、発生の可能性が高く、かつ、その金額を合理的に見積もることができる場合には、当期の負担に属する金額を当期の費用又は損失として引当金に繰入れ、…

(出典：企業会計審議会の公表物から引用)

（3）製品保証引当金の測定

A ではどんな方法で引当金を見積もったらいいのですか？

X 大きく2つの方法があるね。製品ごとに過去の実績に基づき計算する方法と、個別で見積もる方法だね。また、この方法を組み合わせて計算するのもいいね。でも、製品保証引当金は、退職給付引当金や貸倒引当金みたいに計算手法が明確でないため、個々の会社それぞれの工夫の面が多いと思うね。要するに、期末で過去の売上に対応して将来発生する保証費等を最善の方法で見積もることが重要なんだ。

A はい。わかりました。

（4）過去の実績から計算してみよう

X まずは最低限必要な資料集めから始めよう。どんな資料が必要だと思う？

A 過去の実績から算定するのだから、数年分の製品ごとの保証実績資料が必要だと思います。販売時の契約書で、保証条項があるかの確認と保証期間も必要ですね。

X 　そうだね。保証には有償と無償があるから、今回は無償保証の実績資料が必要だね。

A 　資料をもらってきました。

X 　どのように、計算したらいいのか考えてみて。

A 　こんな式ですか？

製品保証引当金 ＝ 当期の売上高 × （過去の保証費 ÷ 過去の売上高）

X 　そういう計算方法もあるね。では次の前提で計算してみよう。仕訳まで考えてみて。

【前提条件】

・無償保証期間は 1 年間である。

・過去の保証費及び売上高は以下のとおりである。

(単位：百万円)

	×1年	×2年	×3年
保証費（下記売上に対応する）	25	40	30
売上	1,500	1,750	1,800

・当期（×4年度）の売上高は2,000百万円である。

・当期の売上に対して保証費が既に 5 百万円発生している。

① 計算

・実績率の算定

1 年の実績で計算するとバラツキが発生するため、3 年間の平均値で計算する。

（25百万円 ＋ 40百万円 ＋ 30百万円）÷（1,500百万円 ＋ 1,750百万円 ＋ 1,800百万円）≒ 1.9%

・×４年度期末での製品保証引当金の計算

2,000百万円 × 1.9% － 5百万円 ＝ 33百万円

② 仕訳

(単位：百万円)

借方	金額	貸方	金額
製品保証引当金繰入額	33	製品保証引当金	33

（5） 個別に見積もる方法で計算してみよう

A 個別に見積もる方法はどんな方法ですか？

X 個別に見積もる方法は、大きなリコールやクレームが起こって、過去の実績で見積もれない時など臨時的に保証費が発生する場合に使用される方法だよ。我が社でも昨年大きなクレームが発生したね。同じように次の前提で計算してみよう。仕訳まで考えてみて。

【前提条件】

・株式会社京都は、製品に欠陥がみつかり、販売済み製品の保証を行うことを決定した。

・すでに販売されている製品は3,500台である。

・1台あたりの保証費は1,000円である。

① 計算

1,000円 × 3,500台 ＝ 3,500百万円

② 仕訳

(単位：百万円)

借方	金額	貸方	金額
製品保証引当金繰入額	3,500	製品保証引当金	3,500

（6） 製品保証引当金繰入額の計上区分

A （4）（5）で見てきた仕訳では、借方は製品保証引当金繰入額で処理しましたがこの勘定科目について教えてください。

X 保証内容に基づいて処理すべきだね。販売した製品は一定レベルの品質の保証をしているよね。それが満たさないため修理や部品を交換したりするコストであれば、手直し費用と考え製造原価（売上原価）と考えられるし、欠陥のある商品または製品の返品処理など販売業務の性質が強いのであれば販売費及び一般管理費だね。

（7） 負債の計上区分

X もう一つ質問すると、製品保証引当金は貸借対照表の流動負債と固定負債のどちらに計上すべきだと思う。表示に関しては会社計算規則で定められているね。

A 保証がいつ発生するかわかりません。会社計算規則を読むと流動負債にある引当金は一年内に使用されないと認められるものを除くとあるので流動負債でしょうか。

X そうだね。

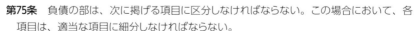

【会社計算規則】
（負債の部の区分）
第75条 負債の部は、次に掲げる項目に区分しなければならない。この場合において、各項目は、適当な項目に細分しなければならない。
一　流動負債
二　固定負債
2　次の各号に掲げる負債は、当該各号に定めるものに属するものとする。
一　次に掲げる負債　流動負債
…

二　引当金（資産に係る引当金及び一年内に使用されないと認められるものを除く。）
…
二　次に掲げる負債　固定負債
…
ハ　引当金（資産に係る引当金、前号ニに掲げる引当金及びニに掲げる退職給付引当金を除く。）

2 応用を学ぼう

○　過去の実績から計算する方法応用編

 　基礎で保証期間1年の例で計算したけれど、我が社の〇〇製品の保証期間は3年だね。その場合、どのように計算すればいいと思う？　図に書いてみるね。3年保証だと、どの部分を製品保証引当金に計算すればいいと思う？

製品保証引当金

（単位：百万円）

年度	売上	×1	×2	×3	×4	×5	×6	×7	×8	×9	×10	計		保証率	
								当期							
×1	1,500 ①	1	10	13	3							27	⑤	1.8%	⑤/①
×2	2,000 ②		0	19	4	20						43	⑥	2.2%	⑥/②
×3	1,500 ③			0	6	17	9					32	⑦	2.1%	⑦/③
×4	1,200 ④				2	10	9	12				33	⑧	2.8%	⑧/④
×5	1,800					3	8	13							
×6	2,000						9	14							
×7	3,000							15							
各年度保証費計					15	50	35	54							

 　うーん。難しい。濃い色の付いた階段部分を製品保証引当金で計上すればいいでしょうか？

（単位：百万円）

年度	売上	×1	×2	×3	×4	×5	×6	当期 ×7	×8	×9	×10	計	保証率
×1	1,500 ①	1	10	13	3							27 ⑤	1.8% ⑤/①
×2	2,000 ②		0	19	4	20						43 ⑥	2.2% ⑥/②
×3	1,500 ③			0	6	17	9					32 ⑦	2.1% ⑦/③
×4	1,200 ④				2	10	9	12				33 ⑧	2.8% ⑧/④
×5	1,800					3	8	13					
×6	2,000						9	14					
×7	3,000							15					
各年度保証費計					15	50	35	54					

 さすが！例えば基礎編と同様に、当期（×7）期末で、過去の売上から発生する製品保証引当金は次のように計算する方法もあるね。

① 製品保証発生率の計算

 3年間の実績が判明している年度は×1から×4までだから最近3年の実績で計算してみるね。

×2売上2,000に対する保証率2.2%、×3売上1,500に対する保証率2.1%、×4売上1,200に対する保証率2.8%の平均をとると2.4%となるね。

（×7年当期末での製品保証引当金を計算）

×5売上に対する金額　1,800 × 過去実績率平均2.4% −（3 + 8 + 13)※
= 19

×6売上に対する金額　2,000 × 過去実績率平均2.4% −（9 + 14)※ = 25

×7売上に対する金額　3,000 × 過去実績率平均2.4% − 15※ = 57

合計は19 + 25 + 57 = 101

※既に発生している保証費

（単位：百万円）

年度	売上	×1	×2	×3	×4	×5	×6	×7 (当期)	×8	×9	×10	計	保証率
×1	1,500 ①	1	10	13	3							27 ⑤	1.8% ⑤/①
×2	2,000 ②			19	4	20						43 ⑥	2.2% ⑥/②
×3	1,500 ③				6	17	9					32 ⑦	2.1% ⑦/③
×4	1,200 ④				2	10	9	12				33 ⑧	2.8% ⑧/④
×5	1,800					3	8	13	19			43	
×6	2,000						9	14		25		48	
×7	3,000							15			57	72	
各年度保証費計					15	50	35	54					

過去実績率平均

2.4%

② 決算仕訳

（単位：百万円）

借方	金額	貸方	金額	備考
製品保証引当金	64	製品保証引当金繰入額	64	前期末計上分の戻入
製品保証引当金繰入額	101	製品保証引当金	101	当期末計上分の繰入

※　前期末の製品保証引当金は、64百万円である。

3 実務事例を学ぼう

（1）引当金計上額と実際発生額との差額の処理

A ‒ 全体的な流れはつかめました！製品保証費は、引当金どおり発生しない場合もあるように思います。

X ‒ 良いところに気が付いたね。そう、通常は引当金と実際の発生額とは差異が出るよ。だから、常に引当金の計上方法が最善の見積方法であるのかを考えておくことが必要だね。そして毎期末で、見積り

の更新が必要だね。

A 　最善の見積りをしても実際発生した費用との差額は発生しますよね。それはどのように処理すればいいのでしょうか？

X 　基礎（6）で勉強した科目（製造原価又は販売費及び一般管理費）で処理すればいいね。

（2）製品保証引当金と売上の実現

X 　製品保証引当金は売上が計上されて初めて生じる科目だね。もし、販売済み製品に保証費が多額に発生している場合、ちょっと立ち止まって考えてみて。製品保証は「約束した財又はサービスに対する保証が、当該財又はサービスが合意された仕様に従っているという保証」だよね。
　保証費が臨時的なリコール等以外で多額に発生している場合は、何故なの？そもそも、本当に製品は完成しているの？売上計上時期は早すぎないの？という疑問を持つことも重要だよ。製品保証引当金の計算ばかりに目がいきがちだけど、その前提の売上が正しいかの立ち返りも考えてみないといけないね。

4 税務処理を学ぼう

（1）税務上の取扱い

A 　製品保証引当金繰入額は、税務上の損金算入が認められるのでしょうか？

X 　製品保証引当金は1998年法人税改正で廃止されたので、製品保証引当金繰入時点では損金算入は認められないね。実際に保証費を負担した段階で損金算入されるよ。

法人税申告書上の取扱いはどうなるのですか？

 別表4と5（1）は次のようになるよ。

（2）税務申告書の記入

①前提条件

製品保証引当金金額は、×6（前期末）64百万円、×7（当期末）101百万円

② 税務申告書

【別表4】 所得の金額の計算に関する明細 （単位：百万円）

区　　　分			総　額 ①	処　　　分		
				留　保 ②	社　外　流　出 ③	
当期利益又は当期欠損の額		1			配　当	
					その他	
加算	製品保証引当金繰入	9	101	101		
	小　　　計	11	101	101		0
減算	製品保証引当金戻入	20	64	64		
	小　　　計	21	64	64	外※	0

【別表5（1）】 I　利益積立金額の計算に関する明細書 （単位：百万円）

区　　　分		期首現在利益積立金額 ①	当期の増減		差引翌期首現在利益積立金額 ①−②+③ ④
			減 ②	増 ③	
利　益　準　備　金	1				
積　立　金	2				
製　品　保　証　引　当　金	3	64	64	101	101

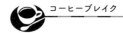 コーヒーブレイク

【負債性引当金と評価性引当金】

　引当金は、資産の部に記載される評価性引当金と、負債の部に記載される負債性引当金の2つに分別されます。評価性引当金とは、企業が所有している資産の期末の貸借対照表価額を示す目的で設定される資産のマイナス項目であり、代表例としては貸倒引当金が挙げられます。一方、負債性引当金とは、将来の支出額を意味するものであり代表例としては、賞与引当金等が挙げられます。

10 退職給付に係る負債及び退職給付引当金

会計基準名称	発行主体	略称
「退職給付に関する会計基準」 (最終改正 2016年12月16日)	企業会計基準委員会	退職給付会計基準
企業会計基準適用指針第25号「退職給付に関する会計基準の適用指針」 (最終改正 2015年3月26日)	企業会計基準委員会	退職給付会計適用指針

1 基礎を学ぼう

(1) 退職給付に係る負債って何ですか?

A 決算書に退職給付に係る負債という科目がありますが、どのような内容のものですか?

X 退職給付というのは会社が従業員の退職の時に支給する退職金のことで、この退職給付のうち当期末までに発生していると認められる額を計上するのが退職給付に係る負債だよ。

退職給付に係る負債というのは連結財務諸表での勘定科目だけど、個別財務諸表では退職給付引当金という勘定科目を使うんだよ。個別財務諸表の退職給付引当金で説明していくね。

(2) 引当金の計上時期

A 退職金は退職時にまとめて計上するわけではないのですね?

X 当社の退職金規程を見てもわかるように、将来支払われる退職金は、勤続年数に応じて年々増加していくもので、給与の後払い的性質

を持っていると説明されるんだ。だから、勤続年数の経過に伴って発生していると認められる金額を見積もって、毎期計上していくんだよ。

【退職金規程（一部抜粋）】

退職金規程

（退職金の支給範囲）

第 2 条　従業員が退職した場合は、この規程により退職金を支給する。

（退職金の支給条件）

第 3 条　退職金は満3年以上勤務する従業員が次の各号の一に該当し、退職する場合に支給する。

　（1）自己都合によるとき

　（2）会社都合によるとき

　（3）定年（就業規則第10条における男女60歳）

　（4）役員に就任したとき

　（5）本人が死亡したとき

（退職金の計算方法）

第 4 条　退職金は、算定基礎額（基本給）に勤続年数を乗じた額に下記の勤続年数に応ずる支給率を乗じて算出した額とする。

勤続10年未満	0.4
勤続10年以上20年未満	0.6
勤続20年以上30年未満	0.8
勤続30年以上	1.0

（3）引当金の算定方法

　退職給付引当金の額はどうやって計算するんですか？

　【図（3)-1】を見てごらん。まず、会社が将来退職の時に支給する退職金（C）を算定する。この（C）を退職給付見込額というのだけれど、勤続年数からこのうち当期末までに発生したと認められる額（A）を算定するんだよ。

【図（3）-1】

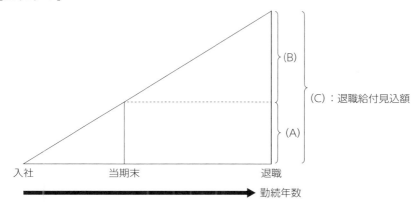

　次に【図（3）-2】を見てごらん。当期末までに発生したと認められる額（A）だけど実際に支払われる退職の時までは相当な期間があるよね。ここで、退職時から割引計算（※）を行って当期末の現在価値（A）´を求めるんだ。この（A）´を退職給付債務というんだけど、この退職給付債務から退職給付引当金を計上するんだよ。

（※）割引計算とは、将来のキャッシュフローを現在の価値に計算することをいいます。

【図（3）-2】

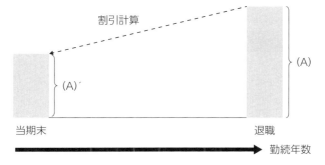

退職給付に係る負債及び退職給付引当金

235

（4） 具体的な退職給付債務の算定方法（個人別）

① 退職給付見込額の見積り

退職時に支払われる退職給付見込額ってどのように計算するんですか？

退職給付見込額は、原則として従業員一人ずつ算定して、全員分を合算するんだよ。当期に入社した鈴木君を例として算定してみようか。

【前提条件】
・従業員：鈴木太郎
・入社年齢：20歳　現在、入社1年目
・基本給：20万円
・退職率：退職年齢とその年齢に退職する人の割合

退職年齢	退職率
40歳	20%
50歳	30%
60歳	50%

・予想昇給額

年齢	基本給
30歳	30万円

年齢	基本給
40歳	37.5万円
50歳	40万円
60歳	50万円

・退職金の算定基準

退職金は、算定基礎額（基本給）に勤続年数を乗じた額に、下記の勤続年数による支給率を乗じて算出した額とする。

勤続年数	支給率
10年未満	0.4
勤続10年以上20年未満	0.6
勤続20年以上30年未満	0.8
勤続30年以上	1.0

　退職給付見込額を算定するときは、退職率や死亡率さらには予想昇給率などを加味して計算するんだ。今年の新人の鈴木君の退職給付見込額は【図（4）-①】のとおり1,480万円になるよ。

【図（4）-①】

退職年齢（歳）	勤続年数（年）a	基本給（万円）b	支給倍率 c	退職率 d	退職給付見込額（万円）e＝a×b×c×d
40歳	20	37.5	0.8	20%	120
50歳	30	40	1	30%	360
60歳	40	50	1	50%	1,000
計				100%	1,480

【退職給付会計適用指針】
（退職給付見込額の見積り）

7. …退職給付見込額は、予想退職時期ごとに、従業員に支給されると見込まれる退職給付額に退職率及び死亡率を加味して見積もる。…

8. 退職給付見込額の見積りにおいては、…予想昇給率等を見積もることが必要である。…
（出典：公益財団法人財務会計基準機構・企業会計基準委員会の公表物から引用）

② 期末までに発生していると認められる退職給付債務の計算方法

i 退職給付見込額の期間帰属について

A 　退職給付見込額のうち当期に発生している額はどのように計算するんですか？

X 　退職給付見込額のうち当期に発生した額を計算する方法は①退職給付見込額を全勤務期間に均等に配分する「期間定額基準」と、②退職給付見込額を計算した算式に従って各勤務期間に配分する「給付算定式基準」があるんだ。まず、当社が採用している期間定額基準を説明するよ。

【図（4）-②-1】

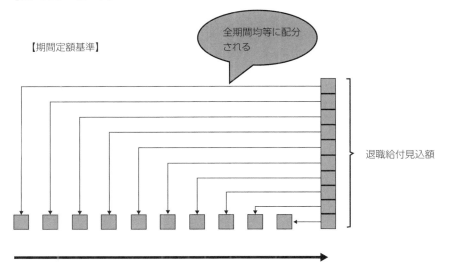

 鈴木君を例に期間定額基準による勤務費用を計算すると【図（4）-②-2】のとおり年間43万円になる。退職給付見込額のうち当期に発生した金額は43万円ということだね。

【図（4）-②-2】

退職年齢（歳）	勤続年数（年） a	退職給付見込額（万円） e＝a×b×c×d	年間退職給付見込額発生額（万円） f＝e/a
40歳	20	120	6
50歳	30	360	12
60歳	40	1,000	25
計		1,480	43

 参考に「給付算定式基準」で説明するよ。

退職給付に係る負債及び退職給付引当金

239

退職給付制度 A の給付算定式の下では、最初の10年間の各年に40（400の退職一時金 ÷ 10年）を帰属させ、次の10年間の各年に10（（500 － 400）の退職一時金 ÷ 10年）を帰属させるんだ。なお、従業員が当該給付の支払に必要となる将来の勤務を提供しない可能性を退職給付債務及び勤務費用の計算に反映しなければならないから入社10年以内に退職すると予想される従業員には、給付を帰属させないんだよ。

【退職給付会計基準】
（退職給付見込額の期間帰属）
19. 　退職給付見込額のうち期末までに発生したと認められる額は、次のいずれかの方法を選択適用して計算する。…
（1）退職給付見込額について全勤務期間で除した額を各期の発生額とする方法（以下「期間定額基準」という。）
（2）退職給付制度の給付算定式に従って各勤務期間に帰属させた給付に基づき見積もった額を、退職給付見込額の各期の発生額とする方法（以下「給付算定基準」という。）…
　　　　（出典：公益財団法人財務会計基準機構・企業会計基準委員会の公表物から引用）

ⅱ　割引計算について

　退職給付見込額のうち期末に発生している金額が退職給付債務になるのですか？

　いや待って、最初に説明したんだけど、退職金を支払うまで相当の期間があるから、退職金の支払時期から期末まで現在価値に割り引く必要があるんだ。現在価値は割引率を使って下記のように計算するんだよ。

$$\text{年間退職給付見込額発生額} \quad \times \quad \left[\cfrac{1}{1 \ + \ \text{割引率}} \right]^{\text{予想退職時までの年数}}$$

割引現価係数

この割引率はどんな数字を使うのですか？

　割引率は国債などの安全性が高い債券の利回りを基礎に決定するんだよ。例えば、鈴木君の退職金の支払時期は、退職率から加重平均すると33年後になるから、30年国債の利回りを基礎に決定すればいいよ。

　ここでは、割引率0.5%として鈴木君の退職給付債務を計算してみよう。

【図（4）-②-3】

【0.5%の割引現価係数表】

年	割引現価係数	年	割引現価係数	年	割引現価係数	年	割引現価係数
1	0.995024876	11	0.946614866	21	0.900560104	31	0.856746
2	0.990074503	12	0.94190534	22	0.896079705	32	0.852483582
3	0.985148759	13	0.937219243	23	0.891621597	33	0.84824237
4	0.980247522	14	0.932556461	24	0.887185669	34	0.844022259
5	0.975370668	15	0.927916877	25	0.88277181	35	0.839823143
6	0.970518078	16	0.923300375	26	0.87837991	36	0.835644919
7	0.96568963	17	0.918706841	27	0.874009861	37	0.831487481
8	0.960885204	18	0.91413616	28	0.869661553	38	0.827350728
9	0.95610468	19	0.909588219	29	0.865334879	39	0.823234555
10	0.951347941	20	0.905062904	30	0.86102973	40	0.819138861

退職給付に係る負債及び退職給付引当金

iii 勤務費用について

　　鈴木君の入社1年目の退職給付見込額の発生額は【図（4）-②-2】のとおり43万円だったね。これに実際退職金が支払われる年数の割引現価係数（【図（4）-②-3】）を乗じて現在価値を計算するんだ。

　　鈴木君の入社1年目の退職給付債務発生額は【図（4）-②-4】のとおり36.42万円になるよ。これを勤務費用というんだ。

【図（4）-②-4】（鈴木君の1年目の退職給付債務発生額）

退職年齢（歳）	勤続年数（年）a	年間退職給付見込額発生額（万円）f＝e/a	退職時までの年数g	割引現価係数h	勤務費用i＝g×h
40歳	20	6	19	0.909588219	5.46
50歳	30	12	29	0.865334879	10.38

退職年齢 （歳）	勤続年数 （年） a	年間退職給付見込額発生額 （万円） f＝e/a	退職時まで の年数 g	割引現価係数 h	勤務費用 i＝g×h
60歳	40	25	39	0.823234555	20.58
計		43			36.42

（単位：万円）

借方	金額	貸方	金額
退職給付費用	36.42	退職給付引当金	36.42

- -
【退職給付会計基準】
（用語の定義）
8. 「勤務費用」とは、1期間の労働の対価として発生したと認められる退職給付をいう。
（出典：公益財団法人財務会計基準機構・企業会計基準委員会の公表物から引用）
- -

2年目も見てみよう。2年目の勤務費用は、退職までの年数が1年ずつ短くなるね。鈴木君の入社2年目の退職給付債務発生額は【図（4）-②-5】のとおり36.6万円になるよ。

【図（4）-②-5】（鈴木君の2年目の退職給付債務発生額）

退職年齢 （歳）	勤続年数 （年） a	年間退職給付見込額発生額 （万円） f＝e/a	退職時までの 年数 g	割引現価係数 h	勤務費用 i＝g×h
40歳	20	6	18	0.914136160	5.48
50歳	30	12	28	0.869661553	10.44
60歳	40	25	38	0.827350728	20.68
計		43			36.60

退職給付に係る負債及び退職給付引当金

（単位：万円）

借方	金額	貸方	金額
退職給付費用	36.60	退職給付引当金	36.60

iv　利息費用について

 ここで1年目に発生した勤務費用36.42万円も1年経過すると36.60万円になるね。この差額0.18万円を利息費用っていうんだ。

（鈴木君の2年目の利息費用の発生額）

36.42万円 × 0.5% ≒ 0.18万円

（単位：万円）

借方	金額	貸方	金額
退職給付費用	0.18	退職給付引当金	0.18

【退職給付会計基準】
（用語の定義）
9.　「利息費用」とは、割引計算により算定された期首時点における退職給付債務について、期末までの時の経過により発生する計算上の利息をいう。
（出典：公益財団法人財務会計基準機構・企業会計基準委員会の公表物から引用）

 退職給付債務、勤務費用、利息費用と退職給付引当金の関係をまとめてみるよ。

		入社1年目 退職給付費用	入社2年後 退職給付費用	計
退職給付債務	（勤務費用）	36.42	36.60	73.02
	（利息費用）		0.18	0.18
計		**36.42**	**36.78**	**73.20**
退職給付引当金		**36.42**	**36.78**	**73.20**

ⅴ 数理計算上の差異について

A 退職給付債務の見積りは毎年やるんですか？

X そうだよ。【図（4）-①】のとおり退職給付債務を見積もるには予想昇給率や死亡率、退職率など見積要素が多いので毎年再計算するんだよ。

A 再計算して差額がでたらどのように処理するんですか？

X 退職給付債務を再計算した結果で生じた差額は数理計算上の差異というんだよ。数理計算上の差異は、平均残存勤務期間以内の一定の年数で按分して費用処理するんだよ。

鈴木君の入社2年後の退職給付債務の見積額を見直した結果74万円だったとすると数理計算上の差異は0.8万円（74万円 － 73.2万円）で、これを平均残存勤務期間31年で処理するとこんな仕訳になるよ。

数理計算上の差異の費用処理額
0.8万円 ÷ 31年 ≒ 0.03万円

退職給付に係る負債及び退職給付引当金

借方	金額	貸方	金額
退職給付費用	0.03	退職給付引当金	0.03

【退職給付会計基準】
（用語の定義）
11. 「数理計算上の差異」とは、年金資産の期待運用収益と実際の運用成果との差異、退職給付債務の数理計算に用いた見積数値と実績との差異及び見積数値の変更等により発生した差異をいう。なお、このうち当期純利益を構成する項目として費用処理（…）されていないものを「未認識数理計算上の差異」という。

（数理計算上の差異）
24. 数理計算上の差異は、原則として各期の発生額について、予想される退職時から現在までの平均的な期間（以下「平均残存勤務期間」という。）以内の一定の年数で按分した額を毎期費用処理する。…

（注7）数理計算上の差異については、未認識数理計算上の差異の残高に一定割合を費用処理する方法によることができる。…数理計算上の差異については、当期の発生額を翌期から費用処理する方法を用いることができる。

（出典：公益財団法人財務会計基準機構・企業会計基準委員会の公表物から引用）

　鈴木君の例で入社 2 年後の数理計算上の差異は費用処理していないよね。これを未認識数理計算上の差異というんだ。最後にまとめるとこうなるよ。

【図（4）-②-7】　　　　　　　　　　　　　　　　　　　　　　　　　　（単位：万円）

		入社1年目 退職給付費用	入社2年後 退職給付費用	数理計算上の差異	計
退職給付債務	（勤務費用） （利息費用） （数理計算上の差異）	36.42	36.60 0.18	0.80	73.02 0.18 0.80
	計	36.42	36.78	0.80	74.00
未認識数理計算上の差異				△0.80	△0.80
退職給付引当金		36.42	36.78	0.00	73.20

（5）具体的な退職給付債務の算定方法（全社）

 　　当社の退職給付引当金を計算するのに全社員500人分の計算をするんですね。

X　　そうだよ。でも当社は保険数理人（アクチュアリー）に退職給付債務の計算を外部委託しているんだ。この保険数理人（アクチュアリー）の計算結果を使って退職給付引当金を計算しているんだ。当期の処理を見ていこうか。

【前提条件】
・×0年3月31日末に保険数理人から入手した報告書

×0/3/31末の退職給付債務	2,600百万円
翌1年の勤務費用	155百万円
割引率	0.5%

・未認識数理計算上の差異は20年の定率法（償却率0.109）で費用処理している
・×0年3月31日末の退職給付債務と退職給付引当金の状況

退職給付債務	(2,600百万円)
未認識数理計算上の差異	100百万円
退職給付引当金	(2,500百万円)

・×1年3月31日末に保険数理人から入手した報告書

×1/3/31末の退職給付債務	2,500百万円
翌1年の勤務費用	145百万円
割引率	0.5%

・×0年4月1日から×1年3月31日に支払われた退職金は273百万円である。

勤務費用と利息費用の計上はこうなりますね。

(単位：百万円)

借方	金額	貸方	金額
退職給付費用 （勤務費用）	155	退職給付引当金	155
退職給付費用 （利息費用）※	13	退職給付引当金	13

※　利息費用

　　　退職給付債務　2,600百万円 × 0.5% ＝ 13百万円

Ａ　次に数理計算上の差異の計上をします。数理計算上の差異の費用処理額を計算する方法は定率法でもいいのですね？

Ｘ　そうだよ。平均残存年数期間内で費用処理を行う必要があるんだけど、定額法による場合の他に一定率を乗じる定率法も認められているんだよ。

Ａ　わかりました。では仕訳はこうなりますね。

(単位：百万円)

借方	金額	貸方	金額
退職給付費用 （数理計算上の差異の費用処理額）※	11	退職給付引当金	11

※　数理計算上の差異の費用処理額

　　　未認識数理計算上の差異　100百万円 × 0.109 ≒ 11百万円

退職金273百万円は期中に支払った時に仕訳していますね。

（単位：百万円）

借方	金額	貸方	金額
退職給付引当金 （退職給付債務）	273	普通預金	273

 数理計算上の差異の当期発生額は5百万円ですが翌期から費用処理する方針のため当期の仕訳はありませんね。

×0/4/1の退職給付債務	①	(2,600百万円)
勤務費用	②	(155百万円)
利息費用	③	(13百万円)
退職金支払額	④	273百万円
×1/3/31末の退職給付債務の予測額	⑤ ＝ ① ＋ ② ＋ ③ ＋ ④	(2,495百万円)

退職給付に係る負債及び退職給付引当金

×1／3／31末の退職給付債務の実際額	⑥	(2,500百万円)
数理計算上差異当期発生額	⑥ - ⑤	**（5百万円）**

 退職給付引当金の仕訳は理解できているね。検算するのにこの表を作成しておくのも大事だよ。

【図（5）】

	実際 ×0／4／1	退職給付費用	退職給付 支払額	予測 ×1／3／31	数理計算 上の差異	実際 ×1／3／31
退職給付債務	(2,600)	勤務費用 　　　（155） 利息費用 　　　（13）	273	(2,495)	（5）	(2,500)
計	(2,600)	(168)	273	(2,495)	（5）	(2,500)
未 認 識 数 理 計算上の差異	100	数理計算上の差異償却 （11）		89	5	94
退職給付 引当金	(2,500)	(179)	273	(2,406)		(2,406)

2 応用を学ぼう

（1）企業年金制度の概要

A　当社の退職金制度に年金制度がありますよね。京都生命保険さんに掛金を払い込んでいると思うのですが、この年金制度は退職給付引当金の計算にどのように反映するのですか？

X　年金制度の説明をするとややこしいので後回しにしたんだよ。当社では退職金制度の50％を確定給付型の企業年金制度で運用しているんだ。

A　確定給付型の企業年金ですか？

X　年金制度は老後の生活資金を賄う制度で、加入が義務付けられている公的年金に上乗せする目的で企業年金があるんだ。企業年金には大きく確定給付年金と確定拠出年金があるけれど、このうち退職給付引当金の計算に関係するのは確定給付年金だけなんだ。

<table>
<tr><td rowspan="8">年金制度</td><td rowspan="2">公的年金</td><td>国民年金</td><td></td></tr>
<tr><td>厚生年金・共済年金</td><td></td></tr>
<tr><td rowspan="3">私的年金</td><td rowspan="3">企業年金</td><td>**確定給付年金**</td></tr>
<tr><td>厚生年金基金</td></tr>
<tr><td>**確定拠出年金（企業型）**</td></tr>
<tr><td rowspan="3">個人年金</td><td>確定拠出年金（個人型）</td></tr>
<tr><td>個人年金保険</td></tr>
<tr><td>財形年金貯金</td></tr>
</table>

退職給付に係る負債及び退職給付引当金

251

A 企業年金の確定給付型と確定拠出型の違いって何ですか？

X 　確定給付型も確定拠出型も企業が年金の掛金を拠出する点は同じなんだが、確定給付型は従業員が将来受け取る金額を保証しているので、積立てている金額に不足があれば企業の負担になる。これが退職給付引当金の設定対象になるんだ。一方で、確定拠出型は従業員が、将来受け取れる額を保証していないので、積立不足ということが生じないから、退職給付引当金の設定対象にはならないんだよ。
　なので、確定拠出年金の掛金を支払った時にこの仕訳がされるだけで完結するんだよ。

確定拠出型年金掛金支払時　　　　　　　　　　　　　　　　　　（単位：百万円）

借方	金額	貸方	金額
退職給付費用 （確定拠出年金掛金）	××	現金預金	××

X 　昔話になるけど、退職給付会計基準ができる前は、確定給付型の年金についても掛金を支払った時に費用処理をするだけでよかったんだ。当時は年金資産で運用している株などの価格が下がって年金資産が大きく目減りしていたんだ。退職給付会計基準ができてこの年金資産の目減り分が表面化するということで当時はずいぶん混乱したんだよ。

A 　そうだったんですね。

（用語の定義）

4. 「確定拠出制度」とは、一定の掛金を外部に積み立て、事業主である企業が、当該掛金以外に退職給付に係る追加的な拠出義務を負わない退職給付制度をいう。

5. 「確定給付制度」とは、確定拠出制度以外の退職給付制度をいう。

（出典：公益財団法人財務会計基準機構・企業会計基準委員会の公表物から引用）

（2）確定給付年金の具体的な処理方法

具体的に当期の確定給付型の企業年金の処理を見ていこう。

【前提条件】

・×0年3月31日末に入手した年金資産残高報告書

×0/3/31 末の年金資産残高	1,000 百万円

・未認識数理計算上の差異は20年の定率法（償却率0.109）で翌期から費用処理している
・×0年3月31日末の退職給付債務と退職給付引当金の状況

退職給付債務	(2,600 百万円)
年金資産	1,000 百万円
未認識数理計算上の差異	100 百万円
退職給付引当金	(1,500 百万円)

・×1年3月31日末に入手した年金資産残高報告書

×1/3/31 末の年金資産残高	970 百万円

・×0年4月1日から×1年3月31日に支払われた確定給付型の企業年金の掛金は100百万円である。
・×0年4月1日から×1年3月31日に支払われた退職金は273百万円である。このうち136百万円は年金資産から支払われている。
・年金資産の期待運用収益は2.0%を想定している。

退職給付に係る負債及び退職給付引当金

期首の退職給付引当金は退職給付債務2,600百万円から年金資産残高を差し引いた積立不足額に対して設定されているんだ。

退職給付債務	(2,600 百万円)
年金資産	1,000 百万円
未認識数理計算上の差異	100 百万円
退職給付引当金	(1,500 百万円)

 年金資産は退職給付の支払いのためだけに使用されるので、この分は退職給付債務から差し引くんですね。

【退職給付会計基準】
（用語の定義）
7. 「年金資産」とは、特定の退職給付制度のために、その制度について企業と従業員との契約（退職金規程等）等に基づき積み立てられた、次のすべてを満たす特定の資産をいう。
（1）退職給付以外に使用できないこと
（2）事業主及び事業主の債権者から法的に分離されていること
（3）積立超過分を除き、事業主への返還、事業主からの解約・目的外の払出し等が禁止されていること
（4）資産を事業主の資産と交換できないこと
（年金資産）
22. 年金資産の額は、期末における時価（公正な評価額）により計算する。
　　　（出典：公益財団法人財務会計基準機構・企業会計基準委員会の公表物から引用）

 年金資産は、退職給付として支払われるまで、金融商品などで長期的に運用されているんだ。運用収益のうち、当期に発生していると予想される金額を認識する必要があるんだ。これを、期待運用収益っていうんだ。長期期待運用収益率は、過去の運用実績や市場動向等を見て決定するんだが、当社は、2.0%を見込んでいるんだ。

（単位：百万円）

借方	金額	貸方	金額
退職給付引当金 （年金資産）	20	退職給付費用 （期待運用収益）※	20

※期待運用収益

期首年金資産残高　1,000百万円 × 期待運用収益率　2.0% ＝ 20百万円

【退職給付会計基準】
（用語の定義）
10.　「期待運用収益」とは、年金資産の運用により生じると合理的に期待される計算上の
　　　収益をいう。
（年金資産）
23.　期待運用収益は、期首の年金資産の額に合理的に期待される収益率（長期期待運用
　　　収益率）を乗じて計算する。
　　　　（出典：公益財団法人財務会計基準機構・企業会計基準委員会の公表物から引用）

 　　　確定給付型の企業年金の掛金100百万円を支払った時の仕訳はこう
なってますね。

（単位：百万円）

借方	金額	貸方	金額
退職給付引当金 （年金資産）	100	普通預金	100

 　　退職金137百万円は期中に支払った時に仕訳していますね。

（単位：百万円）

借方	金額	貸方	金額
退職給付引当金 （退職給付債務）	137	普通預金	137

退職給付に係る負債及び退職給付引当金

A　年金資産から支払われた136百万円の退職金はどのように考えるん
ですか？

X　年金資産から136百万円を支払われているから退職給付債務と年金
資産が同額減少しているので仕訳をするとこうなるよ。

（単位：百万円）

借方	金額	貸方	金額
退職給付引当金 （退職給付債務）	136	退職給付引当金 （年金資産）	136

A　年金資産についても期待収益率を使った見積計算をしていますが、
ここでも数理計算上の差異を認識することになるのですか？

X　そうだよ。年金資産の予想残高と年金資産の実際残高の差は数理
計算上の差異として認識することになるよ。

×0/4/1 の年金資産残高	①	1,000百万円
期待運用収益	②	20百万円
年金掛金	③	100百万円
退職金支払額	④	（136百万円）
×1/3/31 末の年金資産残高の予測額	⑤＝①＋②＋③＋④	984百万円
×1/3/31 末の退職給付債務の実際額	⑥	970百万円
数理計算上差異当期発生額	⑥ - ⑤	**（14百万円）**

【退職給付会計基準】
（用語の定義）
11. 「数理計算上の差異」とは、年金資産の期待運用収益と実際の運用成果との差異、退職給付債務の数理計算に用いた見積数値と実績との差異及び見積数値の変更等により発生した差異をいう。なお、このうち当期純利益を構成する項目として費用処理（…）されていないものを「未認識数理計算上の差異」という。
（数理計算上の差異）
24. 数理計算上の差異は、原則として各期の発生額について、予想される退職時から現在までの平均的な期間（以下「平均残存勤務期間」という。）以内の一定の年数で按分した額を毎期費用処理する。…

（出典：公益財団法人財務会計基準機構・企業会計基準委員会の公表物から引用）

 退職給付引当金の仕訳は理解できているね。検算するのにこの表を作成しておくのも大事だよ。

【図（2）-1】

(単位：百万円)

	実際 ×0/4/1	退職給付費用	掛金支払額	退職給付支払額	予想 ×1/3/31	数理計算上の差異	実際 ×1/3/31
退職給付債務	(2,600)	勤務費用 (155) 利息費用 (13)		273	(2,495)	(5)	(2,500)
計	(2,600)	(168)		273	(2,495)	(5)	(2,500)
年金資産	1,000	期待運用収益 20	100	(136)	984	(14)	970
未認識数理計算上の差異	100	数理計算上の差異償却 (11)			89	19	108
退職給付引当金	(1,500)	(159)	100	137	(1,422)		(1,422)

退職給付に係る負債及び退職給付引当金

257

（3）退職給付引当金の見積項目

A 退職給付引当金を計算するのに仮定数値をすごく多く使うのですね。

X そうだね。今まで説明したものをもう一度おさらいしておこう。
- i　退職給付見込額の計算時の予想昇給率・退職率・死亡率
- ii　退職給付債務の割引率
- iii　年金資産の長期期待運用収益率
- iv　数理計算上の差異を償却する際の平均残存勤務年数

A 退職給付引当金は対象にする期間が長くて金額も大きいので見積りを正確に行わないと大きな影響が出ますね。

X そうだね。ただし見積りは仮定なので最善の見積りをしても外れることもある。だから見積りをした時の根拠を明確にしておくこと、さらにその後現状と見積りをした時の状況の変化がないか注意を払い、仮定が外れてしまった場合の修正を適時に行うことが重要だよ。

（4）連結上の取扱い

A 連結財務諸表と個別財務諸表の取扱いは違いますか？

X 連結財務諸表では未認識の数理計算上の差異を認識するんだ。また、未認識の計算上の差異を含む科目を退職給付引当金と区分するために「退職給付に係る負債」という科目を貸借対照表で使用するんだ。連結財務諸表への修正仕訳はこうなるよ。

・個別財務諸表の退職給付引当金を退職給付に係る負債に振り替える

(単位：百万円)

借方	金額	貸方	金額
退職給付引当金	1,422	退職給付に係る負債	1,422

・未認識数理計算上の差異の発生額をその他の包括利益を通して連結財務諸表で認識する。

(単位：百万円)

借方	金額	貸方	金額
退職給付に係る調整額	19	退職給付に係る負債	19

・未認識数理計算上の差異の前期までの発生額をその他の包括利益を通して連結財務諸表で認識する。

(単位：百万円)

借方	金額	貸方	金額
期首利益剰余金	89	退職給付に係る負債	89
期首利益剰余金	11	退職給付費用	11

退職給付に係る負債及び退職給付引当金

259

【退職給付会計基準】

（表示）

27. …、負債となる場合は「退職給付に係る負債」等の適当な科目をもって固定負債に計上し、資産となる場合は「退職給付に係る負債」等の適当な科目をもって固定負債に計上し、資産となる場合は「退職給付に係る資産」等の適当な科目をもって固定資産に計上する。未認識数理計算上の差異及び未認識過去勤務費用については、税効果を調整の上、純資産の部におけるその他の包括利益累計額に「退職給付に係る調整累計額」等の適当な科目をもって計上する。

（個別財務諸表における当面の取扱い）

39. 個別財務諸表上、所定の事項については、当面の間、次のように取り扱う。

（1）…、退職給付債務に未認識数理計算上の差異及び未認識過去勤務費用を加減した額から、年金資産の額を控除した額を負債として計上する。ただし、年金資産の額が退職給付債務に未認識数理計算上の差異及び未認識過去勤務費用を加減した額を超える場合には、資産として計上する。

（3）…負債として計上される額については「退職給付引当金」の科目をもって固定負債に計上し、資産として計上される額については「前払年金費用」等の適当な科目をもって固定資産に計上する。

（4）…未認識数理計算上の差異及び未認識過去勤務費用の貸借対照表における取扱いが連結財務諸表を異なる旨を注記する。

（出典：公益財団法人財務会計基準機構・企業会計基準委員会の公表物から引用）

3 実務事例を学ぼう

（1）年金資産の範囲

A　　従業員に対して生命保険の契約をしていますよね。この契約は従業員が死亡せず満期を迎えた時に払戻金があり、これを退職金の支払いに充てていると思うのですが、これは退職給付債務から差し引くことはできませんか？

X　　年金資産は退職金の支払いに限定された一定の資産しか認められていないんだ。従業員にかけている生命保険の解約返戻金は退職金の支払いに限定されていないので年金資産にはならないんだ。解約して会社の資金繰りに充てることもできるだろう。

【退職給付会計基準】
（用語の定義）
7.　「年金資産」とは、特定の退職給付制度のために、その制度について企業と従業員との契約（退職金規程等）等に基づき積み立てられた、次のすべてを満たす特定の資産をいう。
（1）退職給付以外に使用できないこと
（2）事業主及び事業主の債権者から法的に分離されていること
（3）積立超過分を除き、事業主への返還、事業主からの解約・目的外の払出し等が禁止されていること
（4）資産を事業主の資産と交換できないこと
　　（出典：公益財団法人財務会計基準機構・企業会計基準委員会の公表物から引用）

（2）割引率変更の要否

A　割引率は毎期見直す必要がありますか？

X　　割引率の変動が退職給付債務に重要な影響を及ぼさない場合は見直す必要はないよ。重要な影響は退職給付債務が10％以上変動する

退職給付に係る負債及び退職給付引当金

261

場合をいうんだ。

【退職給付会計基準】
　（注8）割引率等の計算基礎に重要な変動が生じていない場合には、これを見直さない
　　　　ことができる。
【退職給付会計適用指針】
（割引率変更の要否）
30.　…各事業年度において割引率を再検討し、その結果、少なくとも、割引率の変動が
　　退職給付債務に重要な影響を及ぼすと判断した場合にはこれを見直し、退職給付債務を
　　再計算する必要がある。
　　　重要な影響の有無の判断にあたっては、前期末に用いた割引率により算定した場合の
　　退職給付債務と比較して、期末の割引率により計算した退職給付債務が10%以上変動す
　　ると推定されるときには、重要な影響を及ぼすものとして期末の割引率を用いて退職給
　　付債務を再計算しなければならない。
　　　（出典：公益財団法人財務会計基準機構・企業会計基準委員会の公表物から引用）

（3）長期期待運用収益率変更の要否

A　長期期待運用収益率は毎期見直す必要がありますか？

X　長期期待運用収益率は長期にわたる指標だから毎期見直す必要は
ないよ。ただし当期損益に重要な影響がある場合には過去の実績等
から慎重に判断して見直しが必要だよ。

【退職給付会計基準】
　（注8）割引率等の計算基礎に重要な変動が生じていない場合には、これを見直さない
　　　　ことができる。
【退職給付会計適用指針】
（長期期待運用収益率変更の要否）
31.　…長期期待運用収益率は、当期損益に重要な影響があると認められる場合のほかは、
　　見直さないことができる。
　　　（出典：公益財団法人財務会計基準機構・企業会計基準委員会の公表物から引用）

（4）その他の計算基礎の変更の要否

A 　退職給付債務の算定に使用している予想昇給率や退職率も見直しが必要ですか？

X 　予想昇給率や退職率もその変動が退職給付債務に重要な影響を与える場合には計算基礎を再検討して見直す必要があるよ。

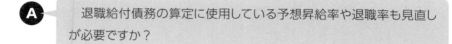

【退職給付会計基準】
　（注8）割引率等の計算基礎に重要な変動が生じていない場合には、これを見直さないことができる。

【退職給付会計適用指針】
（その他の計算基礎の変更の要否）
32.　予想昇給率や退職率等その他の計算基礎の重要性の判断にあたっては、それぞれの企業固有の実績等に基づいて退職給付債務等に重要な影響があると認められる場合は、各計算基礎を再検討し、それ以外の事業年度においては、見直さないことができる。
　　　（出典：公益財団法人財務会計基準機構・企業会計基準委員会の公表物から引用）

（5）複数事業主制度の取扱い

A 　組合の企業さんと合同で運営している厚生年金基金は退職給付引当金の設定対象にならないんですか？

X 　本来は自社の負担分の年金資産などを合理的な基準で計算して認識する必要があるのだが、当社の厚生年金基金について合理的に計算することができないんだ。この場合は基金への当期の拠出金を退職給付費用として処理し、年金全体制度全体の直近の積立状況等を注記することになっているんだ。

（6）小規模事業主の取扱い

A　　退職給付債務の計算には保険数理人への依頼や、計算基礎を算定するなどコストがかかりますが小規模な企業も一律に適用されるんですか？

X　　小規模な企業は、期末の退職給付の自己都合要支給額を使った簡便な方法等での退職給付引当金の計上が認められているんだ。この場合の小規模っていうのは従業員300人未満の企業をいうんだ。

（7）退職給付計算基礎のデータ

退職給付引当金の過少計上

・退職金制度の大幅な変更の際、退職給付債務等の数理計算業務の委託先に提出する基礎データの作成を誤った。

（「開示検査事例集」　令和2年8月証券取引等監視委員会事務局）

　保険数理人が計算した退職給付債務の計算結果を利用して退職給付引当金を計算するので保険数理人の計算結果が大事ですね。

　退職給付債務の計算は保険数理人へ依頼しているがその計算基礎に誤りがあると退職給付債務の計算が誤ってしまうため、依頼前に基礎データの正確性を確認することが重要だよ。

退職給付に係る負債及び退職給付引当金

4 税務処理を学ぼう

○ 退職給費用の税務上の取扱い

A 退職給付費用は法人税の計算ではどのように取り扱いますか？

X 　法人税法では退職一時金は退職金の支払時に債務が確定するので実際支給時に損金として認められるよ。また確定給付型年金は掛金を支払った時に掛金額が損金として認められるよ。別表調整はこうなるよ。

【別表4】所得の金額の計算に関する明細　　　　　　　　　　　　（単位：百万円）

区　　分		総　額 ①	処　　分		
			留　保 ②	社　外　流　出 ③	
当期利益又は当期欠損の額	1			配　当 その他	
加算	退職給付費用損金不算入額	9	159	159		※1
	小　　計	11	159	159	0	
減算	退職給付引当金当期認容額	20	237	237		※2
	小　　計	21	237	237	外※　0	

【別表5】I 利益積立金額の計算に関する明細書　　　　　　　（単位：百万円）

区　　分		期首現在 利益積立金額 ①	当期の増減		差引翌期首現在 利益積立金額 ①－②＋③ ④
			減 ②	増 ③	
利　益　準　備　金	1				
積　立　金	2				
退職給付引当金	3	1,500	237	159	1,422

※1 （加算）退職給付費用損金不算入額

勤務費用	155
利息費用	13
期待運用収益	△20
数理計算上の差異の費用処理額	11
計	159

※2 （減算）退職給付引当金当期認容額

企業年金掛金	100
退職金支払額	137
計	237

【法人税法】

第22条

3　…当該事業年度の損金の額に算入すべき金額は、…次に掲げる額とする。

二　…当該事業年度の販売費、一般管理費その他の費用（償却費以外の費用で当該事業年度終了の日までに債務の確定しないものを除く。）の額

【法人税施行令】

（確定給付企業年金等の掛金等の損金算入）

第135条　内国法人が、各事業年度において、次に掲げる掛金、保険料、事業主掛金、信託金等又は信託金等若しくは預入金等の払込みに充てるための金銭を支出した場合には、その支出した金額（…）は、当該事業年度の所得の金額の計算上、損金の額に算入する。

二　確定給付企業年金法（平成13年法律第50号）第3条第1項（確定給付企業年金の実施）に規定する確定給付企業年金に係る規約に基づいて同法第2条第4項（定義）に規定する加入者のために支出した同法第55条第1項（掛金）の掛金（同法第63条（積立不足に伴う掛金の拠出）、…又はこれに類する掛金若しくは保険料で財務省令で定めるもの

【法人税基本通達】

（債務確定の判定）

2-2-12 法第22条第3項第2号《損金の額に算入される販売費等》の償却費以外の費用で当該事業年度終了の日までに債務が確定しているものとは、別に定めるものを除き、次に掲げる要件の全てに該当するものとする。

（1）　当該事業年度終了の日までに当該費用に係る債務が成立していること。

（2）　当該事業年度終了の日までに当該債務に基づいて具体的な給付をすべき原因となる事実が発生していること。

（3）　当該事業年度終了の日までにその金額を合理的に算定することができるものであること。

11 | 資産除去債務

会計基準名称	発行主体	略称
企業会計基準第18号「資産除去債務に関する会計基準」 （最終改正 2012年5月17日）	企業会計基準委員会	資産除去債務会計基準
企業会計基準適用指針第21号「資産除去債務に関する会計基準の適用指針」 （最終改正 2011年3月25日）	企業会計基準委員会	資産除去債務適用指針

1 基礎を学ぼう

（1）資産除去債務って何ですか？

A

　本年度の決算で、昨年度設立された当社の製造子会社である株式会社長浜の資産除去債務を検討するように部長に言われています。しかし、全然イメージが湧きません。資産除去債務とはどのようなものなのですか？

X

　固定資産の耐用年数到来時に解体、撤去、処分等のために費用を要した場合、通常は発生時に費用処理するよね。

　でも、法律上の義務などで、有形固定資産の除去時に払わざるを得ない費用があるんだ。そういう場合には、その費用を合理的に見積もって、有形固定資産の取得時にあらかじめ債務として計上しておくという会計ルールがあるんだよ。その債務のことを資産除去債務というんだよ。

　正確な定義は会計基準にあるよ。

（2）資産除去債務の全体像

> 資産除去債務の全体像を簡単に示してみるね。
> 　資産除去債務の会計処理は、ステップを踏んで考えていく必要があるんだ。今どこの話をしているのかを常に確認しながら進めていくといいよ。

■ 資産除去債務の全体像

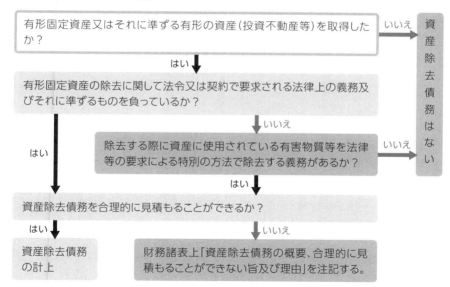

参考文献：有限責任監査法人トーマツ編、『資産除去債務の経理入門』、（中央経済社、2011年
　　　　　4月30日）P35を参考に編集

資産除去債務

（3）法律上の義務又はそれに準ずるものについて

A 　資産除去債務の全体像はわかりましたが、「法律上の義務又はそれに準ずるもの」の内容が、漠然としていてわかりにくいです。どのようなものが該当するのですか？

X 　これは混乱しやすいから気を付けてほしいんだけど、「法律上の義務又はそれに準ずるもの」の種類は2種類あるんだよ。一つは、「有形固定資産を除去する義務」、もう一つは有形固定資産の除去自体は義務ではないが、「有形固定資産の除去時に特別の方法で除去する義務」なんだよ。だから、資産を除去する義務自体は無くても対象となり得るから注意が必要だよ。

A 　わかりました。では具体的にどのようなものがありますか？

X 　会計基準上は記載されていないから、関連する法規制や契約内容を把握して、検討していかないといけないよ。新たな事業分野に進出する場合は、これらの法規制の内容を把握することも必要だし、法改正や新規立法により対象が追加されることもあるからね。会計基準の記載と合わせて一例として示すと次のようなものがあるよ。

・賃貸借契約に基づく原状回復義務
・土壌汚染対策法に基づく土壌汚染の調査義務
・PCB 特別措置法に基づく使用中 PCB 含有機器の適正処理義務
・石綿障害予防規則に基づく吹付アスベスト含有調査及び適正処理義務

---

(4) 前提条件について

XとAは、×2年3月期の決算に向けて早速、検討を始めた。

検討対象となる製造子会社である株式会社長浜の概況は、以下のとおりである。
㈱長浜は前期に製造会社として設立された。
㈱長浜の設備の状況は次のとおりである。

1. 設備の状況について
　滋賀県長浜市内に本社を保有し、米原市に倉庫設備を保有している。また、当期から長浜市の工場も稼働し始めた、当期の設備の状況は下記のとおりである。
　長浜本社：土地を保有し社屋を建築している。社屋は×0年に新築されている。
　米原倉庫：土地を保有し倉庫を建築している。倉庫は×0年に新築されている。
　長浜工場：土地を事業用定期借地契約により確保し、工場は×1年4月に完成した。

2. 保有資産の状況ついて
　長浜本社：重量鉄骨造であり、本社事務所として使用している。
　米原倉庫：重量鉄骨造であり、倉庫設備として使用している。
　長浜工場：×0年4月に地主と26年間の事業用定期借地契約を締結し公正証書を作成している。工場は重量鉄骨造であり耐用年数は25年である。

(5) 資産利用終了時の義務の識別（資産除去債務の有無の把握）

X　　それでは、資産除去債務の把握から始めてみよう。まず、既存設備の長浜本社と米原倉庫について考えてみよう。これらは何か資産除去債務を負っているかな？

A　　建物の建設年代からアスベストやPCBの問題はないと思います。

重金属等の使用もないので該当事項はないと思います。

X そうだね。では長浜工場はどうかな。

A 　長浜工場は×1年に完成しているのでアスベストは使用されていませんが、土地の賃貸借契約を結んでいるので賃貸借契約に基づく原状回復義務を負っている可能性があります。

X そのとおりだ。では実際に賃貸借契約書を確認してみよう。

A 　条項のなかに、「本契約が終了したときは、㈱長浜は本件土地上の建物等を収去し原状に復したうえ、これを地主に返還する。」と定められていますから、原状回復義務を負っています。

X 　そのとおりだ。契約の中には現状有姿で返還する旨が定められていたり、事業用定期借地契約でも建物買取請求権が排除されていなかったりする場合があるから、契約書は丁寧に確認する必要があるよ。

A その他に、注意すべきことはありますか？

X 　資産除去債務は網羅的に把握することが重要だから、設備が少数の場合はともかく、一覧表を作成し管理した方が漏れがなく管理できるよ。

【資産除去債務の把握結果（一部）】

設備	所有・賃借	法令による義務	原状回復義務	…
長浜本社	所有	―	―	…
米原工場	所有	―	―	…
長浜工場	賃借	―	有り	…

（6）資産除去債務の見積り

A 　当社の資産除去債務の有無の把握ができましたが、次はどのように進めるのですか？

X 　資産除去債務の有無を把握できれば、次はその金額を見積もることになるよ。会計上は、固定資産の除去に要する将来の費用を見積もって、それを現在の価値に割り引くことで算定するんだよ。

X 　具体的には次の事項を見積もる必要があるよ。

> ①資産除去費用
> ②資産除去債務の履行時期

A 　わかりました。でも資産除去債務の会計処理を行うにはまだ先が長そうですね。迷子になりそうですので会計処理フローを教えてください。

【資産除去債務会計基準】
（資産除去債務の算定）
6．資産除去債務はそれが発生したときに、有形固定資産の除去に要する割引前の将来キャッシュ・フローを見積もり、割引後の金額（割引価値）で算定する。
　　（出典：公益財団法人財務会計基準機構・企業会計基準委員会の公表物から引用）

（7）資産除去債務の会計処理に関する全体像

X 　確かに資産除去債務は検討すべき項目が多いから全体像がわかった方がいいね。資産除去債務の会計処理は、大きく分けると、会計処理を行うのに必要な事項を見積もるということと、見積もった結果に基づいて会計処理を行うということに分けられるから、今どこの検

討をしているのかを確認した方がいいね。

■ 資産除去債務の会計処理フロー

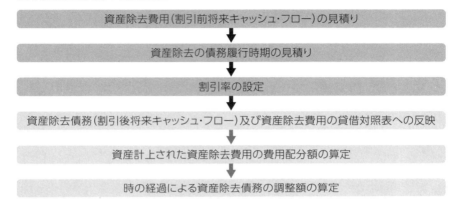

（8）資産除去費用（割引前将来キャッシュ・フロー）の見積り

X　長浜工場の資産除去費用はどうやって見積もるかな？

A　同社では過去に建物を解体した事例がなく過去の実績から見積もることができないですね。解体業者がホームページに坪単価を公表しているのでその情報は使えませんか？

X　確かに、参考になる情報だね。ただ、自社特有の事象が反映されていないので見積りの信頼性については慎重に検討する必要があるよ。他に見積もる方法はあるかな？

A　他には個別に見積りを取ることくらいしか考えられないです。

X　賃貸借契約の契約条項の中に、原状回復義務の履行に替えて保証金の一定額を放棄することができる旨が定められていることがあるよ。今回はその条項はないので、利用できないけれども契約に基づく原状回復義務については、契約書をしっかりと読み込むことが必要

だね。また今後は、建物建設時にその建築会社から解体費用の見積りを取得するようにした方がいいかもしれませんね。今回は、建物建設から日が経っていますし、原状回復義務の履行日までに期間があるので費用面を考慮して個別に見積りをとるのではなくホームページの情報を使用しましょう。

A 　長浜工場は、鉄骨造りの構造ですのでホームページ上の坪単価40,000円に建坪500坪を乗じて、2,000万円ということでいかがですか？

X 　Aさんが参考にした業者は、許可業者として許可証の写しがホームページで公表されているから信頼できますね。坪単価もその他の業者のホームページで公表している坪単価とも大差がないので、その見積額で進めましょう。

A 　資産除去費用の見積りは、現時点の物価水準で見積もっていますが、このまま利用して大丈夫ですか？

X 　将来の支出時点での負担を見積もる必要があるので、インフレ率や見積値から乖離するリスクを勘案することが必要だね。また、技術革新などによる影響額を見積もることができる場合にはこれを反映させることになるよ。今の経済情勢だとインフレ率は無視できる状況だし、技術革新の影響は把握できないので反映させる必要はないね。但し、最低賃金はここ10年間で平均2％程度増加しているので、おおむね25年後の履行時には1.6倍程度になっていることが予測されますね。その点を織り込んでみよう。

X 　《40,000円 ／ 坪（当初の見積り）＋ 2,400円 ／ 坪（人件費上昇見込）》 × 500坪 ＝ 21,200,000円
　会計基準では、割引前将来キャッシュ・フローの見積りにあたっての留意点が示されているから、紹介しておくよ。実務上は重要性を加味してここまで厳密に計算するケースは少ないけどね。

資産除去債務

275

【資産除去費用の見積り結果（追加）】

設備	所有・賃貸	法令による義務	原状回復義務	資産除去費用	…
長浜本社	所有	—	—	—	…
米原倉庫	所有	—	—	—	…
長浜工場	賃借	—	有り	2,120万円	…

【資産除去債務適用指針】
（割引前将来キャッシュ・フローの見積りにあたっての留意点）

3．企業は、次の情報を基礎として、自己の支出見積りとしての有形固定資産の除去に要する割引前の将来キャッシュ・フローを見積もる。

（1）対象となる有形固定資産の除去に必要な平均的な処理作業に対する価格の見積り

（2）対象となる有形固定資産を取得した際に、取引価額から控除された当該資産に係る除去費用の算定の基礎となった数値

（3）過去において類似の資産について発生した除去費用の実績

（4）当該有形固定資産への投資の意思決定を行う際に見積もられた除去費用

（5）有形固定資産の除去に係る用役（除去サービス）を行う業者など第三者からの情報

企業は、（1）から（5）により見積もられた金額に、インフレ率や見積値から乖離するリスクを勘案する。また、合理的で説明可能な仮定及び予測に基づき、技術革新などによる影響額を見積もることができる場合には、これを反映させる。

（出典：公益財団法人財務会計基準機構・企業会計基準委員会の公表物から引用）

（9）資産除去費用の履行時期の見積り

 履行時期はどうして見積もる必要があるのですか？

　　資産除去債務は、将来の発生する資産除去費用を現在価値に割り引いて計算することになるんだよ。だから、履行時期がわからないと現在価値に割り引けないので資産除去債務を認識できないことになるんだよ。では長浜工場を確認してみよう。履行時期はいつになると思う？

A 事業用定期借地契約の期限である×26年3月末になると思います。

そうですね。定期借地契約ですから再契約ができない限り、退去しないといけませんからね。賃貸借契約期間内に自発的に退去する場合や再契約が合理的に予測される場合には、慎重に検討する必要がありますが、今回はこれらの事情はありませんからね。工場の完成が×1年4月ですから、×26年3月は25年後になりますね。

【資産除去債務の履行時期の追加】

設備	所有・賃貸	法令による義務	原状回復義務	資産除去費用	履行時期
長浜本社	所有	—	—	—	—
米原工場	所有	—	—	—	—
長浜工場	賃借	—	有り	2,120万円	×26年3月

(10) 割引率の設定

X 履行時期の見積りができたので、適用する割引率を決定しよう。

A 割引率はどうやって決定するのですか?

X 会計基準上は、無リスクの割引率を適用することになるよ。要するに国債の利回りを使うんだけど、履行時期までの25年物の利回りを利用するよ。

X では、25年の国債の流通利回りを調べてください。

A 国債の利回りはどこで調べたらいいのですか?

X 財務省のホームページで国債金利情報が公表されているのでそこを閲覧すればわかるよ。

公表されている情報では25年国債の利回りは0.5%でした。

【資産除去債務会計基準】
(資産除去債務の算定)
6．…割引率は、貨幣の時間価値を反映した無リスクの税引前の利率とする。
【資産除去債務適用指針】
(資産除去債務の算定に際して用いられる割引率)
5．…資産除去債務の算定に際して用いられる割引率は、将来キャッシュ・フローが発生
　すると予想される時点までの期間に対応する貨幣の時間価値を反映した無リスクの税引
　前の割引率とする。
　　　(出典：公益財団法人財務会計基準機構・企業会計基準委員会の公表物から引用)

(11) 資産除去債務（割引後将来キャッシュ・フロー）の貸借対照表への反映

X ここまでで、会計処理を行うのに必要な事項の見積りができたよ。ここから、これらの情報に基づき会計処理を行ってみよう。

A まずは何から始めるのですか？

X 将来の資産除去費用は見積もれていますが、これを現在の負債として認識するためには現在価値に割り引く必要があるよ。では、割引率0.5%で25年間割り引いた資産除去費用を計算してください。

A 21,200,000円 ÷（1 + 0.005)^{25} ≒ 18,714,762円ですね。

X これで、資産除去債務の算定はできたね。これを会計上貸借対照表に反映させてみよう。

A この場合、貸方の勘定科目は資産除去債務になると思いますが、借方の勘定科目はどうなるのですか？

会計基準上、資産除去債務の計上額と同額を、資産除去債務に対応する除去費用として、関連する有形固定資産の帳簿価額に加えることになっているよ。

【資産除去債務会計基準】
（資産除去債務に対応する除去費用の資産計上と費用配分）
7．資産除去債務に対応する除去費用は、資産除去債務を負債として計上した時に、当該負債の計上額と同額を、関連する有形固定資産の帳簿価額に加える。
　　（出典：公益財団法人財務会計基準機構・企業会計基準委員会の公表物から引用）

【資産除去債務の貸借対照表への反映】

（単位：円）

借方	金額	貸方	金額
建物	18,714,762	資産除去債務	18,714,762

（12）資産計上された資産除去費用の費用配分

A　資産計上された資産除去債務に対応する除去費用はどのように費用配分されるのですか？

X　有形固定資産に計上されたので、減価償却を通じて費用化されていくよ。

A　償却方法や耐用年数はどのように設定するのですか？

X　当該有形固定資産の残存耐用年数にわたり、各期に費用配分することとされているので、建物だから当社の会計方針である定額法になるね。工場の耐用年数が25年だからその耐用年数で償却されるよ。

A　では、18,714,762円 ÷ 25年 ≒ 748,590円が当期費用化される金額

になるのですね。

 そのとおりです。会計処理は次のようになるよ。

【資産計上された資産除去費用の費用配分の処理】

(単位：円)

借方	金額	貸方	金額
減価償却費	748,590	減価償却累計額（注）	748,590

（注）間接法の場合

【資産除去債務会計基準】
（資産除去債務に対応する除去費用の資産計上と費用配分）
7．…資産計上された資産除去債務に対応する除去費用は、減価償却を通じて、当該有
　形固定資産の残存耐用年数にわたり、各期に費用配分する。
　　　（出典：公益財団法人財務会計基準機構・企業会計基準委員会の公表物から引用）

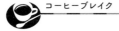 コーヒーブレイク

[　耐用年数について　]

　固定資産の減価償却費の計上に関して耐用年数を決定する必要があります。耐用年数は、各
企業が自己の「資産」につき、経済的使用可能予測期間を見積もって自主的に決定すべきであ
るとされています。

　しかし、実務上は法人税法上の耐用年数を利用することが多いようです。では、なぜ法人税
法上の税法耐用年数の使用が容認されているのでしょうか。

　これは、多くの企業が法人税法に定められた耐用年数を用いている事情を鑑み、法人税法に
規定する普通償却限度額を正規の減価償却費として処理する場合においては、企業の状況に照
らし、耐用年数又は残存価額に不合理と認められる事情のない限り、当面、監査上妥当なもの
として取り扱うことができるとされているからです（監査・保証実務委員会実務指針第81号「減
価償却に関する当面の監査上の取扱い」）。

　しかしこの規定には、「企業の状況に照らし、…不合理と認められる事情のない限り」という
条件が付されています。そのため、例えば、再契約が合理的に見込めない定期借地契約等の
上に建設された建物に対して、その存続期間を超えた税法耐用年数を使用することは、不合理
と認められる事情に該当する可能性がありますので、注意が必要です。

（13）時の経過による資産除去債務の調整額の算定

A 　負債に計上した資産除去債務は履行時までそのままにしておくのですか？

X 　資産除去債務は発生見積額を現在価値に割り引いているので、時の経過に合わせて調整する必要があるね。

A 　調整する金額はどのようにして算定するのですか？

X 　調整額は、期首の資産除去債務の帳簿価額に資産除去債務の当初計上時の割引率を乗じて算定するよ。では実際に計算してください。

A 　18,714,762円 × 0.5% ≒ 93,573円でいいですか。

X 　そのとおりです。会計処理は次のようになるね。

【時の経過による資産除去債務の調整額の処理】

（単位：円）

借方	金額	貸方	金額
資産除去債務費用	93,573	資産除去債務	93,573

【資産除去債務会計基準】
（時の経過による資産除去債務の調整額の処理）
9．　時の経過による資産除去債務の調整額は、その発生時の費用として処理する。当該調整額は、期首の負債の帳簿価額に当初負債計上時の割引率を乗じて算定する。
　　　（出典：公益財団法人財務会計基準機構・企業会計基準委員会の公表物から引用）

資産除去債務

2 応用を学ぼう

（1）資産除去債務の見積りの変更

① 前提条件について

長浜工場の当初の資産除去債務の概要は次のとおりである。

設備	建物稼働	履行時期	割引率	資産除去費用	資産計上された除去費用
長浜工場	×1年4月	×26年3月	0.5%	21,200,000	18,714,762

×21年3月に廃棄物処理関連法令の改正が公布されたため、建物の解体処理費用を改めて見積もった。その結果、当該解体処理費用は29,200,000円と見積もられた。また、×21年3月31日時点での5年物国債の利回りは0.25%である。

② 見積り変更時の具体的な会計処理

Ⓧ 今回は資産除去費用の見積額に変更が発生したので会計に反映させる必要が出たよ。この調整について考えてみよう。

Ⓐ 資産除去債務は発生時に将来の費用を見積り計上するので、見積額が変動することは理解できます。履行時期が近付けばより正確な見積りになると思いますが、この調整は毎回必要なのですか？

Ⓧ 会計基準上は「重要な見積りの変更が生じた場合」とされているので、重要な変更が生じていない場合は当初見積りのままでもいいんだよ。今回は、廃棄物処理関連法令の改正が公布され、解体処理費用の負担が大きく増えることが予測されたので、再度見積りをし直したんだよ。

Ⓐ この調整は、過去に遡って調整していくのですか？

Ⓧ 確かに、当初の見積りに誤りがあった場合や、認識すべき資産除

去債務を認識していなかった場合には、過去の会計処理に誤りがあったということで、遡及修正する場合もあるね。でも、今回は当期発生した法改正により生じた大幅な見積変更だから、当初の見積りは適切だったんだよ。この場合は、資産除去債務の帳簿価額及び関連する有形固定資産の帳簿価額に加減して処理することになるんだよ。

A そうすると、今回増加した資産除去費用を現時点に割引計算することになると思いますが、割引率は当初の割引率を利用するのですか？

X これは少し気を付ける必要があるね。資産除去費用が増加した場合は、新たな負債が発生したものと同様のものとして処理をするので、見積変更時の割引率を利用することになるよ。他方で、資産除去費用が減少した場合は、既に認識している負債の調整なので負債計上時の割引率を利用することになるよ。今回は、資産除去費用が増加しているので現時点での割引率である0.25%を利用するよ。履行時期は5年後ですので調整すべき金額を計算して会計処理をしてください。

A （29,200,000円 － 21,200,000円）÷（1＋0.0025）^{5} ≒ 7,900,746円ですね。会計処理は次のとおりですね。

【資産除去債務会計基準】
（割引前将来キャッシュ・フローの見積りの変更）
10. 割引前の将来キャッシュ・フローに重要な見積りの変更が生じた場合の当該見積りの変更による調整額は、資産除去債務の帳簿価額及び関連する有形固定資産の帳簿価額に加減して処理する。資産除去債務が法令の改正等により新たに発生した場合も、見積りの変更と同様に取り扱う。

（割引前将来キャッシュ・フローの見積りの変更による調整が区に適用する割引率）
11. 割引前の将来キャッシュ・フローに重要な見積りの変更が生じ、当該キャッシュ・フローが増加する場合、その時点の割引率を適用する。これに対し、当該キャッシュ・フローが減少する場合には、負債計上時の割引率を適用する。なお、過去に割引前の将来キャッシュ・フローの見積りが増加した場合で、減少部分に適用すべき割引率を特定できない

【見積変更の貸借対照表への反映】

（単位：円）

借方	金額	貸方	金額
建物	7,900,746	資産除去債務	7,900,746

見積変更後の貸借対照表関連項目の残高は以下のとおりである。

建物（資産除去債務部分）：18,714,762円 ＋ 7,900,746円 ＝ 26,615,508円

資産除去債務　　　　　　：20,677,858円（注）＋ 7,900,746円 ＝ 28,578,604円

（注）18,714,762円 ×（ 1 ＋0.005)[20]

③　見積変更後の会計処理

X　　×22年 3 月期決算の会計処理として、資産除去費用の費用配分と時の経過による資産除去債務の調整額を計算してみよう。

A　　資産除去費用の費用配分は減価償却により実施されることになると思いますが、資本的支出同様に25年の耐用年数を使用するのですか？

X　　当該有形固定資産の残存耐用年数にわたり、各期に費用配分することになるので、耐用年数は 5 年になるよ。

A　　わかりました。

【資産除去費用の費用配分の処理】

（単位：円）

借方	金額	貸方	金額	備考
減価償却費	748,590	減価償却累計額	748,590	当初認識分
減価償却費	1,580,149	減価償却累計額	1,580,149	7,900,746 ÷ 5 年

では時の経過による資産除去債務の調整額を計算してみよう。これは、それぞれの割引率で乗じることに注意してくださいね。

【時の経過による資産除去債務の調整額】

(単位：円)

借方	金額	貸方	金額	備考
資産除去債務費用	103,389	資産除去債務	103,389	20,677,858 × 0.5%
資産除去債務費用	19,751	資産除去債務	19,751	7,900,746 × 0.25%

（2）資産除去債務の履行時の処理

① 前提条件について

×26年3月31日に原状回復義務を履行し、長浜工場を取り壊した。×26年3月末時点の長浜工場の設備の概要及び実際の資産除去費用は下記のとおりである。

(単位：円)

科目	取得価額	減価償却累計額	資産除去債務	除去費用支払額
建物	426,615,508	426,615,507	29,200,000	28,000,000

※構築物等はなく、建物内の備品や機械装置の移設処理は終了している。

② 資産除去債務の履行時の具体的な会計処理

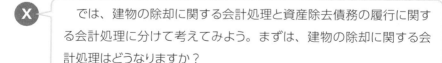 では、建物の除却に関する会計処理と資産除去債務の履行に関する会計処理に分けて考えてみよう。まずは、建物の除却に関する会計処理はどうなりますか？

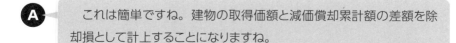 これは簡単ですね。建物の取得価額と減価償却累計額の差額を除却損として計上することになりますね。

【建物除却に関する処理】

（単位：円）

借方	金額	貸方	金額
減価償却累計額	426,615,507	建物	426,615,508
固定資産除却損	1		

X そうですね。では、資産除去債務の履行に関する会計処理はどうですか？

A 現時点での資産除去債務残高は29,200,000円ですが資産除去債務の決済のために実際に支払われた額は28,000,000円で1,200,000円差額が出ます。資産除去債務を履行したので債務として残すべきではないと思います。固定資産の除却損が特別損失となることから考えると、履行差額は特別損益として処理することになると思います。

X 確かに当初の除去予定時期よりも著しく早期に除去することとなった場合等、当該差額が異常な原因により生じたものである場合には、特別損益として処理することもあるよ。しかし、会計基準に記載されているとおり、資産除去債務の履行時に認識される差額は、固定資産の取得原価に含められて減価償却を通じて費用処理された除去費用と異なる性格を持つものではないと考えられているんだよ。だから、減価償却費として計上された区分と同一の区分で処理することになるとされているんだよ。

A わかりました。では会計処理はこのような処理になりますね。

【資産除去債務の履行に関する処理】

（単位：円）

借方	金額	貸方	金額
資産除去債務	29,200,000	現預金	28,000,000
		履行差額（注）	1,200,000

（注）工場の減価償却費は製造原価に計上されているため、履行差額も製造原価となる。

【資産除去債務会計基準】
（損益計算書上の表示）

15.　資産除去債務の履行時に認識される資産除去債務残高と資産除去債務の決済のために実際に支払われた額との差額は、損益計算書上、原則として、当該資産除去債務に対応する除去費用に係る費用配分額と同じ区分に含めて計上する。

（損益計算書上の表示：資産除去債務の履行時に認識される差額）

57.　…資産除去債務の履行時に認識される差額についても、固定資産の取得原価に含められて減価償却を通じて費用処理された除去費用と異なる性格を有するものではないといえる。

58.　そのため、本会計基準では、資産除去債務計上額と実際の支出額との差額は、当該資産除去債務に対応する除去費用に係る費用配分額と同じ区分に含めて計上することを原則とした

　　なお、当初の除去予定時期よりも著しく早期に除去することとなった場合等、当該差額が異常な原因により生じたものである場合には、特別損益として処理することに留意する。

（出典：公益財団法人財務会計基準機構・企業会計基準委員会の公表物から引用）

資産除去債務

（3）簡便法の扱い

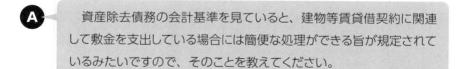

A　　資産除去債務の会計基準を見ていると、建物等賃貸借契約に関連して敷金を支出している場合には簡便な処理ができる旨が規定されているみたいですので、そのことを教えてください。

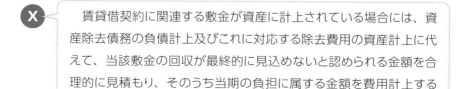

X　　賃貸借契約に関連する敷金が資産に計上されている場合には、資産除去債務の負債計上及びこれに対応する除去費用の資産計上に代えて、当該敷金の回収が最終的に見込めないと認められる金額を合理的に見積もり、そのうち当期の負担に属する金額を費用計上する

方法によることができるとされているんだよ。

原則的な方法に比べてどこが簡便的なのですか？

　敷金の回収が最終的に見込めないと認められる金額を見積もるということは、原状回復費用を見積もるということと同じなので、その点は差がないよ。でも、割引現在価値を算定する必要がないし、時の経過による資産除去債務の調整が不要になるので簡便だよ。具体的な取引で説明してみよう。

【資産除去債務適用指針】
(建物等賃借契約に関連して敷金を支出している場合)
9．…当該賃貸借契約に関連する敷金が資産計上されているときは、当該計上額に関連する部分について、当該資産除去債務の負債計上及びこれに対応する除去費用の資産計上に代えて、当該敷金の回収が最終的に見込めないと認められる金額を合理的に見積もり、そのうち当期の負担に属する金額を費用に計上する方法によることができる。
（出典：公益財団法人財務会計基準機構・企業会計基準委員会の公表物から引用）

○　**前提条件について**

　×0年4月1日に事務所の賃貸借に関して敷金を1,000,000円差し入れている。敷金は契約書上、物件の明渡し時に、賃料の滞納、原状回復に要する費用の未払いその他の本契約から生じる乙の債務の不履行が存在する場合には、当該債務の額を敷金から差し引くことができる旨が規定されている。

　借主は使用に際し内部造作1,200,000円を支出したが、契約上退去時に原状回復義務を負っている。会社は×15年3月末で当該事務所を閉鎖する予定であり、その際、原状回復費用として300,000円の返還が見込まれないと判断している。

【賃貸借契約時の会計処理】

（単位：円）

借方	金額	貸方	金額
建物（附属設備）	1,200,000	現預金	2,200,000
敷金	1,000,000		

【決算時の会計処理（資産除去債務に関する部分のみ）】

借方	金額	貸方	金額
敷金償却（注）	20,000	敷金	20,000

（注）300,000円 ÷ 15年 ＝ 20,000円 ／ 年

（4）資産除去債務を合理的に見積もることができない場合

Ⓐ 　資産除去債務を合理的に見積もれない場合は、資産除去債務を計上しないということを以前お聞きましたが、見積もれない場合はどのような場合があるのですか？

Ⓧ 　資産除去債務の有無は、契約に基づく原状回復義務や、有害物質等を法律等の要求による特別の方法で除去するという義務の有無で、事実認定の問題だから問題にはならないね。だから、①資産除去費用の見積り、②資産除去債務の履行時期の見積りの2点が問題になり得るよ。

Ⓐ 　資産除去費用が見積もれない場合とはどのような場合ですか？

Ⓧ 　資産除去費用については、自社に過去の実績がない場合でも、公表されている他社事例や標準的な工事費を基礎に見積もることができる場合があるね。また、専門業者を利用することも考えられるので、世界的にも例のないような工事を必要とする場合等で、工事ができる業者が見当たらない場合等極めて限定的な場合だと思いますね。

Ⓐ 　資産除去債務の履行時期が見積もれない場合は、会社が有形固定資産の除却の意思決定がされていない場合や、賃貸借契約でも更新を予定している場合には該当するのではないですか？

Ⓧ 　確かに借地借家法で賃借人の保護の観点から契約期間が満了して

も更新拒絶には正当な理由が必要とされているから、期間満了時が履行時期というわけではないからね。でも決算日現在で入手可能なすべての情報を勘案して最善の見積りを行う努力をする必要はあるよ。この努力をしても見積もれない場合には、会計処理ができないから会計処理を行わないんだよ。

A 　会計処理を行わないと、簿外に債務があることになりますが注記とかは必要ないんですか？

X 　鋭いね。この場合は、当該資産除去債務の概要、合理的に見積もることができない旨及びその理由を注記することが求められます。

【資産除去債務会計基準】
（注記事項）
16. 資産除去債務の会計処理に関連して、重要性が乏しい場合を除き、次の事項を注記する。
　（5）　資産除去債務は発生しているが、その債務を合理的に見積もることができないため、貸借対照表に資産除去債務を計上していない場合には、当該資産除去債務の概要、合理的に見積もることができない旨及びその理由
【資産除去債務適用指針】
（資産除去債務を合理的に見積もることができない場合の注記）
11. 資産除去債務を合理的に見積もることができない場合の「その旨及びその理由」の注記にあたっては、「資産除去債務の内容についての簡潔な説明」と関連付けて記載することが必要である。
　　　　　（出典：公益財団法人財務会計基準機構・企業会計基準委員会の公表物から引用）

3 実務事例を学ぼう

（1）資産除去債務の網羅的把握

A 　資産除去債務を検討する上で、実務上注意することにはどのようなものがありますか？

X 　資産除去債務の履行時期と固定資産の取得時期には通常かなりの
タイムラグがあるから、資産除去債務の把握が漏れることがよくある
んだよ。未払金の計上漏れなんかであれば、翌月の支払時点で発見
することができるけれども、履行時期が先だからそういうわけにはい
かないんだよ。

A 　そうすると固定資産を取得した時に、資産除去債務を負担している
かどうかを慎重に検討することが重要なんですね。

X 　もちろん、資産の取得時に資産除去債務を負担しているかどうかを
判断することは重要だし、投資意思決定においても考慮することは重
要だね。でも、難しいのは資産を取得した後も継続的に資産除去債
務の有無を検討し続ける必要があるということです。

A 　どうしてですか？取得時に資産除去債務の把握ができていれば、
後は見積りの変更が必要な状況にあるかどうかに注意を払えばいいと
思うのですが。

X 　見積りの変更の要否を常に考えることも重要ですが、法律の改正
や契約の変更といった事情により、新たに資産除去債務が発生するこ
ともあるんだよ。資産が多いと、法令改正の影響や契約変更が資産
除去債務に与える影響を網羅的に検討することを失念することが少な
くないんだよ。だから、常に資産除去債務の有無を網羅的に検討す
ることが必要なんだよ。

（2）資産除去費用の見積りの信頼性

A 　資産除去債務の把握が重要であることはわかりましたが、実際に見
積りを行うにあたって注意することはありますか？

X 　資産除去債務の会計処理は見積もる事項が多いから、見積りの信頼性を確保することが重要ですね。特に影響が大きいのは資産除去費用の見積りだね。

A 　事例では、一般に公表されている原状回復費用に関する情報を利用しましたが、第三者の情報というだけでは不十分ですか？

X 　確かに一般に公表されている情報であれば、恣意的な数値でない可能性は高いね。でも、公表された情報が古い場合には現状に適合していない場合もあるよ。だから、一般に公表されている情報であってもその情報の信頼性には注意を払う必要があるね。

A 　情報の信頼性はどうやって検討したらいいのですか？

X 　状況や入手できる情報量によっても違うから一概には言えないけれども、利用する業者が所定の許認可を得ているかどうか、ホームページの情報が適切に更新されているかどうか、複数の業者が公表している情報を比較して異常な金額ではないかどうか等の情報を検討することが考えられるね。また、見積もった情報と実績を比較して見積りとの乖離に異常がないかどうかを検討することも重要だね。

A 　なかなか大変ですね。その他に注意することはありますか？

X 　情報の信頼性も重要ですが、見積対象資産への適合性も注意が必要だね。

A 　見積対象資産への適合性とはどういうことですか？

X 　資産除去費用を見積もるにあたっては一定の仮定を置いて推定するよね。でも、この仮定が適合しない場合には見積結果は誤ったもの

になる恐れがあるんだよ。

 少しわかりにくいので今回の事例で説明してください。

 　今回の事例であれば、面積に比例して除去費用は発生するという仮定や、公表されている単位当たりの資産除去費用については、見積対象資産に関しても同様に発生するという仮定を置いているんだよ。だから単位当たりの除去費用に一定の調整を加えたうえで対象資産の面積を乗じて算定したんだよ。でも、鉄筋コンクリート造りや木造の工場であれば、鉄骨造りの工場とは発生する費用が異なることが予測されるね。また、同様の鉄骨造りの工場であったとしても、特殊な薬品を使用している工場や機械装置の据え付け状況が全く異なる場合であれば、必ずしもその方法で適切に見積もることができるとは限らない場合もあるよね。

 　そうすると、過去の実績を機械的に適用することには問題があるのですね。

 コーヒーブレイク

[除去費用の見積り]

　資産除去費用を見積もる際に、改めて個別に業者に算定を依頼することは負担になることがあります。そのため、過去の実績から推定する方法や、一般に公表されている単位当たり除去費用から推定する方法の利用も考えられます。

　しかし、これらの情報が見積り対象資産の特性に照らして適合するかどうかは別の問題ですので注意が必要です。また、公表情報については、その信頼性にも注意を払う必要があります。

　そのため、固定資産の取得時に資産除去費用の見積りを合わせて取得したほうが、見積りの信頼性が担保できるという考え方が出てきます。通常、固定資産の取得時に取得に要する見積りを取ることになりますが、その時に除去費用の見積りを併せて入手することが一般化する時代になるのかもしれません。

4 税務処理を学ぼう

資産計上された除去費用の期間配分額や、時の経過による資産除去債務の調整額は法人税法の損金になるのですか？

法人税法上は、債務が確定した時に損金になるのが原則だね。資産除去債務は将来の除去費用を見積計上しているだけだから、発生した時には損金にはならないね。損金になるのは、実際に資産除去をした時になるね。

資産除去債務の会計処理を見ると、申告調整のイメージが湧かないのですがどのような調整を行うのですか？

① 前提条件

×1年4月1日に計上した資産除去債務の概要は下記のとおりである。

種類	償却方法	耐用年数	資産計上された除去費用	割引率	履行期間
建物	定額法	25年	18,714,762	0.5%	25年

×2年3月までに、以下の会計処理を行った。

【資産除去債務の貸借対照表への反映】

(単位：円)

借方	金額	貸方	金額
建物	18,714,762	資産除去債務	18,714,762

294

【資産除去費用の費用処理】

(単位:円)

借方	金額	貸方	金額
減価償却費	748,590	減価償却累計額	748,590

【時の経過による資産除去債務の調整額の処理】

(単位:円)

借方	金額	貸方	金額
資産除去債務費用	93,573	資産除去債務	93,573

② 税務調整の考え方

 　資産除去債務を貸借対照表に反映させたけれども、これは税務上資産・負債ではないからそれぞれ否認する必要があるね。この場合、別表4と5(1)は次のようになるよ。

【別表4】 所得の金額の計算に関する明細 (単位：円)

区　　　分			総　　額	処　　　分			
				留　保	社　外　流　出		
			①	②	③		
当 期 利 益 又 は 当 期 欠 損 の 額		1			配　当		
					その他		
加算	資産除去債務	9	18,714,762	18,714,762			
	小　　　計	11	18,714,762	18,714,762			0
減算	建物（資産除去債務）	20	18,714,762	18,714,762			
	小　　　計	21	18,714,762	18,714,762	外※		0

【別表5（1）】 Ⅰ　利益積立金額の計算に関する明細書 (単位：円)

区　　　分		期 首 現 在 利益積立金額	当期の増減		差引翌期首現在 利 益 積 立 金 額 ①－②＋③
			減	増	
		①	②	③	④
利 益 準 備 金	1				
積 立 金	2				
建物（資産除去債務）	3			△ 18,714,762	△ 18,714,762
資産除去債務	4			18,714,762	18,714,762

次に資産計上された資産除去費用の費用配分額だけど、これは、税務上損金にならないから加算調整しないといけないね。上記申告書にこの調整を加えた別表は、次のようになるよ。

【別表4】 所得の金額の計算に関する明細

（単位：円）

区　　分			総　　額 ①	処　　分		
				留　保 ②	社　外　流　出 ③	
当期利益又は当期欠損の額		1			配　当	
					その他	
加算	資産除去債務	9	18,714,762	18,714,762		
	減価償却超過額	6	748,590	748,590		
	小　　　計	11	19,463,352	19,463,352		0
減算	建物（資産除去債務）	20	18,714,762	18,714,762		
	小　　　計	21	18,714,762	18,714,762	外※	0

【別表5（1）】Ⅰ　利益積立金額の計算に関する明細書

（単位：円）

区　　分		期 首 現 在 利益積立金額 ①	当期の増減		差引翌期首現在 利益積立金額 ①−②+③ ④
			減 ②	増 ③	
利　益　準　備　金	1				
積　立　金	2				
建物（資産除去債務）	3			△ 17,966,172	△ 17,966,172
資産除去債務	4			18,714,762	18,714,762

A　　減価償却超過額、748,590円が加算調整されていますが、その分だけ税金が増えるのですか？

X　　今回は、当期利益の金額が入っていないから、そのように感じられるかもしれないね。でも、資産除去費用の費用配分額の処理が会計上は行われているから、資産除去債務に関する会計処理がされていない場合と比べて、当期利益は748,590円小さくなっているよ。だから、この加算調整をすることによって、課税所得に影響しないように調整されているんだよ。

　そして、最後に、時の経過による資産除去債務の調整額の処理（93,573）だけど、これも同様に税務上は損金にならないから加算調整する必要があるよ。この調整を加えると申告書は次のようになるね。

【別表4】 所得の金額の計算に関する明細

(単位：円)

区　　分			総　額	処　　分		
				留　保	社　外　流　出	
			①	②	③	
当期利益又は当期欠損の額		1			配　当	
					その他	
加算	資産除去債務	9	18,714,762	18,714,762		
	減価償却超過額	6	748,590	748,590		
	資産除去債務費用	10	93,573	93,573		
	小　　計	11	19,556,925	19,556,925		0
減算	建物（資産除去債務）	20	18,714,762	18,714,762		
	小　　計	21	18,714,762	18,714,762	外※	0

【別表5（1）】 I　利益積立金額の計算に関する明細書

(単位：円)

区　　分		期首現在利益積立金額	当期の増減		差引翌期首現在利益積立金額 ①−②+③
		①	減	増	④
			②	③	
利　益　準　備　金	1				
積　立　金	2				
建物（資産除去債務）	3			△ 17,966,172	△ 17,966,172
資産除去債務	4			18,808,335	18,808,335

[耐用年数の短縮]

　定期借地契約・定期借家契約に関連して取得した固定資産について、再契約が合理的に見込めない場合、契約期間を超えた税法耐用年数を使用することは、不合理と認められる事情に該当する可能性があることは以前説明しました。

　では、税法耐用年数より短い契約期間で償却した場合、償却超過となり申告調整が必要となるのでしょうか。

　この点、耐用年数の適用等に関する取扱通達１－１－３において、「人が建物を貸借し自己の用に供するため造作した場合…当該建物について賃借期間の定めがあるもの（賃借期間の更新のできないものに限る。）で、かつ、有益費の請求又は買取請求をすることができないものについては、当該賃借期間を耐用年数として償却することができる。」とされています。そのため、定期借家契約に関して支出された内部造作については、一定の要件を満たした場合は契約期間で償却することができます。

　では、定期借地契約に関して支出された建物についてはどうでしょうか。この点については大阪国税局が「事業用借地権を設定した土地の上に建設する建物の耐用年数について」を平成17年２月３日付で文書回答しています。

　内容は、法人税法施行令第57条《耐用年数の短縮》では、一定の事由に該当する場合の耐用年数の短縮を定めていますが、法令で列挙されている「一定の事由」については、減価償却資産自体の使用可能期間が法定耐用年数よりも著しく短くなるという事由が現に発生しているような場合に限って承認される趣旨であると理解しています。そのため、借地契約の契約期間が法定耐用年数より短いことは、法令上のいずれの事由にも該当しないため、同条に基づく短縮の承認申請は認められないと回答しています。

資産除去債務

12 ストック・オプション

会計基準名称	発行主体	略称
企業会計基準第8号「ストック・オプション等に関する会計基準」 (2005年12月27日)	企業会計基準委員会	ストック・オプション会計基準
企業会計基準適用指針第11号「ストック・オプション等に関する会計基準の適用指針」 (最終改正 2006年5月31日)	企業会計基準委員会	ストック・オプション適用指針

(当期が×5年3月期を想定)

1 基礎を学ぼう

(1) ストック・オプションって何ですか？

A 　当期からストック・オプションの会計処理担当になるように言われたのですが、ストック・オプションって何でしょうか？

X 　株式を買う権利のことだよ。ストック・オプションは、株式を購入する金額が事前に決まっているため、株価が上昇すれば利益を得る仕組みとなっているんだ。このため、権利を付与された従業員のモチベーションを高めるための施策の一つといわれているよ。当社も管理職の従業員を対象としてストック・オプションが付与されているので、ストック・オプションに関する会計処理が必要となってくるんだ。

A 　会計処理の指針となるような基準はあるのでしょうか？

X 　ストック・オプションに関する会計指針の主なものとしては、「ストック・オプション会計基準」と「ストック・オプション適用指針」があるよ。この基準にもストック・オプションの定義が記載されているので見ておいてね。

２．本会計基準における用語の定義は次のとおりとする。

（1）「自社株式オプション」とは、自社の株式（財務諸表を報告する企業の株式）を原資産とするコール・オプション（一定の金額の支払により、原資産である自社の株式を取得する権利）をいう。新株予約権はこれに該当する。なお、本会計基準においては、企業が、財貨又はサービスを取得する対価として自社株式オプションを取引の相手方に付与し、その結果、自社株式オプション保有者の権利行使に応じて自社の株式を交付する義務を負う場合を取り扱っている。

（2）「ストック・オプション」とは、自社株式オプションのうち、特に企業がその従業員等に、報酬として付与するものをいう。ストック・オプションには、権利行使により対象となる株式を取得することができるというストック・オプション本来の権利を獲得することにつき条件が付されているものが多い。当該権利の確定についての条件には、勤務条件や業績条件がある。

（出典：公益財団法人財務会計基準機構・企業会計基準委員会の公表物から引用）

（2）ストック・オプションの一連の流れ

A ストック・オプションの決議日から行使までの一連の流れを教えてもらえませんか？

X それでは、当社の前期に決議されたストック・オプションの事例を用いて説明してみるね。

ストック・オプションの概要

● 対象者：従業員のうちマネージャー以上の者82名
● ストック・オプションの個数：従業員1人当たり160個（合計13,120個）
● ストック・オプションの行使により与えられる株式数：合計13,120株
● ストック・オプションの行使時の払込金額：1株あたり75,000円
● 取締役会で決議した日：×3年6月15日
● ストック・オプションの付与日：×3年7月1日
● ストック・オプションの権利確定日：×5年6月末日
● ストック・オプションの行使期間：×5年7月1日から×7年6月末日
● 付与されたストック・オプションは他者には譲渡できない
● 付与日におけるストック・オプションの公正な評価単価は、8,000円/個である。

●ストック・オプションの付与時点において、×5年6月末までに7名の退職による失効が見込まれている。

X 　　時系列を説明すると、ストック・オプションが付与される「付与日」があって、その後に、ストック・オプションの権利が確定し権利行使が可能となる「権利確定日」があり、さらに実際に権利行使をする「権利行使日」があるんだよ。

A 　　行使期間が×5年7月1日からとなっているので、「付与日」である×3年7月1日からすぐに権利行使ができるわけではないんですね。

X 　　そうなんだよ。当社の場合は、付与された×3年7月1日から2年が経過した×5年6月末日に在籍していれば、×5年7月1日から×7年6月末日までの2年間のみ権利行使ができる仕組みとなっているんだ。

A 　　ということは、権利が付与されても×5年6月末日より前に退職してしまうと、権利行使ができないんでしょうか？

X 　　そのとおり。ちなみに、付与日から権利確定日までの期間のことを「対象勤務期間」との表現をするよ。特に「付与日」、「権利確定日」、「権利行使日」、「対象勤務期間」の表現は、これから会計処理を説明する時によく出てくるので、キーワードとして覚えておいてね。
　　時系列をまとめるとこんな感じかな。

【一連の流れ】

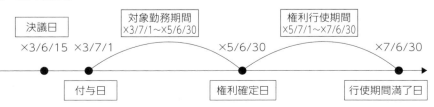

（3）ストック・オプション会計の全体像

A ありがとうございます。決議日から行使期間満了日までの一連の流れがおおむね理解できました。次に会計処理について教えてもらえますでしょうか？

X 会計処理はちょっと難しいよ。先ほど説明した時系列のキーワードを用いると、「付与日」から「権利確定日」までの間に決算を迎えた場合は、「新株予約権」勘定を計上する会計処理を、「権利確定日」から「行使期間満了日」までは、権利が行使された時や権利が失効した時に「新株予約権」勘定を取り崩す会計処理を行うよ。具体的な会計処理を説明したほうがわかりやすいので、ホワイトボードに書いてみるね。

会計処理の全体像

タイミング	仕訳			

付与日から権利確定日

借方	金額	貸方	金額
株式報酬費用	×××	新株予約権	×××

権利確定日から行使期間満了日

（権利行使時…新株発行方式）

借方	金額	貸方	金額
現金預金	×××	資本金（注）	×××
新株予約権	×××		

（注）一部を資本準備金とすることも可能

（権利が失効した時）

借方	金額	貸方	金額
新株予約権	×××	新株予約権戻入益	×××

（4） 権利確定日以前の会計処理①（勘定科目）

A まずは付与日から権利確定日までの会計処理について教えてもらえますでしょうか？（ホワイトボードを見ながら）「株式報酬費用」勘定って何でしょうか？また、金額をどのように算定するのか、イメージが全く浮かびません…

X ストック・オプションは、従業員等の労働等の役務提供への対価として付与するものなので、借方は人件費としての「株式報酬費用」勘定を、貸方は純資産の部に「新株予約権」勘定を計上するよ。

A 権利確定日以前は、お金の払込みはされていませんが、純資産の部に計上していて問題ないのでしょうか？

X 確かに、権利行使をしなければ払込資本にならないので負債の部に計上すべきとの意見もあるけど、新株予約権は返済義務のある負債ではないことから、最終的に純資産の部に計上することになったんだよ。

A ありがとうございます。勘定科目については、覚えるようにします。次に、「株式報酬費用」として計上する金額はどのように算出したらいいのでしょうか？

X 大きく二つのステップがあるよ。一つ目は費用の総額を算定（測定）するステップで、二つ目は総額を期間配分（認識）するステップだよ。それぞれに分けてこれから説明するね。

（5） 権利確定日以前の会計処理②（測定）

X 株式報酬費用の額は、「ストック・オプションの公正な評価額」によって算出することになっているよ。「ストック・オプションの公正な評価額」

というのは、役員や従業員がストック・オプションの権利行使により得られるであろう利益と考えてもらったらいいかな。

A 当社の場合は、どのように計算したらいいのでしょうか？

X 公正な評価額は、「公正な評価単価×行使見込の個数」で計算するよ。

まずは、行使見込の個数から説明するね。当社の場合、ストック・オプションを付与された人は82名いるけど、権利確定日前に退職等により権利行使が見込まれない方が7名いるので、付与時点における権利行使見込人員は75名となるね。

一人当たりのストック・オプション付与数160個にこの75名分を乗じた12,000個が行使見込の個数となるよ。さらに、ストック・オプションの評価単価である8,000円を乗じて算出するよ。

A 公正な評価単価の8,000円はどのように算出するのですか？

X 公正な評価単価については、基準で説明されているので、基準を見ながら説明しよう。

【ストック・オプション会計基準】
（公正な評価単価）
48.　公正な評価単価とは、一義的には、市場において形成されている取引価格であり（第2項（12））、本来、ストック・オプションの公正な評価単価の算定についても、市場価格が観察できる限り、これによるべきものと考えられる。しかし、ストック・オプションに関しては、通常、市場価格が観察できないため、株式オプションの合理的な価格算定のために広く受け入れられている、株式オプション価格算定モデル等の算定技法を利用して公正な評価単価を見積もることとした。「株式オプション価格算定モデル」とは、ストック・オプションの市場取引において、一定の能力を有する独立第三者間で自発的に形成されると考えられる合理的な価格を見積もるためのモデルであり、市場関係者の間で広く受け入れられているものをいい、例えば、ブラック・ショールズ式や二項モデル等が考えられる。
　（出典：公益財団法人財務会計基準機構・企業会計基準委員会の公表物から引用）

ストック・オプション

X 　基準に記載されているとおり、合理的な価格を見積もるためのモデルとして、ブラック・ショールズ式や二項モデル等があるよ。特にブラック・ショールズ式は、エクセルを用いて簡単に算定が可能なので、当社も含めて使用しているケースが多いよ。計算方法については、後ほど説明するね。今まで説明した測定の計算式をまとめるとこのようになるよ。

【公正な評価額の算定方法】

公正な評価単価 × 一人当たりの付与数 × (付与対象者数 − 権利未行使見込者数)

X 　当社の場合、公正な評価額はいくらになるかな？

A 　算式に当てはめると、8,000円 × 160個 × （82名 − 7名）なので、96百万円ですか？

X 　そのとおり！また、算式のうち、「公正な評価単価」と「一人当たりの付与数」、それと「付与対象者数」はストック・オプションの付与時点で確定するけど、「権利未行使見込者数」は見込数値なので、決算期ごとに見直すことが必要となるよ。重要なので覚えておいてね。

A 　わかりました。

（6）権利確定日以前の会計処理③（認識）

X 　測定の説明は終わったので、次の認識のステップに進んでみようか。
先ほど計算した、ストック・オプションの公正な評価額96百万円をどの時期にいくらずつ費用計上するかということだね。会計基準第5

項では、「各会計期間における費用計上額は、ストック・オプションの公正な評価額のうち、対象勤務期間を基礎とする方法その他の合理的な方法に基づき当期に発生したと認められる金額である。」となっているので、対象勤務期間を基礎とする方法で配分してみようか。ところで、「対象勤務期間」とは何だったか覚えているかな？

A 　確か、ストック・オプションの付与日から権利確定日までの期間でしたよね。当社の場合だと、付与日が×3年7月1日で権利確定日が×5年6月末日なので、×3年7月1日から×5年6月末日でしょうか？

X 　よく覚えていたね。そのとおりだよ。対象勤務期間は、×3年7月1日から×5年6月末日までの2年間なので、24か月にわたり費用を定額で計上することになるよ。総額が96百万円なので、毎月計上すべき費用額は4百万円（96百万円 ÷ 24か月）となり、決算期ごとの数値は、×4/3期が36百万円（4百万円×9か月）、×5/3期と×6/3期は同様に計算して48百万円、12百万円となるよ。3期間合計すると、総額の96百万円になるよ。

【公正な評価額の期間配分】

（単位：千円）

	×4/3期	×5/3期	×6/3期	計
公正な評価額	96,000	96,000	96,000	
対象勤務期間	9	12	3	24か月
株式報酬費用	36,000	48,000	12,000	96,000

【会計仕訳】

×4/3期

(単位：千円)

借方	金額	貸方	金額
株式報酬費用	36,000	新株予約権	36,000

×5/3期

(単位：千円)

借方	金額	貸方	金額
株式報酬費用	48,000	新株予約権	48,000

×6/3期

(単位：千円)

借方	金額	貸方	金額
株式報酬費用	12,000	新株予約権	12,000

（7）権利確定日以前の会計処理④（測定・認識　退職者見込数に変更あり）

X （6）のケースは、付与時点の退職者見込数が7名で、権利確定日まで見込数が変わらず、実際の退職者が7名だったケースを想定しているんだけど、実際は当初の想定数より増減することはあるよね。例えば、×5/3期末時点で、付与日から権利確定日までの退職者見込数が12名に増えた場合、×4/3期末及び×5/3期末の仕訳がどのようになるかわかるかな？

時点	×5年6月末時点の退職者見込数
付与日（×3/6末）	7名
×4/3期末	7名
×5/3期末	12名
権利確定時点（×5/6）	12名（実績）

A 　退職者見込数が変化した場合は、ストック・オプションの公正な評価額を計算しなおすといっていたので、×5/3期末は計算をしなおすんですよね。詳細はわからないので教えてもらえませんか？

X 　退職者見込者数が変わった場合は、ストック・オプションの公正な評価額を再計算し、期間配分をし直す必要があるんだ。それぞれの年度ごとに具体的な数値を使って説明してみるね。

【×4/3期】
　×4/3期は退職者見込数が7名と当初の見込数から変動がないため、（6）と同様に公正な評価額が96,000千円となり、期間配分した結果、36百万円の評価額が費用計上されることになるよ。

【×5/3期】
　×5/3期は退職者見込数が12名に増加したため、権利確定の見込者数が70名（82 - 12）となり、評価額は89,600千円（8千円 × 160個 × 70名）となるよ。期間配分計算をした結果、×5/3期までに78,400千円（89,600千円 × 21か月 ÷ 24か月）を費用計上されていなければならず、前期末までの費用計上分36,000千円を差し引いた42,400千円が×5/3期の費用として計上されることになるんだ。ストック・オプション数の見直しによる会計処理方法は、ストック・オプション会計基準7項（2）に記載されているので確認しておいてね。

【×6/3期】
　権利確定時点の退職者実績が×5/3期の見込から変化なく12名なので、公正な評価額も89,600千円になるよ。期間配分計算した結果、×6/3期までに89,600千円費用計上されていなければならず、前期末までの費用計上分78,400千円を差し引いた11,200千円が×6/3期の費用として計上されることになるんだ。

　表でまとめるとこんな感じかな。各期の費用計上額を合算すると89,600千円となり、最終的な確定者数を用いた評価額の89,600千円と

一致することになるんだ。

【公正な評価額の測定】

(単位：千円)

	確定見込数					単価	評価額 (千円)
	付与 人員	退職者 見込者数	確定見込 者数	一人当たり の個数	確定 見込数		
	①	②	③=①-②	④	⑤=③×④	⑥	⑤×⑥
×4/3期	82	7	75	160	12,000	8,000	96,000
×5/3期	82	12	70	160	11,200	8,000	89,600
×5/6	82	12	70	160	11,200	8,000	89,600

【公正な評価額の認識】

(単位：千円)

項目	計算式	×4/3期	×5/3期	×6/3期
公正な評価額	①	96,000	89,600	89,600
勤務期間	②	24	24	24
勤務期間の累積月数	③	9	21	24
期末までに計上すべき評価額	④=①×③÷②	36,000	78,400	89,600
前期末までに計上した評価額	⑤	0	36,000	78,400
差引当期計上評価額	④-⑤	36,000	42,400	11,200

【会計仕訳】

×4／3期 (単位：千円)

借方	金額	貸方	金額
株式報酬費用	36,000	新株予約権	36,000

×5／3期 (単位：千円)

借方	金額	貸方	金額
株式報酬費用	42,400	新株予約権	42,400

×6／3期 (単位：千円)

借方	金額	貸方	金額
株式報酬費用	11,200	新株予約権	11,200

※ 3期間の費用を合算すると89,600千円の費用及び新株予約権が計上されることになる

（8）権利確定日後の会計処理①（権利行使時）

　　権利確定日以前の会計処理の説明が終わったので、これからは権利確定日後での会計処理の話になるよ。例えば、×5／6時点で権利確定した人員数が70名いて、このうち行使期限である×7／6まで行使した人員が68名（年度別の行使人員数は×6／3期が20名、×7／3期が25名、×8／3期が23名）で、期限までに行使せず失効してしまった人員が2名いる場合の事例を使って説明してみるね。年度別の行使状況を表にまとめるとこんな感じかな。

	権利行使者数	失効者数	計
×6／3期	20名	—	20名
×7／3期	25名	—	25名
×8／3期	23名	2名	25名
計	68名	2名	70名

ストック・オプション

> **X** 　権利行使に当たり、権利行使者である従業員から1株当たり75千円の払込みがあるんだけど、どのような会計処理になるかわかるかな？

> **A** 　うーん。株式が付与されて会社へ払込がされる増資取引なので、資本金が増加するのでしょうか。

> **X** 　実はストック・オプションの株式の付与方法としては、新株発行方式と自己株処分方式の2種類があり、新株発行方式の場合は資本金が増加する処理となるよ。

> **A** 　自己株処分方式というのは、どのような方法ですか？

> **X** 　権利行使がされたときに、会社が保有する自己株式を処分する方法だよ。会社にとっては新たな新株発行はないので、資本金が増加しない方法だね。それぞれの方式の会計処理を説明するね。

方式	会計処理			
	借方	金額	貸方	金額
新株発行方式	現金預金	×××	資本金（注）	×××
	新株予約権	×××		
	（注）一部を資本準備金として計上することも可能			
自己株式処分方式	借方	金額	貸方	金額
	現金預金	×××	自己株式	×××
	新株予約権	×××	自己株式処分差益（注）	×××
	（注）現金預金 ＋ 新株予約権 ＞ 自己株式のケース			

【新株発行方式】

A そうか！権利行使時には、払い込まれた現金預金に対応する分だけを資本金として計上するのではなく、「新株予約権」勘定を取り崩す処理が発生するんですね。

X 「新株予約権」勘定は何だったか覚えているかな？

A ……

X ストック・オプションの公正な評価額で付与日から権利確定日までにかけて計上するものだったよね。今回の事例では、1個（1株）あたり8千円だったよ。8千円相当の新株予約権勘定は、権利確定時までに払込み済みと考えるので、権利行使時に資本金勘定に振り替える処理を行うんだ。1個（1株）が権利行使されたときの会計処理はわかるかな？

A 払込金額が75千円で、新株予約権の取崩額が8千円になるので、資本金は83千円計上される処理ですか。

(単位：千円)

借方	金額	貸方	金額
現金預金	75,000	資本金	83,000
新株予約権	8,000		

X そのとおり！例示では、すべて資本金として計上しているけど、一部を資本準備金として計上することもできるよ。通常の増資の場合と同様の処理なので、ここでは詳細な説明は省略するね。

【自己株式処分方式】

 　続いて自己株式処分方式の説明をするね。例えば帳簿価額が70千円の自己株式を処分するという前提を置くね。払込金額が75千円で、新株予約権の取崩額8千円との合計83千円と、自己株式70千円の差額である13千円はその他資本剰余金の自己株式処分差益として計上されるよ。

(単位：千円)

借方	金額	貸方	金額
現金預金	75,000	自己株式	70,000
新株予約権	8,000	自己株式処分差益	13,000

（9）権利確定日後の会計処理②（権利失効時）

 　続いて権利行使されずに権利失効した時の説明をするね。権利確定後に株価が下落するなどして、行使する経済的メリットが失われた場合などには失効することがあるけど、権利失効時には、新株予約権を取り崩す処理を行うよ。相手勘定は「新株予約権戻入益」等を使って、原則として特別利益の区分に計上するよ。1個を失効した場合の会計処理は下記のとおりだよ。

(単位：千円)

借方	金額	貸方	金額
新株予約権	8,000	新株予約権戻入益	8,000

 　以上の説明を基に、新株発行方式を用いた場合の×6／3期～×8／3期の会計処理は下記のようになるね。後で確認しておいてね。

×6／3期　　　　　　　　　　　　　　　　　　　　　　(単位：千円)

借方	金額	貸方	金額
現金預金	240,000	資本金	265,600

借方	金額	貸方	金額
新株予約権	25,600		

払込金額：75千円 × 160株 × 20名 ＝ 240,000千円

行使されたストック・オプションの金額：8千円 × 160個 × 20名 ＝ 25,600千円

×7／3期

（単位：千円）

借方	金額	貸方	金額
現金預金	300,000	資本金	332,000
新株予約権	32,000		

払込金額：75千円 × 160株 × 25名 ＝ 300,000千円

行使されたストック・オプションの金額：8千円 × 160個 × 25名 ＝ 32,000千円

×8／3期

（単位：千円）

借方	金額	貸方	金額
現金預金	276,000	資本金	305,440
新株予約権	29,440		

（単位：千円）

借方	金額	貸方	金額
新株予約権	2,560	新株予約権戻入益	2,560

払込金額：75千円 × 160株 × 23名 ＝ 276,000千円

行使されたストック・オプションの金額：8千円 × 160個 × 23名 ＝ 29,440千円

行使されなかったストック・オプションの金額：8千円 × 160個 × 2名 ＝ 2,560千円

2 応用を学ぼう

（1）公正な評価単価の算出方法①（概要）

A 　公正な評価単価の算定方法は後ほど説明していただけるということでしたけど、説明してもらえないでしょうか？

適用指針の第6項において、ストック・オプションの公正な評価単価を算定する時には、6つの項目を少なくとも考慮する必要があるとされてるよ。

【ストック・オプション適用指針】
(株式オプションに共通する特性の算定技法への反映)
6. 株式オプションに共通する特性を、ストック・オプションの公正な評価単価の算定に用いる算定技法に反映するためには、使用する算定技法において少なくとも次の基礎数値が考慮されている必要がある。
（1）オプションの行使価格
（2）オプションの満期までの期間
（3）算定時点における株価（算定時点は付与日又は条件変更日）
（4）株価変動性
（5）（2）の期間における配当額
（6）無リスクの利子率（割引率）
　なお、株価変動性及び配当額については、将来の予想値に関する最善の見積値である点に留意する必要がある。
　　（出典：公益財団法人財務会計基準機構・企業会計基準委員会の公表物から引用）

　ブラック・ショールズ式はこれら6つの項目の数値が算定できれば、あとはエクセルなどで公正な評価単価を算出することができるよ。6つの項目の中で算出できそうな項目はあるかな。

　（1）のオプションの行使価格は、当社の場合だと、ストック・オプションの行使時の払込金額である75千円かな。（3）は、付与日時点の株価なので調べればわかりそうです。その他の項目についてはわかりません。

　（1）と（3）については、Aさんの理解通りだよ。その他については順番に説明するね。

（２）公正な評価単価の算出方法②（オプションの満期までの期間）

X （２）のオプションの満期までの期間とは、算定時点（付与時点）から権利行使されると見込まれる平均的な時期までの期間（以下「予想残存期間」という）のことなんだよ。もう一度当社の時系列を示すね。

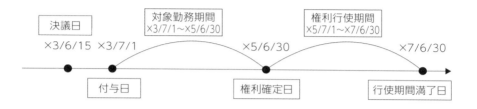

X 当社の場合の予想残存期間はわかるかな？

A 付与日から平均的な権利行使日までの期間ですよね。付与日は×3/7/1でわかるんですが、平均的な権利行使日はどのように予想したらいいのでしょうか。権利行使期間開始日である×5/7/1から満了日である×7/6/30のどのタイミングで発生するかを予測することは困難な気がしますが…

X 確かに予測することは難しいよね。適用指針の第13項において、「権利確定までの期間」や「ストック・オプションの権利行使に関する従業員等の行動傾向」や「株価変動性」を踏まえて予想することとなっているけど、合理的な予測が難しい場合は、権利行使期間の中間点とする、となっているよ。

当社の場合だと、予想残存期間が合理的に見積もることができないのであれば、行使期間の中間点である×6/6/30が平均的な権利行使日と推定されるので、×3/7/1から×6/6/30の３年間が予想残存期間となるよ。

13. ストック・オプションの予想残存期間の見積りに際しては、次の要因を考慮する。
    （1） 権利確定までの期間
    （2） ストック・オプションの権利行使に関する従業員等の行動傾向（過去の実績から
        観察される権利行使の状況や時期、権利確定後の退職や満期時の権利失効等に関
        する傾向）従業員の年齢、勤続年数、職位等によって、これらの傾向に大きな差異
        が認められる場合には、これらのグループごとにこの要因を考慮する。
    （3） 株価変動性
14. 前項に基づき、ストック・オプションの予想残存期間を合理的に見積もることができな
    い場合には、ストック・オプションの予想残存期間は、算定時点から権利行使期間の中
    間点までの期間と推定する。
        （出典：公益財団法人財務会計基準機構・企業会計基準委員会の公表物から引用）

（3） 公正な評価単価の算出方法③（株価変動性）

X 　次に④の株価変動性を説明するね。株価変動性は「ボラティリティ」
と表現されることもあるんだけど、聞いたことあるかな？

A 　聞いたことはありますけど、計算方法はわからず難しいイメージし
かありません…

X 　確かに難しいんだけど、必要なデータさえ入手できればエクセルの
関数を用いて算定することができるよ。エクセルの表は後で渡すね。

A 　そうなんですね。ありがとうございます！どのようなデータを入手
したらいいのでしょうか？

X 　まずは、どの期間の株価変動性を算出するかなんだけど、付与日
から平均的な行使日まで（予想残存期間）が対象期間となるんだよ。
当社の場合だと、付与日から平均的な行使日までの3年間に株価が
どれだけ変動するかを算出するんだ。

A 将来 3 年間の株価の変動性はどのように予想するのでしょうか？

X 適用指針第10項において、過去の株価実績に基づき予測することとなっているので、過去のどこかの 3 年間の株価変動性のデータを用いることになるよ。直近の 3 年間の株価データを使うことが多いかな。

A 株価変動性の実績を算出するにあたり日次のデータを用いなければならないのでしょうか？それとも週次や月次でも可能でしょうか？

X 適用指針では、「観察頻度は、信頼性のある測定を行うために十分な情報量を確保できる限り、日次、週次、月次のいずれを用いてもよい」となっているので、日次に限定されているわけではないよ。ただ、当社の場合は過去から一番情報量が多い日次を用いているよ。

A 過去の予想残存期間の日次、週次又は月次のいずれかのデータを入手すべきことは理解しました。情報入手にあたって他に留意すべきことはありますか？

X 収集した株価情報の中に明らかに異常情報が認められる場合には、異常情報を除外して見積りを行う必要があるよ。ただ、異常情報の有無については判断がわかれるので、除外する場合には会社内だけで完結するのではなく、事前に公認会計士と調整しておいたほうがいいよ。

また、先ほど説明した、日次、週次、月次のどのデータを使うかについても、事前に公認会計士と調整をしているよ。

A 見積項目が多いので、事前に公認会計士と協議しておくべきということですね。わかりました。

【ストック・オプション適用指針】

(株価変動性)

10.　第7項（1）又は（2）の期間における株価変動性（ボラティリティとも呼ばれる。）を見積もる際には、過去の株価実績に基づく予測（ヒストリカル・ボラティリティとも呼ばれる。）を基礎としつつ、次のような要因を考慮する。

（1）株価情報を収集する期間（以下「株価情報収集期間」という。）

　　第7項（1）又は（2）の期間に対応する直近期間の株価情報を用いる。

（2）価格観察の頻度

　　一定の観察頻度で、一定の観察時点に規則的に価格を観察することとし、これをみだりに変更してはならない。観察頻度は、信頼性のある測定を行うために十分な情報量を確保できる限り、日次、週次又は月次のいずれを用いてもよい。

（3）異常情報

　　収集した株価情報の中に、明らかな異常情報が含まれていると認められる場合には、（1）の株価情報収集期間に代え、次のいずれかの株価情報収集期間を用い、当該異常情報を除外して見積りを行う。

　　①　第7項（1）又は（2）の期間に対応する過去の連続した期間で、異常情報を含まない直近の期間

　　②　異常情報の含まれる期間を除いた期間が、全体として第7項（1）又は（2）の期間に対応する過去の直近期間

（4）企業を巡る状況の不連続的変化

　　（1）の株価情報収集期間内に、当該企業の業態が全く変わってしまうなど、企業を巡る状況に連続性を絶たれるような大きな変化が生じた場合（そのような変化の予定が公表された場合を含む。）には、当該株価情報収集期間内の株価情報であっても、そのような企業を巡る不連続的な変化が生じる前の情報が、将来の株価変動性を見積もる基礎とはならない場合があることに留意する必要がある。この場合には、利用可能な期間の株価情報に基づいて株価変動性を見積もり、特に利用可能な期間が第7項（1）又は（2）の期間に比べて著しく短い場合には、第12項（2）の方法により不足する情報量を補うこともできる。

（出典：公益財団法人財務会計基準機構・企業会計基準委員会の公表物から引用）

（4）公正な評価単価の算出方法④（配当、無リスクの利子率）

　　最後に「（5）の（2）の期間における配当額」及び「（6）の無リスクの利子率（割引率）」を説明するね。

A

よろしくお願いします。

X まず（5）の配当額については、原則として過去の実績に基づいて行うこととなっているよ。また、（6）は、予想残存期間に対応する期間の国債、政府機関債又は優良社債の利回りを用いるよ。

A ありがとうございます。

【ストック・オプション適用指針】
（無リスクの利子率）
15. 無リスクの利子率には、第7項（1）又は（2）の期間に対応する期間の国債、政府機関債又は優良社債の利回りを用いる。
（予想残存期間等における配当額）
16. 第7項（1）又は（2）の期間に予想される配当額の見積りは、原則として、過去の実績に基づいて行う。
（出典：公益財団法人財務会計基準機構・企業会計基準委員会の公表物から引用）

（5）未公開企業における取扱い

X これまで説明してきたように、ストック・オプションの公正な評価単価は少なくとも6つの項目を考慮しないといけないんだ。我が社には関係ないけど、例えば、未公開企業がストック・オプションを発行する場合に、過去の株価がないため④の株価変動性が算出できないんだけど、どのように公正な評価単価を算出するかわかるかな？

A 株価変動性が算出できなければ公正な評価単価は算出できないのではないでしょうか。

X そうなんだよ。だから未公開企業の場合は公正な評価単価に代わり、ストック・オプションの単位当たりの本源的価値の見積りに基づいて会計処理を行うことができるんだよ。

ス
ト
ッ
ク
・
オ
プ
シ
ョ
ン

A 単位当たりの本源的価値とは何ですか？

X 算定時点においてストック・オプションが権利行使されると仮定した場合の単位当たりの価値であり、自社の株式の一株当たり評価額と行使価格との差額のことだよ。将来の自社の株式の評価額を予想できないので、算定時点の株式の評価額を利用しているんだ。

A 難しいですね…

X 行使価額が現時点の自社の株式の一株当たり評価額より高く設定されていると、「新株予約権」勘定及び「株式報酬費用」勘定は発生しないことになるよ。

【ストック・オプション会計基準】
（未公開企業における取扱い）

13. 未公開企業については、ストック・オプションの公正な評価単価に代え、ストック・オプションの単位当たりの本源的価値の見積りに基づいて会計処理を行うことができる。この場合、本会計基準の他の項で「公正な評価単価」を、「単位当たりの本源的価値」と読み替えてこれを適用する。この結果、特に第6 項（1）の適用に関しては、付与日現在でストック・オプションの単位当たりの本源的価値を見積り、その後は見直さないこととなる。ここで、「単位当たりの本源的価値」とは、算定時点においてストック・オプションが権利行使されると仮定した場合の単位当たりの価値であり、当該時点におけるストック・オプションの原資産である自社の株式の評価額と行使価格との差額をいう。

（出典：公益財団法人財務会計基準機構・企業会計基準委員会の公表物から引用）

（6）注記

A 最後にストック・オプションに関連する注記について教えてもらっていいでしょうか？

X 注記すべき項目は、基準や適用指針や「財務諸表等の用語、様式及び作成方法に関する規則」の8条の14から16に記載されているの

で確認しておいてね。特徴的なことは、ストック・オプションの会計処理は様々な仮定（見積り）を前提としているので、見積方法の注記が数多く求められているんだよ。

例えば、公正な評価単価の見積方法として使用した算定技法や使用した主な基礎数値及びその見積方法の記載が求められているよ。公正な評価単価を算定するうえで少なくとも6つの項目を考慮しないといけないとの話をしたのを覚えているかな？

確か、応用編の最初に説明してもらった内容ですよね。

6つの項目の内、見積項目である4つの項目（オプションの満期までの期間、株価変動性、予想配当、無リスクの利子率）を注記している会社が多いよ。また、公正な評価額を算定するにあたり必要となる権利確定数の見積方法の注記も求められているよ。多くの注記があるので、基準や当社の過去の有価証券報告書も確認しておいてね。

注記も大変そうですね。頑張ります。

【財務諸表等の用語、様式及び作成方法に関する規則】
（ストック・オプション、自社株式オプション又は自社の株式の付与又は交付に関する注記）
第8条の14
　……
（ストック・オプションに関する注記）
第8条の15
　……
4　当事業年度に付与されたストック・オプション及び当事業年度の条件変更により公正な評価単価が変更されたストック・オプションについては、公正な評価単価の見積方法として使用した算定技法並びに使用した主な基礎数値及びその見積方法を記載しなければならない。ただし、使用した算定技法及び使用した主な基礎数値の見積方法の内容が同一のものについては集約して記載することができる。
　…
6　未公開企業がストック・オプションを付与している場合には、公正な評価単価の見積方法として、その価値を算定する基礎となる自社の株式の評価方法について記載しなければならない。

3 実務事例を学ぼう

（1）使用されている株式オプション価格算定モデル

A 公正な評価単価の算定方法として、ブラック・ショールズ式や二項モデル等があるということでしたが、当社が採用しているブラック・ショールズ式を用いているケースは多いのでしょうか？

X 2020年3月期決算の有価証券報告書提出会社を対象に注記事例を調べたところ、ブラック・ショールズ式、モンテカルロ・シミュレーション、二項モデルの採用されている件数は次のようになったよ。

A 比較的簡単に計算ができるブラック・ショールズ式が使われている割合が圧倒的に多いんですね。

【注記事例で見る算定モデルの使用件数、割合】

算定モデル	件数	比率
ブラック・ショールズ式	211	94.6%
モンテカルロ・シミュレーション	10	4.5%
二項モデル	2	0.9%
計	223	100.0%

（出典）有報サーチ（日本公認会計士協会）より、決算日が2020年3月31日の有価証券報告書を対象に、注記箇所「ストック・オプションの公正な評価単価の見積方法」で上記の算定モデルの記載がある件数を集計

（2）自社株式の評価方法（未公開企業）

A　未公開企業については、本源的価値を公正な評価単価にすることができるということでしたが、本源的価値を算出するために必要となる自社株式の評価はどのように行っているケースが多いのでしょうか？

X　有価証券報告書の注記項目として、公正な評価単価を本源的価値で評価している場合には、自社株式の評価方法を注記しないといけないこととなっているので、注記を見ればわかるよ。ちなみに2020年3月期決算の有価証券報告書提出会社を対象に自社株式の評価方法を調べた結果は、次のとおりだったよ。

A　DCF方式及びDCF方式と他方式の併用の合計は、全体の62.9%もあるんですね。純資産方式や類似業種比準方式に比べてDCF方式が多く用いられているのはなぜなのでしょうか？

X　詳細はわからないけど、未公開企業で有価証券報告書を提出している会社というのは、成長性が期待されている会社なので、将来の成長性を織り込んで評価できるDCF方式が用いられているのかもしれないね。

【注記事例で見る算定方式の使用件数、割合】

算定方式	件数	比率
DCF方式	29	46.8%
DCF方式と他方式の併用	10	16.1%
純資産方式	15	24.2%
その他	8	12.9%
計	62	100.0%

（出典）有報サーチ（日本公認会計士協会）より、決算日が2020年3月31日の有価証券報告書を対象に、注記箇所「ストック・オプションの公正な評価単価の見積方法」で本源的価

ストック・オプション

値の記載があった57社から集計（内5社は複数の算定方法の記載有）

4 税務処理を学ぼう

A 　ストック・オプションの税務上の取扱いについて教えてもらえますでしょうか。会計処理としては、付与日から権利確定日にわたり、株式報酬費用が計上されましたよね。人件費に相当するということでしたけど、法人税法上は損金算入が可能なのでしょうか？

X 　ストック・オプションが税制適格ストック・オプションなのか、税制非適格ストック・オプションなのかで、発行側の法人や付与された側の従業員の税務上の取扱いが異なってくるんだよ。まずは、税制適格、非適格のそれぞれの取扱いについて記載してみるね。

【従業員側】

	税制適格	税制非適格
付与時	課税なし	課税なし
行使時	課税なし	給与所得課税 （権利行使時株価－権利行使価額）
株式譲渡時	譲渡所得課税 （株式売却価額－権利行使価額）	譲渡所得課税 （株式売却価額－権利行使時株価）

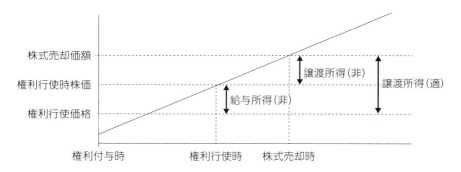

【発行者側】

	税制適格	税制非適格
付与時	損金算入不可	損金算入不可
行使時	損金算入不可	損金算入可 （新株予約権相当額）
株式譲渡時	損金算入不可	損金算入不可

A　　税制適格の要件を満たすと、従業員側は権利行使時には給与所得として課税されずに、株式譲渡時に譲渡所得として課税されるんですね。それに対して、税制非適格の場合は、権利行使段階で給与所得として課税されるんですね。従業員から見ると、税制適格ストック・オプションのほうがお得な気がします。

X　　そうだね。従業員は行使時点ではまだ現金収入がないので、課税されると負担が大きいよね。また、行使時点と株式譲渡時点を合算すると、課税対象は適格・非適格ともに（株式売却価額―権利行使価額）となるけど、所得の種類が異なってきて税率も異なるので注意が必要だよ。譲渡所得は、所得の額に関係なく税率は20%程度だけど、給与所得になると給与所得の金額により税率が最大55%程度になる可能性があるんだよ。

A　　ますます税制適格のほうがよさそうですね。一方で発行者側の処理を見てみると、税制適格は損金算入が認められていないんですね。なぜ認められていないのでしょうか？

X　　税法では、付与者側に給与等課税事由が生じた日に、発行者側はその役務の提供を受けたものとして損金算入することが認められているんだ。税制適格の場合は、付与者側において給与課税が発生しないため、発行者側は損金算入できないんだよ。

A 　発行者側から見ると、税制非適格のほうがよさそうですね。ところで、税制適格の要件について教えてもらえないでしょうか。

X 　新株予約権の行使は、付与決議の日後 2 年を経過した日から10年を経過するまでの間に行わなければならないことや、新株予約権の権利行使価格が契約締結時点の株価を上回っていること等があるよ。6 つの要件が租税特別措置法第29条の 2 第 1 項に定められているので確認しておいてね。

A 　わかりました。最後に、税制非適格で給与所得として課税される場合は、付与者への現金支給はありませんが、源泉徴収は必要になってくるのでしょうか？

X 　権利行使時に給与所得が発生するので、発行者側は源泉徴収義務が発生するよ。

【租税特別措置法】
第三節　給与所得及び退職所得等
（特定の取締役等が受ける新株予約権の行使による株式の取得に係る経済的利益の非課税等）
第29条の 2
……
一　当該新株予約権の行使は、当該新株予約権に係る付与決議の日後 2 年を経過した日から当該付与決議の日後10年を経過する日までの間に行わなければならないこと。
二　当該新株予約権の行使に係る権利行使価額の年間の合計額が、1,200万円を超えないこと。
三　当該新株予約権の行使に係る一株当たりの権利行使価額は、当該新株予約権に係る契約を締結した株式会社の株式の当該契約の締結の時における一株当たりの価額に相当する金額以上であること。
四　当該新株予約権については、譲渡をしてはならないこととされていること。
五　当該新株予約権の行使に係る株式の交付が当該交付のために付与決議がされた会社法第238条第 1 項に定める事項に反しないで行われるものであること。

六　当該新株予約権の行使により取得をする株式につき、当該行使に係る株式会社と金融商品取引業者又は金融機関で政令で定めるもの（以下この条において「金融商品取引業者等」という。）との間であらかじめ締結される新株予約権の行使により交付をされる当該株式会社の株式の振替口座簿（社債、株式等の振替に関する法律に規定する振替口座簿をいう。以下この条において同じ。）への記載若しくは記録、保管の委託又は管理及び処分に係る信託（以下この条において「管理等信託」という。）に関する取決め（当該振替口座簿への記載若しくは記録若しくは保管の委託に係る口座又は当該管理等信託に係る契約が権利者の別に開設され、又は締結されるものであること、当該口座又は契約においては新株予約権の行使により交付をされる当該株式会社の株式以外の株式を受け入れないことその他の政令で定める要件が定められるものに限る。）に従い、政令で定めるところにより、当該取得後直ちに、当該株式会社を通じて、当該金融商品取引業者等の振替口座簿に記載若しくは記録を受け、又は当該金融商品取引業者等の営業所若しくは事務所（第4項において「営業所等」という。）に保管の委託若しくは管理等信託がされること。

七　…

わかりました。ありがとうございます。最後に、税制適格の場合と税制非適格の場合に分けて、別表4や5（1）の記載方法を教えてもらえないでしょうか。

【前提条件】

×1年3月末に付与、×4年3月に権利が確定し、×5年4月に権利行使がされた。

公正な評価額は360、権利行使価額は100である。

〈会計処理〉

×1/3期
(単位：千円)

借方	金額	貸方	金額
仕訳なし			

×2/3期～×4/3期の累計
(単位：千円)

借方	金額	貸方	金額
株式報酬費用	360	新株予約権	360

×5／3期 (単位：千円)

借方	金額	貸方	金額
新株予約権	360	資本金	460
現金	100		

①税制適格ストック・オプション

×1／3期（付与日）

別表4は申告調整不要で別表5（1）のみの記載となる。

【別表5（1）】Ⅰ　利益積立金額の計算に関する明細書 (単位：千円)

区　　　分		期首現在利益積立金額 ①	当期の増減		差引翌期首現在利益積立金額 ①－②＋③ ④
			減 ②	増 ③	
利　益　準　備　金	1				
積　立　金	2				
前　払　費　用				360	360
新 株 予 約 権 債 務				△360	△360

×2／3期～×4／3期の累計（勤務期間）

【別表4】所得の金額の計算に関する明細 (単位：千円)

区　　分		総　額 ①	処　分		
			留　保 ②	社 外 流 出 ③	
当 期 利 益 又 は 当 期 欠 損 の 額	1			配　当	
				その他	
加算	株式報酬費用否認	9	360	360		
	小　　　計	11	360	360		0
減算						
	小　　　計	21	0	0	外※	0

【別表5（1）】 I　利益積立金額の計算に関する明細書

（単位：千円）

区　　分		期首現在利益積立金額 ①	当期の増減 減 ②	当期の増減 増 ③	差引翌期首現在利益積立金額 ①−②+③ ④
利　益　準　備　金	1				
積　立　金	2				
前　払　費　用		360			360
新 株 予 約 権 債 務		△360			△360
新　株　予　約　権				360	360

×5／3期（権利行使）

【別表4】 所得の金額の計算に関する明細

（単位：千円）

区　　分		総　額 ①	処分 留　保 ②	処分 社 外 流 出 ③	
当 期 利 益 又 は 当 期 欠 損 の 額	1			配　当	
				その他	
加算　株式報酬費用の否認	9	360			360
小　　　計	11	360	0		360
減算　株式報酬費用の認容	20	360	360		
小　　　計	21	360	360	外※	0

【別表5（1）】 I　利益積立金額の計算に関する明細書

（単位：千円）

区　　分		期首現在利益積立金額 ①	当期の増減 減 ②	当期の増減 増 ③	差引翌期首現在利益積立金額 ①−②+③ ④
利　益　準　備　金	1				
積　立　金	2				
前　払　費　用		360	360		0
新 株 予 約 権 債 務		△360	△360		0
新　株　予　約　権		360	360		0

ストック・オプション

【別表5（1）】Ⅱ　資本金等の額の計算に関する明細書

（単位：千円）

区　　分		期首現在利益積立金額 ①	当期の増減 減 ②	当期の増減 増 ③	差引翌期首現在利益積立金額 ①－②＋③ ④
資本金又は出資金	32			460	460
資　本　準　備　金	33				

②税制非適格ストック・オプション

×1／3期（付与日）

税制適格ストック・オプションと同様

×2／3期～×4／3期の累計（勤務期間）

税制適格ストック・オプションと同様

×5／3期（行使日）

【別表4】所得の金額の計算に関する明細

（単位：千円）

区　　分		総　額 ①	留　保 ②	処　分 社　外　流　出 ③	
当期利益又は当期欠損の額	1			配当	
				その他	
加算					
	小　　　計	11			
減算	株式報酬費用認容	20	360	360	
	小　　　計	21	360	360	外※	0

【別表5（1）】Ⅰ　利益積立金額の計算に関する明細書

（単位：千円）

区　　分		期首現在利益積立金額 ①	当期の増減 減 ②	当期の増減 増 ③	差引翌期首現在利益積立金額 ①－②＋③ ④
利　益　準　備　金	1				
積　立　金	2				
前　払　費　用		360	360		0
新株予約権債務		△360	△360		0
新　株　予　約　権		360	360		0

【別表5（1）】II　資本金等の額の計算に関する明細書

（単位：千円）

区　　分		期首現在利益積立金額 ①	当期の増減		差引翌期首現在利益積立金額 ①−②+③ ④
			減 ②	増 ③	
資本金又は出資金	32			460	460
資 本 準 備 金	33				

　　権利行使日の段階で、税制適格ストック・オプションは損金算入ができず、非適格ストック・オプションは損金算入ができるので、別表4の記載方法が異なってくるよ。また、いずれの場合も申告書に別表14（4）「新株予約権に関する明細書」を添付しないといけないので、こちらも事前に確認しおいてね。

会計基準名称	発行主体	略称
企業会計基準第29号「収益認識に関する会計基準」 （最終改正 2020年 3 月31日）	企業会計基準委員会	収益認識会計基準
企業会計基準適用指針第30号「収益認識に関する会計基準の適用指針」 （最終改正 2021年 3 月26日）	企業会計基準委員会	収益認識適用指針

1 基礎を学ぼう

（1）工事進行基準（※）って何ですか？

A 部長から新しく受注した工事契約に工事進行基準を適用して売上計上するように言われているのですが、工事進行基準って何ですか？

X 工事進行基準っていうのは、受注した工事について、完成して引き渡した時ではなく、工事が進むにつれて売上を計上していく方法だよ。

※ いわゆる工事進行基準は、現行の収益認識に関する会計基準では用いられていない用語であるが、広く一般に周知されているため、本書では従来の会計基準を参考に当該用語を用いている。

（2）工事進行基準適用の検討

A どんな工事でも工事進行基準で売上計上するものなのですか？

X そもそも売上を計上する時期は「収益認識に関する会計基準」で定められているのは知っているかな。工事進行基準は、この会計基準のなかで、「一定の期間にわたり充足される履行義務」の要件を満

たしている場合に適用することになるんだよ。以前は「工事契約に関する会計基準」というものがあって、そこでは工事進行基準という方法が定められていたんだよ。その時から適用の要件も変わっているから気を付けてね。あと、「一定の期間にわたり充足される履行義務」というのは、工事進行基準も含んだ広い概念で、工事に限らず要件を満たせば適用されるから気を付けてね。

【収益認識会計基準】
（一定の期間にわたり充足される履行義務）
38. 次の（1）から（3）の要件のいずれかを満たす場合、資産に対する支配を顧客に一定の期間にわたり移転することにより、一定の期間にわたり履行義務を充足し収益を認識する。
    （1） 企業が顧客との契約における義務を履行するにつれて、顧客が便益を享受すること
    （2） 企業が顧客との契約における義務を履行することにより、資産が生じる又は資産の価値が増加し、当該資産が生じる又は当該資産の価値が増加するにつれて、顧客が当該資産を支配すること
    （3） 次の要件のいずれも満たすこと
    ① 企業が顧客との契約における義務を履行することにより、別の用途に転用することができない資産が生じること
    ② 企業が顧客との契約における義務の履行を完了した部分について、対価を収受する強制力のある権利を有していること
    （出典：公益財団法人財務会計基準機構・企業会計基準委員会の公表物から引用）

　書いてある意味がよくわかりません…。

　じゃあ一つずつ要件を見ていこうか。
　　まず、（1）はサービスを提供するにつれて、顧客が便益を受けるということだから、日常的なサービス、例えば、清掃サービスなんかが該当することになるね。

　ということは（1）は工事とは関係なさそうですね。

　そうだね。次の（2）と（3）は工事と関係があるんだよ。

一定の期間にわたり充足される履行義務（工事進行基準）

（2）は業務を進めることで顧客の資産が増えていくようなものだから、例えば、顧客の持っている土地にビルを建てる工事なんかが該当することになるよ。

（3）の①は顧客専用のものを作っていくようなイメージで、②が途中で解約された時にもできあがったところまでの金額を請求できるケースだから、例えば、自社の土地に顧客の建物を建てる場合などが該当することがあるよ。解約時にできあがったところまでの代金を請求できる権利があるかは、契約内容をよく確認しないといけないね。

A よくわかりました。当社が今回受注した工事は顧客の工場敷地内に事務棟を建設する工事ですので、（2）に該当しそうですね。これらの要件に該当する工事は、すべて工事進行基準を適用する必要があるのですか？

X そういうことになるね。ただ、要件に該当した場合でも工期がごく短い工事契約は完成して引き渡した時に売上計上する方法も認められているよ。

【収益認識適用指針】
（期間がごく短い工事契約及び受注制作のソフトウェア）
95. 会計基準第38項の定めにかかわらず、工事契約について、契約における取引開始日から完全に履行義務を充足すると見込まれる時点までの期間がごく短い場合には、一定の期間にわたり収益を認識せず、完全に履行義務を充足した時点で収益を認識することができる。
　　　（出典：公益財団法人財務会計基準機構・企業会計基準委員会の公表物から引用）

（3）進捗度の見積方法

A 具体的にはどうやって毎期の売上高を計算していくのですか？

X 売上高は受注金額 × 進捗度で計算するんだよ。そのために、決

算時点で工事が全体の何%進んでいるかという進捗度を見積もる必要があるね。

A 　進捗度というと2年の工期で、1年経過していると50%ということですか?

X 　そういう視点もあるね。進捗度の見積方法はいくつもあって、その業務に適した方法に決定することとされているんだ。

見積方法	アウトプット法	インプット法
概要	顧客に移転した価値を基に直接的に進捗度を見積もる方法	業務完了までに使用すると予想される資源などを基に進捗度を見積もる方法
指標	達成した成果、経過期間、引渡単位など	使用した資源、労働時間、発生したコストなど
適用されやすい事例	保守契約、清掃サービスなど	工事契約、受注制作ソフトウェアなど

X 　工期で進捗度を見積もる方法は、それが実態を適切に描写しているといえるのであれば、適用できる可能性があるけど、どうかな?

A 　建設工事の進捗度は時間に比例するとはいえないと思いますので、工期で進捗度を見積もるのは良くなさそうですね。発生したコストで見積もるのが一般的でしょうか?

X 　そうだね。以前の「工事契約に関する会計基準」では、工事原価総額に占める発生した工事原価の割合を工事進捗度とする原価比例法が中心に規定されていたんだ。
　原価比例法は工事契約の内容にかかわらず、広く適用可能だから、工事進行基準はこの原価比例法で計算されるケースが多いと思うよ。

一定の期間にわたり充足される履行義務（工事進行基準）

337

（4）　必要な情報の収集

A

　　さっそく原価比例法で計算に取りかかろうと思います。必要な情報
は、該当する工事契約の受注金額、工事原価総額、当期までに発生
した工事原価ということですよね？受注金額は契約書に420百万円と
記載がありますが、他の情報はどうやって入手したらいいのでしょう
か？

X

　　計算に必要な情報はそのとおりだね。当期までに発生した工事原
価は、当社の工事管理システムで工事番号を検索すると、費目毎に
発生している原価を確認することができるよ。入力の締切りは先週ま
でだったから今検索したら必要な情報を確認することができるよ。

A

　　そうなんですね。後で確認しておきます。

X

　　工事管理システムから出てきた原価は、担当者の入力ミスや非効
率な作業によって過大となっている可能性もあるから、不自然な数字
になっていないかは注意してね。こちらの段取りのミスなどで非効率
な作業が大きく発生した場合、これに起因したコストは工事の進捗度
に含めないケースもあるんだ。

A

　　そういうこともあるんですね。注意してみるようにします。

X

　　工事原価総額については、工事部の設計担当者が各工事の見積原
価を取りまとめたものを実行予算としているから、それを設計担当者

に問い合わせてみたらいいんじゃないかな。

　あと、この工事原価総額というのは合理的に見積もられたものであることが重要だから、きちんと社内のルールに則って合意されているか、見積りの精度が低くないかなどにも注意が必要だよ。

A　わかりました。一度設計担当者に問い合わせてみます。

・・・

A　設計担当者に現在の工事の実行予算の状況を確認してきました。ちょうど先週の部長会議で実行予算が承認されたところのようで、会議の議事録とその添付資料になっていた実行予算内訳書をコピーしてきました。議事録を見ると、実行予算は問題なく承認されています。また、予算通りに進むのかという意見に対しては、「近年の類似工事について、実行予算と実績に大きな乖離はなく進捗しているものの、本工事は大型の工事であることから、随時進捗状況をモニタリングし、実行予算は3か月毎に見直す予定」との工事部長のコメントがあります。

【実行予算内訳書コピー】

工事番号	001	
案件名	Z社新事務棟建設工事	
工期	×2年1月1日～×3年12月31日	
予算内訳	金額	備考
受注金額	420,000,000円	
工事原価総額	264,000,000円	

内訳	材料費	80,000,000円	資材調達課より
	労務費	105,000,000円	想定工数×労務費単価
	経費	79,000,000円	
粗利額		156,000,000円	粗利率37.1%

これで必要な情報は揃えられそうだね。実行予算は今後見直されるたびに新しい情報を入手する必要があるから忘れないように。

【収益認識適用指針】
（インプット法）
22.(1)　発生したコストが、履行義務の充足に係る進捗度に寄与しない場合
　例えば、契約の価格に反映されていない著しく非効率な履行に起因して発生したコストに対応する収益は認識しない。
　　　　（出典：公益財団法人財務会計基準機構・企業会計基準委員会の公表物から引用）

（5）売上計上額の計算

【前提条件】	
当期	×2年3月期
工事番号	001
案件名	Z社新事務棟建設工事
契約金額	420,000,000円
工期	×2年1月1日～×3年12月31日
工事原価総額	264,000,000円
当期発生工事原価	6,600,000円
支払時期	×3年1月　50%、完成引渡後1か月以内　50%

実行予算上、工事原価総額は264,000千円と見積もられており、工事管理システムで当期発生工事原価が6,600千円と確認できました。工事進捗度は6,600 ÷ 264,000で2.5% となりますね。

　売上高は契約金額420,000千円 × 2.5% ＝ 10,500千円となると思いますが、仕訳はどのようになりますか？

 　売上高の算定は正確にできたようだね。仕訳は借方が「契約資産」、貸方が「売上高」になるよ。契約資産というのは、法的な請求権が発生する前に売上を計上した場合に使用する勘定科目だから、工事進行基準による売上計上の際によく使うことになるよ。

【仕訳】

（単位：千円）

借方	金額	貸方	金額
契約資産	10,500	売上高	10,500

（6）2期目における売上計上額の計算

【前提条件】

当期	×3年3月期
工事番号	001
案件名	Z社新事務棟建設工事
契約金額	450,000,000円（×2年10月1日付変更契約により増額）
工期	×2年1月1日～×3年12月31日
工事原価総額	273,000,000円（契約変更及び予算の見直しにより増額）
発生工事原価累計	163,800,000円
支払時期	×3年1月　50%、完成引渡後1か月以内　50%

一定の期間にわたり充足される履行義務（工事進行基準）

A　昨年から工事進行基準により売上を計上している工事番号001の工事について、当期、間取りの変更があり、この変更により契約金額が増額されているようです。この場合、昨年の売上高も修正する必要があるのですか？

X　２年目以降の工事進行基準による売上計上額は、以下の計算式で計算するよ。

【計算式】

$$\frac{売上}{計上額} = \frac{変更後の}{契約金額} \times 工事進捗度 - \frac{過年度計上}{済みの売上高}$$

$$\frac{工事}{進捗度} = \frac{当期までに発生した工事原価の累計額}{} \div \frac{変更後の見積工事原価総額}{}$$

　だから、契約の変更があったからといって、前期の売上高を修正するようなことはないんだ。

　契約の変更があった場合に、追加された部分を別の工事として区分すべき場合も追加することがあるから注意が必要だよ。

A　今回のケースは間取りの変更で、当初の契約と別の工事ではないと判断できますね。

　そうすると、工事進捗度は、163,800千円 ÷ 273,000千円で60%、売上計上額は450,000千円 × 60% － 10,500千円で259,500千円ということで、仕訳を作成してみました。

【仕訳】

（単位：千円）

借方	金額	貸方	金額
契約資産	259,500	売上高	259,500

X　確か中間金225,000千円が１月に入金されていたんじゃなかったかな。

期中は仮受金として処理していたと思うから、作成してくれた仕訳に仮受金部分を振り替える仕訳も追加することが必要だね。

【修正後仕訳】

（単位：千円）

借方	金額	貸方	金額
契約資産	259,500	売上高	259,500
仮受金	225,000	契約資産	225,000

（7） 3期目における売上計上額の計算

【前提条件】

当期	×4年3月期
工事番号	001
案件名	Z社新事務棟建設工事
契約金額	450,000,000円
工期	×2年1月1日〜×3年12月31日
工事原価総額	273,000,000円（実行予算）
発生工事原価累計	272,680,000円
支払時期	×3年1月　50%、完成引渡後1か月以内　50%

A　工事番号001の工事について、当期、予定通り完成引き渡しが行われています。工事原価の発生累計額は実行予算をやや下回って終わっているようですが、当期は契約金額のうち、売上計上していない部分をすべて売上処理するだけですよね？

X　そうだね。仕訳も作成しておいてくれるかな。

わかりました。契約金額が450,000千円で前期までに270,000千円の売上が計上済みなので当期の売上は180,000千円の売上ですね。期中に仮受金で処理していた工事代金の入金の仕訳も作成しておきます。

【仕訳】

(単位：千円)

借方	金額	貸方	金額
契約資産	180,000	売上高	180,000
仮受金	225,000	契約資産	225,000

2 応用を学ぼう

（1）工事進捗度を合理的に見積もることができない場合

A
　　工事の内容が当社にとって初めてのもので、その内容も特殊であるために、実行予算が当初の段階で立てられないケースもあるかと思うのですが、そのような場合はどのように会計処理すればいいですか？

X
　　工事進捗度が合理的に見積もれないケースのことだね。
　　まず、工事の進捗度を合理的に見積もることができないものの、その発生した費用は回収することが見込まれる場合には、「原価回収基準」といって、回収が見込まれる費用の金額と同額の収益を認識する方法が定められているよ。
　　次に、契約の初期段階で詳細な予算が編成される前の場合、進捗度が合理的に見積もれない段階では、収益を認識せず、見積もることができるようになったタイミングから収益を認識するという代替的な取扱いも認められているよ。これは、契約の初期段階では、その段階で発生した費用は重要ではないと考えられるため認められている

方法なんだ。

当社の工事番号002の工事が原価回収基準を適用しているので、実際の事例を見てみようか。

【収益認識会計基準】

（履行義務の充足に係る進捗度）

45. 履行義務の充足に係る進捗度を合理的に見積もることができないが、当該履行義務を充足する際に発生する費用を回収することが見込まれる場合には、履行義務の充足に係る進捗度を合理的に見積もることができる時まで、一定の期間にわたり充足される履行義務について原価回収基準により処理する。

【収益認識適用指針】

（契約の初期段階における原価回収基準の取扱い）

99. 会計基準第45項の定めにかかわらず、一定の期間にわたり充足される履行義務について、契約の初期段階において、履行義務の充足に係る進捗度を合理的に見積もることができない場合には、当該契約の初期段階に収益を認識せず、当該進捗度を合理的に見積もることができる時から収益を認識することができる。

（出典：公益財団法人財務会計基準機構・企業会計基準委員会の公表物から引用）

【前提条件】

当期	×3年3月期
工事番号	002
案件名	Z社排水処理施設建設工事
契約金額	120,000,000円（注）
工期	×3年1月1日～×4年12月31日
工事原価総額	×××円（注）
発生工事原価累計	20,000,000円
支払時期	完成引渡後1か月以内　100%

注：工事着工後に技術的な問題が発生し決算時点で工事原価総額を合理的に見積もることが出来ないが、少なくとも発生した原価についてZ社から支払いを受ける事で合意している。

【仕訳】

(単位：千円)

借方	金額	貸方	金額
契約資産	20,000	売上高	20,000

（2）発生した原価が進捗度に比例しない場合

 　当社が先日受注した工事番号003のZ社本社棟改装工事は、外部調達するエレベーターを仕入れた当期の工事進捗度が実際の進捗状況を反映していないように思います。資料を収集してきたので、一度見て頂けますか？

【前提条件】

当期	×3年3月期
工事番号	003
案件名	Z社本社棟改装工事
契約金額	40,000,000円
工期	×3年2月1日～×4年4月30日
工事原価総額	32,000,000円
発生工事原価累計	10,720,000円
支払時期	完成引渡後1か月以内　100%

【実行予算内訳書コピー】

工事番号	003	
案件名	Z社本社棟改装工事	
工期	×3年2月1日～×4年4月30日	
予算内訳	金額	備考

受注金額		40,000,000円	
工事原価総額		32,000,000円	
内訳	材料費	7,000,000円	資材調達課より
	外注品	9,600,000円	エレベーター
	労務費	9,000,000円	想定工数 × 労務費単価
	経費	6,400,000円	
	粗利額	8,000,000円	粗利率20.0%

A　×3年3月時点で外注品のエレベーターは搬入済みとなっているので、当期の工事進捗度は10,720千円÷32,000千円で33.5%と計算されます。一方で、現場の管理者からは、実際の工事はそんなに進捗していないと聞いています。

X　確かに原価比例法をそのまま適用すると工事進捗度は33.5%となるみたいだね。ただし、それが工事の進捗を忠実に示していないと考えられる時は、一定の要件に合致すると、特定の原価については、その相当額を契約金額と進捗度の計算から除外することが適切な場合もあるんだよ。

　この場合は、除外した原価と同額を別途売上高に計上することになるよ。

一定の期間にわたり充足される履行義務（工事進行基準）

【収益認識適用指針】

（インプット法）

22.（2）　発生したコストが、履行義務の充足に係る進捗度に比例しない場合

インプット法を修正して、発生したコストの額で収益を認識するかどうかを判断する。例えば、契約における取引開始日に次の①から④の要件のすべてが満たされると見込まれる場合には、企業の履行を忠実に描写するために、インプット法に使用される財のコストの額で収益を認識することが適切な可能性がある。

①　当該財が別個のものでないこと

②　顧客が当該財に関連するサービスを受領するより相当程度前に、顧客が当該財に対する支配を獲得することが見込まれること

③　移転するコストの額について、履行義務を完全に充足するために見込まれるコストの総額に占める割合が重要であること

④　企業が当該財を第三者から調達し、当該財の設計及び製造に対する重要な関与を行っていないこと

（出典：公益財団法人財務会計基準機構・企業会計基準委員会の公表物から引用）

①については、エレベーターの設置を含む工事一式で一体ですよね。②は、×3年3月の搬入時点でZ社のものとなっていますが、エレベーターを使えるのは全体の工事完了後なので、該当しそうですね。③も工事原価総額の30%をエレベーターが占めるので重要だと思います。④についても、外部調達で設計等には関与していないので、すべての要件を満たしそうですね。

そうだね。じゃあ実際に計算してみてくれるかな。

まず工事進捗度は、エレベーターを除いて計算すると（10,720千円 － 9,600千円）÷（32,000千円 － 9,600千円）で5％となりますね。売上計上額は、エレベーターを原価と同額で計上して、他の部分を原価比例法で計上するので、（40,000千円 － 9,600千円）×5％ ＋ 9,600千円で11,120千円となります。

借方	金額	貸方	金額
契約資産	11,120	売上高	11,120

❸ 実務事例を学ぼう

（1）工事原価の付け替え

　A社は、太陽光等の発電施設の建設工事を請け負っており、工事に係る会計処理において、工事進行基準を採用し、決算時点における工事の進捗度合に応じて、工事からあがる売上及び費用（工事原価）を見積もり、計上していた。しかしながら、A社には工事進捗度を適切に把握・管理するための体制が整備されておらず、A社は、担当する各工事間での工事費用の付け替えや現実以上に工事が進行していると見せかけること（工事進捗の水増し）等により工事進捗度の操作を行い、工事の売上の過大計上等を行った。

（「開示検査事例集」　令和2年8月証券取引等監視委員会事務局　【事例16】を要約）

（2）工事原価総額の過少見積り

　A社は、インフラ関連の工事進行基準を適用している工事案件において、工事の受注時点又は進行中に損失が見込まれていた。そこで、実現可能性の低い又は具体的裏付けのないコスト削減策を織り込むことなどで見積工事原価総額を過少に見積もって、工事進捗度を高くすることにより売上を過大に計上した。

（「開示検査事例集」　令和2年8月証券取引等監視委員会事務局　【事例17】を要約）

一定の期間にわたり充足される履行義務（工事進行基準）

（3）追加費用の工事原価総額への未算入

A社は×1年4月にB社との間で、発電装置を設置して引き渡す売買契約を締結した。

A社は、当該契約による発電装置の設置工事に係る会計処理において、工事進行基準を採用し売上計上を行っていた。しかし、当該契約で求められた発電装置の設置工事が予定通りに進まず、納期を延長する必要があったこと等から、将来的に、当該設置工事を完了させるまでに追加的な費用（工事原価）が発生すると見込まれていた。そこで、A社は、工事進捗度の算定の中で当該追加的な費用の一部を認識しないことにより、あたかも実際よりも工事が進行していると見せかけ（工事進捗度の水増し※）、結果、設置工事からの売上の過大計上を行った。

※　工事完了までに発生する費用総額（工事原価総額）に対する決算日までに発生した費用（工事原価）の割合（＝工事原価／工事原価総額）をもって、工事進捗度と見なしている。仮に、今後発生しうる追加的な費用を認識しなければ、その分、分母の工事原価総額が小さくなるため、結果として、現実よりも工事進捗度が高く算定される。

（「開示検査事例集」　令和2年8月証券取引等監視委員会事務局　【事例23】を要約）

4 税務処理を学ぼう

（1）法人税の取扱い

A 工事進行基準による売上計上は税務申告上も同じ取扱いですか？

X 法人税法上は、会計上、工事進行基準を適用したものは、税務上も工事進行基準の適用となるので、同じ取扱いになるね。ただし、長期大規模工事については、注意が必要だよ。

A 長期大規模工事に該当すると何か影響があるのですか？

長期大規模工事というのは、工事期間が1年以上で、請負金額10億円以上、かつ対価の50%以上が引き渡し期日から1年経過後に支払われることとなっていない場合の工事のことで、長期大規模工事に該当すると税務上は工事進行基準の適用が強制されているんだ。会計上も該当した工事を工事進行基準で処理している場合には特に問題にならないけど、「一定の期間にわたり充足される履行義務」の要件を満たさず、工事の完成時に売上計上していると、税務上、申告調整が必要となるんだよ。

　　当社が工事の完成引渡し時点で売上を計上している工事番号004の工事について、申告調整を検討してくれるかな。

		当社の売上計上タイミング	
		完成引渡時	工事進行基準
税務上の取扱い	長期大規模工事	申告調整**必要**	申告調整不要
	その他の工事	申告調整不要	申告調整不要

【前提条件】

当期	×3年3月期
工事番号	004
案件名	Z社物流倉庫建設工事
契約金額	1,200,000,000円
工期	×3年1月1日～×4年12月31日
工事原価総額	900,000,000円
発生工事原価累計	99,000,000円
支払時期	×4年1月　50%、完成引渡後1か月以内　50%

備考：当社土地に物流倉庫を建設し引き渡す工事契約だが、中途解約となった場合に利益相当額を請求できるか否かについて契約上明記されていないものの、Z社との過去の取引状況や関係性等を勘案すると原価相当額を超える請求は困難と考えられる。

一定の期間にわたり充足される履行義務（工事進行基準）

この工事は、「一定の期間にわたり充足される履行義務」の要件を満たしていないので会計上工事が完成し引渡した時点で売上を計上しているということですね。税務上は長期大規模工事に該当するので、税務申告用に工事進行基準で益金と損金に計上すべき金額を計算してみます。

【計算結果】

工事進捗度	99,000千円 ÷ 900,000千円 ＝ 11%
益金計上額	1,200,000千円 × 11% ＝ 132,000千円
損金計上額	99,000千円

【別表4】 所得の金額の計算に関する明細

（単位：千円）

区　　　分			総　　額 ①	処　　分		
				留　保 ②	社　外　流　出 ③	
当期利益又は当期欠損の額		1			配　当	
					その他	
加算	売上計上漏れ	9	132,000	132,000		
	小　　　計	11	132,000	132,000		0
減算	売上原価計上漏れ	20	99,000	99,000		
	小　　　計	21	99,000	99,000	外※	0

【別表5（1）】 Ⅰ　利益積立金額の計算に関する明細書

（単位：千円）

区　　分		期首現在 利益積立金額 ①	当期の増減		差引翌期首現在 利益積立金額 ①－②＋③ ④
			減 ②	増 ③	
益　準　備　金	1				
積　立　金	2				
売上計上漏れ	3			132,000	132,000
売上原価計上漏れ	4			△ 99,000	99,000

A　申告書の記載もしてみました。

X　よくできているね。この工事は×4年3月期に完成し、売上計上される予定だから、その時に申告書上で工事売上の減算調整と工事原価の加算調整をすることになるよ。

A　当社が原価回収基準で売上計上をしている工事番号002の工事については、税務申告上調整が必要ですか？

X　法人税法上も、原価回収基準や契約の初期段階における進捗度を合理的に見積もることができないために収益を認識しない取扱いは認められているんだよ。だから工事番号002の工事については、申告調整は不要だよ。

（2）消費税の取扱い

A　工事進行基準で計上した売上の消費税はどうなるのですか？

X　消費税法上も工事進行基準によって売上処理した部分は、資産の譲渡等を行ったこととすることができる、つまり、課税売上とすることができるとされているんだよ。ここはできるという規定なので、例えば、法人税の申告を工事進行基準で行って、消費税については、原則どおり、工事が完成し引き渡した時を基準として申告することも認められるんだ。

A　ということは、長期大規模工事も消費税の申告上は、完成引き渡しのタイミングで申告することができるという事ですか？

X　そういうことになるね。

一定の期間にわたり充定される履行義務（工事進行基準）

◆執筆者紹介◆（50音順）

□浦野清明

　神戸大学経済学部卒業。あずさ監査法人での勤務を経て、大川公認会計士・税理士事務所所属。平成24年公認会計士登録。平成29年税理士登録。

　日本公認会計士協会京滋会会員。

□大川真司

　同志社大学法学部法律学科卒業。あずさ監査法人での勤務を経て、大川公認会計士・税理士事務所所属。平成20年公認会計士登録。平成22年税理士登録。

　日本公認会計士協会京滋会役員（出版委員会委員長）。

□岡林哲男

　同志社大学経済学部卒業。有限責任監査法人トーマツでの勤務を経て、岡林公認会計士・税理士事務所を開業。平成10年公認会計士登録。平成29年税理士登録。

　日本公認会計士協会京滋会会員。

□川崎覚史

　関西大学商学部商学科卒業。現在、清友監査法人代表社員。平成18年公認会計士登録、平成24年税理士登録。

　日本公認会計士協会京滋会役員（非営利法人委員会委員長）。

□川元麻衣

　関西大学商学部商学科卒業。ひかり監査法人、新井・松原コンサルティング株式会社での勤務を経て、川元麻衣公認会計士事務所開業。平成27年公認会計士登録。平成28年税理士登録。関西大学非常勤講師。

　日本公認会計士協会京滋会役員（会報部部長）。

□岸野将史

　同志社大学経済学部経済学科卒業。京都監査法人での勤務を経て、岸野公認会計士・税理士事務所所属。平成23年公認会計士登録。平成24年税理士登録。

　日本公認会計士協会京滋会会員。

□小山光博

　関西大学経済学部卒業。平成14年公認会計士登録。平成14年税理士登録。平成14年小山光博公認会計士・税理士事務所開設。

　日本公認会計士協会京滋会会員。

□佐藤陽子

　大阪府立大学経済学部卒業。EY新日本有限監査法人での勤務を経て、公認会計士佐藤陽子事務所開設。平成2年公認会計士登録。令和2年税理士登録。

　日本公認会計士協会京滋会会員。

□中原孝博

　立命館大学法学部卒業。EY新日本有限責任監査法人にて勤務、その後EYアーンスト・アンド・ヤングLLPへ転職し日本企業の海外進出をサポート。帰国後中原孝博公認会計士・税理士事務所を開設。

　日本公認会計士協会京滋会役員（経営委員長）。

□八田泰孝

　同志社大学商学部卒業。監査法人トーマツでの勤務を経て、税理士法人エム・エイ・シー京都代表社員。平成13年公認会計士登録。平成23年税理士登録。

　日本公認会計士協会京滋会役員（推薦委員長）。

□原田秀樹

　京都大学経済学部卒業。有限責任監査法人トーマツでの勤務の後、独立し公認会計士事務所原田会計を開設。平成23年公認会計士登録、平成31年税理士登録。

　日本公認会計士協会京滋会会員。

□毛利亮太

　関西学院大学大学院経営戦略研究科修了。EY新日本有限責任監査法人、EYストラテジー・アンド・コンサルティング株式会社、大手銀行での勤務を経て、毛利隆志公認会計士事務所所属。平成27年公認会計士登録。

　日本公認会計士協会京滋会会員。関西大学大学院、京都産業大学非常勤講師。

□森智幸

慶應義塾大学商学部商学科卒業。平安監査法人の代表社員を経て、令和元年森智幸公認会計士・税理士事務所開設。同年よりPwCあらた有限責任監査法人に所属。

日本公認会計士協会京滋会会員。近畿税理士会研修部員（第3小委員会所属）。一般社団法人研友会役員。

□山田陽子

京都大学教育学部卒業。四方宏治公認会計事務所での勤務を経て、山田陽子公認会計士事務所を開設。平成11年公認会計士登録。平成14年税理士登録。

日本公認会計士協会本部役員（理事）。日本公認会計士協会京滋会役員（副会長）。

□吉川了平

立命館大学院経営学研究科博士課程博士（経営学）学位取得修了。中央親光監査法人での勤務を経て、吉川了平公認会計士事務所開設。平成7年公認会計士、税理士登録。四国松山凛監査法人社員。

日本公認会計士協会京滋会役員。（中小事務所活性化委員会）。一般社団法人研友会副会長。元日本公認会計士協会修了考査委員（租税法）。元関西学院大学大学院法学研究科国内客員教授(租税法)。京都産業大学経営学部非常勤講師（公会計、NPO会計）。

現場で使える「会計上の見積り」の実務

2022年4月20日　発行

監修者　中野　雄介

編著者　日本公認会計士協会京滋会 ©

発行者　小泉　定裕

発行所　株式会社 清文社

東京都文京区小石川1丁目3-25（小石川大国ビル）
〒112-0002　電話03（4332）1375　FAX03（4332）1376
大阪市北区天神橋2丁目北2-6（大和南森町ビル）
〒530-0041　電話06（6135）4050　FAX06（6135）4059
URL https://www.skattsei.co.jp/

印刷：大村印刷㈱

ISBN978-4-433-76582-8